计量经济史研究

STUDY OF CLIOMETRICS

（第2辑）

主编／陶一桃　执行主编／刘巍

社会科学文献出版社
SOCIAL SCIENCES ACADEMIC PRESS (CHINA)

主编及主办单位

主　　编：陶一桃

执行主编：刘　巍

主办单位：深圳大学中国经济特区研究中心

编辑委员会

主　任：陶一桃

副主任：刘　巍

编　委（按姓氏字母排序）：

陈　昭（广东外语外贸大学）

管汉辉（北京大学）

兰日旭（中央财经大学）

李　楠（复旦大学）

刘　巍（广东外语外贸大学）

刘　愿（华南师范大学）

彭凯祥（河南大学）

隋福民（中国社会科学院）

陶一桃（深圳大学）

袁为鹏（中国社会科学院）

袁易明（深圳大学）

目　录

Contents

Theoretical Part

Special Topic Part

Reference Part

理论篇

中国总供给曲线的统计描述与逻辑分析

——基于近现代"总供求态势"视角的研究

陶一桃　刘　巍[*]

内容提要：本文从总供求态势入手，将 1887～2016 年的中国经济运行轨迹按总供求态势划分为供给约束型（或称短缺经济）和需求约束型（或称订单经济）两个阶段。我们发现，在供给约束型阶段，短期 AS 曲线基本上与横轴垂直（非常陡峭），而长期 AS 曲线的形状却是很不规则的。在需求约束型阶段，短期 AS 曲线与凯恩斯经济学相似，先与横轴平行（非常平缓），在拐点之后变陡。但曲线在拐点之后的陡峭部分是两个短期转换过程中的总供给结构调整期，并非长期 AS 曲线，长期 AS 曲线是向右上方倾斜的。美国和日本各阶段的经验支持本文的判断，不支持主流经济学"长期 AS 曲线与横

* 陶一桃，黑龙江哈尔滨人，经济学博士，教授，博士生导师。现任深圳大学党委副书记、纪委书记，教育部人文社会科学重点研究基地——中国经济特区研究中心主任。国务院特殊津贴专家，中国经济思想史学会副会长，广东经济学副会长。主要研究方向为经济思想史、西方经济学和中外经济特区研究。刘巍，黑龙江哈尔滨人，经济学博士，广东外语外贸大学中国计量经济史研究中心主任，教授，深圳大学中国经济特区研究中心访问教授，中国数量经济学会常务理事，中国经济史学会现代经济史专业委员会理事，广东省经济学会常务理事，中青年委员会副秘书长。主要研究方向为宏观经济学、计量经济史。

轴垂直"的结论。中美日三国的证据表明，主流经济学对总供给曲线的推断有一定的偏颇。

关键词： 总供给曲线　供给约束型　需求约束型

总供给是宏观经济中的一个重要变量，对短期和长期总供给曲线性质的深入研究可以为分析其他宏观经济问题提供必要条件。主流经济学（多恩布什等，2000）对总供给曲线的解释忽视了总供求态势问题，即市场处于供给约束型经济中还是需求约束型经济中，笼统认为短期总供给曲线与横轴平行，长期总供给曲线则与横轴垂直。长期以来，中国经济史学界从宏观经济运行视角研究近代中国总供给的文献不多见。以几项著名研究为例，巫宝三（2011）对 20 世纪 30 年代国民收入的估算和张仲礼（2001）对 1887 年国民收入的估算，属于统计范畴的国民收入核算研究；许涤新和吴承明（2003）对中国资本主义发展史的研究、美国学者罗斯基（Rawski，1989）对抗战前中国经济增长的研究、刘佛丁等（1997）对近代中国经济发展的研究、美国学者费维恺（费正清，1994）对民国时期经济的研究，均未能从宏观经济运行视角对近代中国的总供给做逻辑判断层面的分析。刘巍（2010，2015）对近代中国的总供给做了初步分析，认为总供给曲线的斜度比较陡峭，属于"供给约束型经济"范畴。该文虽未涉及近代中国总供给曲线的短期和长期问题，但首次考察了近代中国的总供求态势。

新中国成立之后，由于很快就实行了计划经济制度，加之后一阶段的"文革"时期经济建设不正常，所以，研究改革开放之前总供给问题的文献非常少，对总供给问题研究的时间起点大都选定了 1978年。余永定（2002）根据中国的制度性特点和加总技术问题，推导出了企业劳动生产率服从均匀分布情况下的总供给曲线，并认为这种总供给曲线具有许多传统总供给曲线不具备的新性质。胡乃武和孙稳存（2003）用数量分析工具得出的结论是，1978 年以来的中国短期总供给曲线与新凯恩斯主义总供给曲线在结构上一致（即向右上方倾斜），并无其他变形。何运信和曾令华（2004）认为，中国 1985～2002 年的总供给曲线是向右上方倾斜的，但不稳定。在史晋川（1994）所做的逻辑分析中，也认为中国（从文献的语境看，应该是改革开放到 1994年——引者注）总供给曲线是向右上方倾斜的。杨学林（1989）的研究虽然较早，但很有意思。该文认为中国经济（指 1978～1989 年——引者注）是非均质的，假定 A 部门供给曲线价格弹性较小，而 B 部门供给曲线价格弹性较大。这样一来，凯恩斯经济学既不能给予正确的描述，也不能给出正确的解决方法和管理操作。然而，杨学林的结论并未引起后来文献的重视，尤其在一些使用数量分析工具的文献中，几乎无人在模型设定时考虑这一因素。刘巍（2011）认为，新中国的总供给曲线在 1995～1996 年时段发生了性质改变，由先前的"供给约束型经济"过渡到了"需求约束型经济"，即前者符合"古典情形"，斜度非常陡峭，价格弹性较小；后者斜度平缓，价格弹性较大。但是，和作者 2010 年的文献一样，该文也未涉及短期和长期的问题。

众所周知，任何宏观经济调控政策的效果最终都是在总供给一侧体现出来的，各国学界和经济当局都应该对 AS 曲线的形状有清楚的认识。但从既有文献考察，目前国内外学界尚未对不同总供求态势下的中国长短期 AS 曲线做出完善的逻辑分析，且对 AS 曲线形状的判断不统一，这对制定有效的调控政策是不利的。本文拟尝试在以下几方面做初步讨论，就教于方家：第一，供给约束型经济态势下和需求约束型经济态势下中国的长短期 AS 曲线分别是什么形状，个中逻辑如何；第二，中国的长期和短期 AS 曲线形状是中国独有的还是和其他主要国家基本一致，本文拟与日本和美国相关时期做比较分析；第三，主流经济学对 AS 曲线的判断是否存在问题。

一 供给约束型经济态势下的中国 短期和长期总供给曲线

刘巍（2010）先前的一项研究从总供求、马勒条件和贸易条件三个角度做了实证分析，基本可以证实近代中国处于供给约束型经济态势下。一国经济处于供给约束型态势下，经济增长的发动机就在总供给一端，总需求不是问题。说总需求不是问题，并非指总需求多么强大，更不是说公众多么富有。恰恰相反，在短缺经济下，大多数社会公众的收入很低，收入都用于消费也未必可以果腹蔽体，少有储蓄。因此，经济中不会出现产品积压情况。近代中国的储蓄应该来自中高收入者，但是，中高收入者的储蓄总额在 GDP 中的占比也是很低的，总储蓄相对于投资来说严重不足，大多数情况下是事前储蓄小于事前投资。于是，投资只能被迫适应数量不多的储蓄，事后的投资额总是不能满足经济本身的需要。从现有的数据观察（见表1），可以看出近代中国的储蓄之低。

表 1 1931～1936 年中国消费倾向与储蓄倾向

单位：10 亿元（1933 年价格），%

年份	GDP	总消费	年均消费额	年均储蓄额	平均消费倾向	平均储蓄倾向
1931	28.57	27.95				
1932	29.47	28.58				
1933	29.46	28.52	28.37	0.70	97.8	2.2
1934	26.90	27.01				
1935	29.09	28.32				
1936	30.94	29.85				

资料来源：根据 K. C. Yeh "China's National Income 1931 – 1936" 中的数据计算得到，见《中国近代经济史会议论文集》，中研院经济研究所，台北，1977，第 128 页。

在经济发展局面相对较好的抗战前夕，储蓄倾向都如此之低，若倒推至 19 世纪中叶，就算储蓄倾向不再更低，谅不会高于 1931～1936 年。此后，1937 年全面抗战爆发，在十多年的战争期间，储蓄倾向绝不会高于此时。储蓄严重不足的后果就是投资增长非常缓慢，在总需求上升时难有足够的新增资本参与生产，从而导致总供给增长缓慢。收入大都用于消费，自然使得总供给没有滞销的问题，只要想办法投资、生产，经济就能增长，无疑地，经济增长的发动机在总供给一端。

1. 供给约束型经济态势下的经济增长

既然经济增长的发动机在总供给一端，那么，我们就可以暂时搁置总需求直接进入生产领域。在供给约束型经济中，需求不是问题，即不存在全面且持续的滞销问题，只要投入资本和配套的劳动力、只要生产效率逐步提高（至少不下降），总供给就会增长。众所周知，资本存量的增长是投资流量增长的结果，在封闭条件下，投资无疑应是社会公众的储蓄转化而来的。虽然近代中国劳动力十分充足，但是，如前所述，储蓄严重不足，而且，在与列强"城下之盟"的制约下还要从本来就十分短缺的总储蓄中支付给列强大笔赔款。同时，近代中国的经济系统是从传统农业经济中渐变而来的，没有经历过工业革命，资本品制造行业相当薄弱，其中的机器制造业几乎无从谈起。因此，资本金和资本品同时匮乏，应该是近代中国经济增长的"瓶颈"。

从上述讨论可以看出，若处于封闭条件下，近代中国的经济增长应该是非常艰难的。但是，从 1887 年到 1936 年，中国经济的年均增长率虽然不高，但也维持在了 1.8% 左右（刘巍、陈昭，2012）。乍看上去，似乎历史数据不支持前面的分析，但是，通过深入研究可以看出，近代中国事实上处于开放经济条件下，资本金和资本品缺口可以从境外获得补充，因此，有持续但缓慢的经济增长是合乎逻辑的。从资本形成角度讨论，近代中国的主要资本品均来自进口。但是，怎样才能维持这一数额巨大的国际支付能力呢？从总量层面看，支付进口费用的资金来源主要有二：第一，出口所得；第二，华侨汇款（郑友揆，1984）。

自从近代中国自给自足的自然经济体系被打破之后，中国经济被逐步卷入了世界市场体系，原料和初级产品出口规模日益壮大。据《南开经济指数资料汇编》（孔敏，1988）记载，从 1867 年到欧美主要国家大萧条前夕的 1928 年，出口物量指数从 31.9（1913 年 = 100）增长到了 156.1。在出口所得的支持下，进口物量指数从 24.7 增长到了 131.5。但是，近代中国进出口的增长是不平衡的，由于近代化工业的投资需求旺盛，资本品进口增势强劲，大多数年份里贸易收支是逆差。从郑友揆（1984）整理的资料来看，随着近代化投资的加速，贸易逆差越来越大。从经济学角度讨论，贸易逆差与国内产出同时增长的事实应该反映的是一国经济在世界经济的落后地位和后发性进步。同时代的日本经济数据也表明，贸易逆差和经济增长是同步的。现代中国在改革开放初期，也同样是贸易逆差伴随高速增长。这其中的逻辑在于，供给约束型经济的供给"缺口"是资本品，而资本品恰恰是经济增长的动力所在，在本国产能不足或不能制造时，大量进口是无法避免的。中国和日本都是在进入"需求约束型经济"态势之后才有大量的贸易顺差，因为资本品供给的"缺口"几乎完全不存在了。所谓供给约束型经济，通俗说法也就是短缺经济，市场上几乎各个层面的商品供给都不充足。这样，厂商投资决策相对来说比较容易，盈利多少是经营管理的微观问题，而宏观层面的资源配置问题不大，即不易形成产能过剩、存货积压。从近代中国产业结构的角度观察，市场导向的投资大都指向资金投入少、见利较快的轻工业，对资金和技术要求高、资金回笼较慢的重工业和资本品行业的投资注定比较薄弱。在全面抗战爆发之前，晚清政府、北洋政府和国民政府均无暇顾及中国的产业结构问题，任由市场决定投资导向，致使基础工业部门比较薄弱。

2. 近代中国的短期总供给曲线

在供给约束型经济中，短期供给和长期供给的区别并非仅指时间的长短。那么，怎样区分供给约束型经济中总供给的短期和长期呢？在宏观经济学理论中，虽然经常出现短期和长期的术语，对长短期总供给界定的标准也不少，[①] 但是，用于供给约束型经济态势下的总供给长短期划分均嫌不甚适用。因此，我们拟从供给约束型经济本身的特质出发，做初步的推断。

短期中，总供给一端几乎是满负荷开工的，总需求增长拉动的主要是价格，而产量增长的幅度很小，总供给曲线的斜度应该是非常陡峭的。为分析方便，新古典经济学家往往将其描述为与横轴垂直。其实，这应该是新古典主义者对短期总供给曲线所做的简化，历史上的（或当今某些不发达国家现实中的）总供给曲线斜度虽然很陡峭，但不可能是与横轴垂直的（见图1）。事实上，总需求变动在拉动价格的同时，多少也能拉动产出。

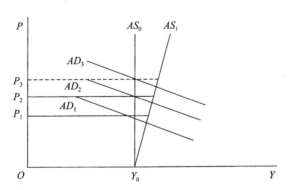

图1　极端的（AS_0）和通常的（AS_1）供给约束型经济 AS 曲线

图1中，AS_0 是新古典经济学的总供给曲线，而 AS_1 则是实际的总供给曲线。AS_1 虽然陡峭，但还是有些斜度的，当总需求向上拉动时，价格涨幅远大于极其有限的产出增幅。在新古典经济学家生活和工作

---

① 如曼昆的《宏观经济学》中译本（中国人民大学出版社，2009）和帕金的《宏观经济学》中译本（人民邮电出版社，2003）等著作，对总供给的长期和短期都有定义。

的时代，欧美国家总供求态势也大都是供给约束型的，因此，他们的理论框架暗含的假定大都是短缺经济，在他们的文献中，大都将总产出既定作为理论框架的基本假设，凯恩斯（2004）的《就业利息和货币通论》一书的序言、德文版序言和日文版序言中，都对此做了批评。在当今许多著名的经济学教科书中，一些作者仍把总供给曲线与横轴垂直的图形称为"古典情形"。例如，多恩布什教授在诠释古典总供给曲线时，有这样的表述，"古典总供给曲线是垂直的，说明无论是什么价格水平，供应的产品数量一样"（多恩布什等，2000）。接下来，多恩布什教授用两个解析几何图描述古典曲线，如图 2 所示。

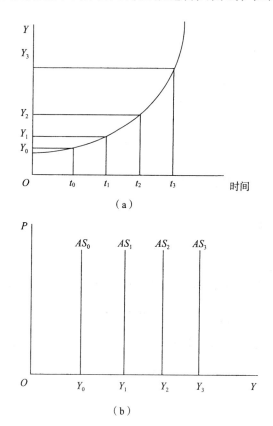

（a）

（b）

**图 2　多恩布什的"时间跨度上产量增长转化为
总供给曲线的移动"图示**

资料来源：多恩布什等（2000）。

毫无疑问，多恩布什教授认为图 2（b）平面上的古典总供给曲线会向右移动，并从 AS_0 逐次移动到 AS_3 的位置。那么，总供给曲线为什么右移呢？多恩布什教授的解释是，"经济积累资源并出现技术进步时，潜在 GDP 随时间推移而增长，因而古典总供给曲线右移"（多恩布什等，2000），如图 2（a）所示。我们认为，这样的解释不是十分清晰和准确，应该把原因落实到影响 AS 右移的主要影响因素上来。根据柯布－道格拉斯生产函数的逻辑分析，图 1 显然应该是资本存量不变或无显著变动时的情形，如果持续投资导致资本存量显著增长，总供给曲线就应该向右移动。也就是说，影响古典总供给曲线右移的主要因素是资本存量的显著增长，即在图 2（b）中，随着时间的推移，资本存量有了显著增长，进而推动了短期总供给曲线从 AS_0 持续右移至 AS_3 的位置。

综上所述，我们是否可以这样认为，在供给约束型经济中，如果资本存量发生了显著的正向变动，就意味着总供给的一个短期结束，下一个短期开始。换言之，短期中资本存量不变（价格可变），如图 3 所示。

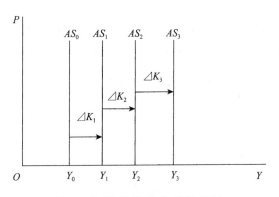

图 3 短期总供给曲线的移动

需要进一步讨论的是，短期总供给曲线在右移到一定程度时，即若干个短期之后，其斜度必将逐渐平缓，直至变成需求约束型经济中的总供给曲线。遗憾的是，近代中国的总供给曲线没有发生这样的质变，甚至中华人民共和国成立后，短期总供给曲线在相当长的时间内仍属供给约束性质。在 1995～1996 年，中国的总供给曲线方显需求约束性质（刘巍，2011）。限于篇幅，本文略去对总供给曲线的斜度变化问题的分析。

从近代中国现有的数据来看，短期的时间应该大都小于一年，因为从 GDP 的年度数据看大多数年份都有一定程度的增长，见表 2。当资本品进口持续受阻或货币体系受到严重干扰时，净投资流量可能为负值，短期总供给曲线左移，经济会发生负增长，如第一次世界大战期间和 20 世纪 30 年代（刘巍，2015）。这种情形与近代中国经济落后的情况相适应，即资本品依靠引进，投资集中于周转快的轻工业领域。由于缺乏月度数据或季度数据，我们对短期总供给曲线只能做逻辑判断。

3. 近代中国的长期总供给曲线

接下来，我们讨论一下长期总供给曲线。图 4 中有三条短期供给曲线 AS_1、AS_2 和 AS_3（也可以更多），分别与总需求曲线 AD_1、AD_2 和 AD_3 相交于 E_1、E_2 和 E_3 点。为分析方便，我们也使用新古典经济学家的简化形状。在任一短期中，由于事前总供给小于总需求，厂商开足马力生产，没有闲置产能，潜在供给等于有效供给，所以，总需求提升只影响价格而不会拉动产出量，如 AD_1 上下方的虚线与 AS_1 的交点所示，如前所述，短期总供给曲线与横轴垂直。

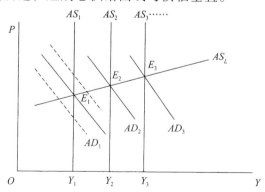

图 4　供给约束型经济中的短期和长期总供给曲线（单调增）

在供给约束型经济中，经济增长的途径是资本品投资导致资本存量显著增长，进而产能扩大，如 AS_1 右移至 AS_2，进入下一个短期，总供求在点 E_2 实现均衡，对应横轴上的产出量增长。如果没有其他负面因素的干扰，净投资不发生负增长；需求不因受货币量变动或其他恐慌影响而出现异常波动，一条理想的长期总供给曲线必是向右上方倾斜的。从时间角度考察，从 AS_1 右移至 AS_2 的时间也许很长、也许不长，这对总供给曲线短期的界定都不重要，重要的是资本存量是否有显著增长。总之，从逻辑层面讨论，供给约束型经济的长短期划分不是以时间绝对长短为标志的，而是以投资是否显著改变产能（资本存量）来划分的。

把众多的短期均衡点 E 用平滑的曲线连接起来，就形成了长期总供给曲线 AS_L。图4的 AS_L 形状是向右上方倾斜的。当然，这是简化的理想曲线，即产出和价格都是单调增的。实际上，经济中会有许多波折，不可能是一条平滑的直线，如图5所示。

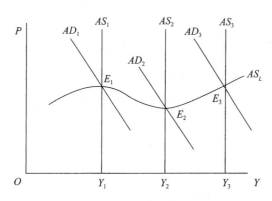

图5　供给约束型经济中的短期和长期总供给曲线（不规则）

图5表明，各个短期的均衡点 E_1、E_2、E_3 并非如图4那样逐次向上，即价格和产出并非同步上升。因为每个短期中都是价格可变而产出不变，所以，各短期均衡点的平滑连线——长期总供给曲线 AS_L 的形状是不规则的。世界各国经济史数据也表明，供给约束型经济态势

下的总供给曲线不一定是向右上方倾斜的，但也不是与横轴垂直的。当下，有不少学者认为新古典经济学中的"古典情形"是长期总供给曲线。如果如这些学者所见，长期总供给曲线是与横轴垂直的，即长期中产出不变，那么，就无法解释近代以来世界经济总量之翻番增长，也无法解释需求约束型经济是如何面世的了。简言之，在供给约束型经济态势下，短期中，供给曲线与横轴垂直，长期中形状不规则。

近代中国的长期总供给曲线是否支持这一逻辑，我们用数据做一简单验证。近代中国的产出与价格如表 2 所示。

表 2   近代中国的产出与价格

年份	Y （1933 年价格，亿元）	Y 指数 （1913 年 = 100）	价格指数 （1933 年 = 100）
1887	124. 5800	70. 0	69
1888	126. 5200	71. 0	70
1889	125. 2000	70. 3	71
1890	124. 7900	70. 1	75
1891	125. 8900	70. 7	71
1892	127. 4200	71. 5	66
1893	130. 7100	73. 4	71
1894	134. 8000	75. 7	74
1895	134. 8700	75. 7	71
1896	138. 3500	77. 7	72
1897	139. 1300	78. 1	79
1898	139. 7100	78. 4	84
1899	146. 4800	82. 3	93
1900	138. 6000	77. 8	87
1901	145. 4500	81. 7	81
1902	153. 3900	86. 1	97

年份	Y （1933 年价格，亿元）	Y 指数 （1913 年 = 100）	价格指数 （1933 年 = 100）
1903	152.5200	85.6	103
1904	154.4700	86.7	99
1905	157.9400	88.7	111
1906	160.0600	89.9	100
1907	160.2400	90.0	104
1908	159.3800	89.5	110
1909	162.3300	91.2	111
1910	167.8300	94.2	102
1911	167.7400	94.2	106
1912	164.8200	92.5	106
1913	178.0900	100.0	100
1914	163.3900	91.7	106
1915	166.1000	93.3	118
1916	160.7500	90.3	118
1917	143.9700	80.8	122
1918	143.5100	80.6	123
1919	180.8800	101.6	121
1920	183.0200	102.8	131
1921	191.3100	107.4	132
1922	213.4300	119.8	130
1923	211.4500	118.7	137
1924	236.5800	132.8	133
1925	226.8700	127.4	146
1926	238.6300	134.0	149
1927	248.5800	139.6	157
1928	257.1100	144.4	156
1929	266.2600	149.5	162

续表

年份	Y（1933 年价格，亿元）	Y 指数（1913 年 = 100）	价格指数（1933 年 = 100）
1930	276.2100	155.1	178
1931	285.7000	160.4	190
1932	294.7000	165.5	170
1933	294.6000	165.4	152
1934	269.0000	151.1	145
1935	290.9000	163.3	150
1936	309.0000	173.5	175

注：Y 指产出，即 GDP，下同。

资料来源：GDP 数据见刘巍和陈昭（2012），价格数据见王玉茹（1997）。

用表 2 的数据作图 6，纵轴为价格指数，横轴为 GDP 指数，图中的不规则曲线即为长期总供给曲线，向右上方倾斜的虚线是长期总供给趋势线。1887～1936 年中国经济不断受到其他因素的干扰，致使价格和总产出都不是单调增的时序数据，长期总供给曲线必然会出现许多波折，加入趋势线之后观察，可见曲线向右上方倾斜的态势。

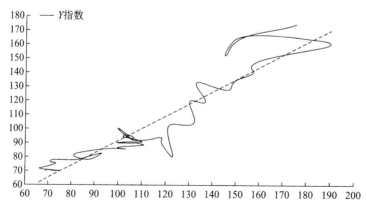

图 6　近代中国长期总供给曲线

资料来源：刘巍和陈昭（2012）、王玉茹（1997）。

二 供给约束型经济长期总供给曲线的国际比较

与近代中国同时期的日本，虽然比中国经济增长速度快，但也处于供给约束型经济态势下（刘巍、陈昭，2010）。我们用日本1885～1938年的数据做长期总供给曲线图，比较一下异同。图7是日本1885～1938年的长期总供给曲线。纵轴为价格指数，横轴为实际产出指数，图中的不规则曲线为长期总供给曲线，向右上方倾斜的虚线是长期总供给趋势线。和中国一样，1885～1938年日本经济不断受到其他因素的干扰，价格和总产出也都不是单调增的时序数据，长期总供给曲线出现许多波折，加入趋势线之后观察，可见曲线向右上方倾斜的态势。

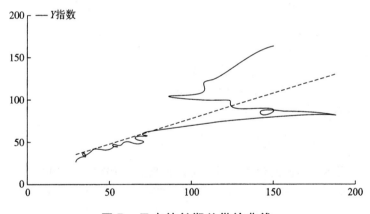

图7 日本的长期总供给曲线
资料来源：刘巍和陈昭（2010）。

中日两国长期总供给曲线性质上是一致的，即曲线波动不规则，价格对产出的影响非常有限，长期趋势线均向右上方倾斜。我们再将两国的价格和产出做时间序列图，比较两国总供给各自的特点。图8是中国价格和总产出的时序，横轴是时间（年份），纵轴是价格和总产出指数。图中上方的曲线为价格指数，下方的曲线是总产出指数。

从总产出曲线上观察，中国的总产出曲线波动频率大于日本，波幅略小于日本（见图 9），中国经济在一战期间和 20 世纪 30 年代法币改革前有两次较大的负增长。第一次负增长主要是进口受阻导致投资下降，短期总供给曲线不断左移引起的，所以与价格走势关系不大。第二次负增长源于白银外流导致的货币紧缩，一方面，厂商资金链断裂，投资受阻，短期总供给曲线左移；另一方面，白银外流导致总需求下降，造成价格下跌。因此，第二次负增长在供需两端均受货币因素影响，总产出和价格的走势比较接近。这也说明即使在供给约束型经济中，货币也是影响经济的重要因素，可能不仅仅是蒙在商品上的一层"面纱"，当然，这需要深入研究，这里不再赘述。

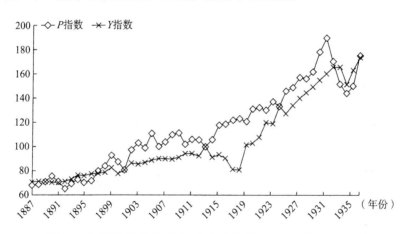

图 8　中国的价格指数与总产出指数（1913 年 = 100）

资料来源：刘巍和陈昭（2012）、王玉茹（1997）。

图 9 是日本的价格和总产出时序，横轴是时间（年份），纵轴是价格和总产出指数。图中上方的实曲线为价格指数，下方的虚曲线是总产出指数。从总产出曲线上观察，日本在 50 多年的时间里基本上没有发生严重负增长现象，但价格变动相对比较剧烈，从一战爆发到二战前，价格指数大起大落。这充分反映了总产出基本不受价格影响的供给约束型特点，即只要投资能够保证资本存量增长，无论价格怎样波动，产能基本上都能得以释放。一战期间受国际市场影响日本国内

价格攀升，但日本总供给一端受资本存量的限制，产出也没有太大增长。和中国不同的是，日本机器制造业有一定发展，第一次世界大战对日本投资的影响不大。战后国际市场暂时需求消失、银价下跌，致使日本国内价格一路下行，企业利润虽有所下降，但存量资本也没有闲置，产出仍有平缓增长。1930 年，日本改行金本位制，随后美国收购白银造成的银价上涨对日本供需两端均无影响。随着欧美经济复苏，日本产量大增。

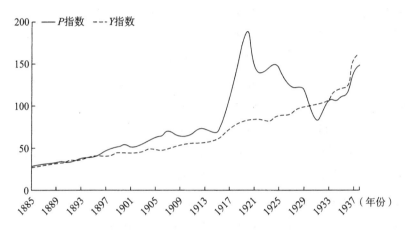

图 9　日本的价格指数与总产出指数（1930 年 = 100）

资料来源：刘巍、陈昭（2010）。

　　总之，两国的产业结构和货币制度不同，致使同属供给约束型经济的中日两国总供给短期变动格局不尽相同。尽管如此，虽然长期总供给曲线的趋势线都向右上方倾斜，但两国长期总供给曲线的形状都是不规则的。

　　在刘巍和陈昭（2010）先前的一项研究中曾有一个结论：美国于1919 年完成了从供给约束型经济向需求约束型经济的过渡。在此，我们用美国 1919 年之前的数据作图，用以观察长期总供给。考虑到南北战争和第一次世界大战的因素，我们舍弃战时年份，只选取 1869 ~ 1914 年的数据做样本（见表 3）。

表 3　美国宏观经济数据（1869～1914 年）

年份	Y （1929 年价格， 10 亿美元）	P （1929 年 = 100）	年份	Y （1929 年价格， 10 亿美元）	P （1929 年 = 100）
1869	9.959	72.7	1892	26.289	48.3
1870	10.133	68.7	1893	25.266	49.5
1871	9.956	69.8	1894	23.734	46.4
1872	12.251	66.3	1895	26.470	45.7
1873	12.319	65.5	1896	25.795	44.4
1874	12.000	64.8	1897	28.277	44.6
1875	12.104	63.3	1898	28.774	45.9
1876	12.942	60.4	1899	32.114	47.1
1877	13.859	58.2	1900	33.171	49.6
1878	14.840	53.9	1901	37.030	49.3
1879	16.367	52.0	1902	36.969	51.0
1880	18.756	57.4	1903	38.628	51.5
1881	19.130	56.3	1904	37.799	52.3
1882	19.940	58.1	1905	40.809	53.4
1883	19.578	57.4	1906	46.239	54.5
1884	20.015	54.4	1907	46.628	56.8
1885	19.954	50.8	1908	41.588	56.7
1886	21.015	50.1	1909	47.269	58.7
1887	21.530	50.6	1910	48.105	60.2
1888	20.801	51.5	1911	48.939	59.7
1889	21.422	51.8	1912	51.534	62.3
1890	23.131	50.8	1913	53.924	62.6
1891	24.074	50.3	1914	48.636	63.5

资料来源：弗里德曼、施瓦茨（1991）。

　　用表 3 的数据，我们得到了 1869～1914 年美国总产出的走势（见图 10）。虽然在 46 年的时段中总产出有些波动，但总体趋势是向上的，与中国和日本同一时期的经济走势大致相同。

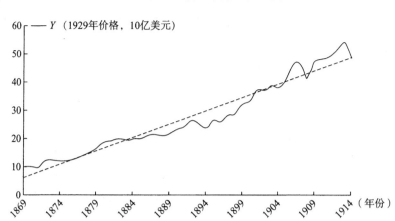

图 10　美国总产出走势（1869～1914 年）

资料来源：弗里德曼、施瓦茨（1991）。

但是，与中日两国不同的是，1896 年之前美国的综合价格指数呈下降趋势，与总产出的走势基本相反。从 1897 年到一战爆发这一时段，美国的综合价格指数与总产出的走势方向基本一致，如图 11 所示。

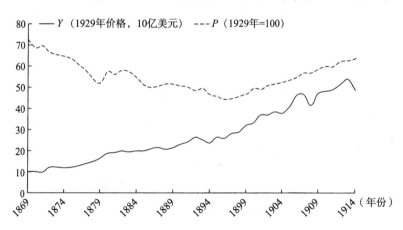

图 11　美国的总产出与价格走势（1869～1914 年）

资料来源：弗里德曼、施瓦茨（1991）。

根据综合价格指数走势，我们将美国 1869～1914 年的总供给曲线分两段作图，以便分别讨论两个时期总供给曲线性质，如图 12 和图 13 所示。

图 12 和图 13 均为总供给曲线，纵轴表示综合价格指数，横轴表示总产出指数。图 13 和前面讨论的中日两国总供给曲线类似，不再复议，这里只讨论图 12。

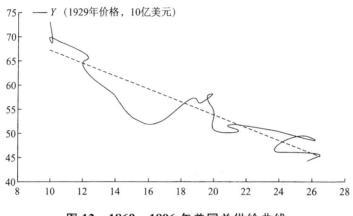

图 12　1869~1896 年美国总供给曲线

资料来源：弗里德曼、施瓦茨（1991）。

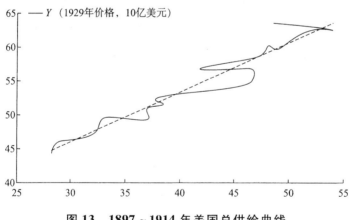

图 13　1897~1914 年美国总供给曲线

资料来源：弗里德曼、施瓦茨（1991）。

历史资料表明，美国在南北战争期间大量发行纸币，导致了高通胀。战后，政府着手恢复硬币支付，加之战后经济增速强劲，使得价格逐年回落。在 19 世纪 80 年代初的几年中，美国价格指数略有反弹，但由于美国实际收入的增长、货币化程度的提高和越来越多的国家采用了金本位制（尤其是普法战争之后德国采用了金本位制），世界黄金供给难以满足各国基础货币需求的增长，致使美国价格水平和其他主要国家一样进入了下行通道（恩格尔曼、高尔曼，2008）。在漫长的价格下行时段中，资本品的价格相对于其他产品而言下降得更快，恩格尔曼和高尔曼（2008）认为原因大概有三个：第一，机器工业的发展；第二，炼钢业的革新；第三，关税结构的变化。这样的相对价格结构无疑有利于投资的增长，从 1860 年到 1909 年，美国的资本存量增长了 8 倍多，可想而知，这期间的总供给曲线是不断右移的。这样一来，在 1869 ~ 1896 年时段里，一方面是总产出总体呈增长趋势，另一方面价格水平总体呈下降趋势，就形成了趋势线向右下方倾斜的长期总供给曲线。如此看来，供给约束型经济态势下的美国价格并不是总供给的决定因素，短期均衡价格水平的高低并不影响产能释放，长期中总产出取决于资本存量。正如多恩布什所说，"GDP 的变动并不取决于价格水平，潜在 GDP 对价格而言是外生的"（多恩布什等，2000）。也就是说，在供给约束型经济的每一个短期中，潜在总供给都会释放为有效供给，与横轴垂直的总供给曲线基本固化了每一个短期的总产出，总需求曲线的位置变动只能决定价格水平。因此，各个短期均衡点连线形成的长期总供给曲线注定不是单调的，观察的时段越长，曲线形状就应该越不规则。但无论如何，观察各国近代以来的经济史，我们还没有发现长期总供给曲线与横轴垂直的证据。

三　需求约束型经济态势下的中国短期和长期总供给曲线

在刘巍（2011）先前的一项研究中，曾有一个初步结论，即中国在 1995 ~ 1996 年时段中过渡到了需求约束型经济。从新中国成立到1995 年期间，中国经历了三年经济恢复时期、计划经济、"大跃进"、"三年困难时期"、十年"文化大革命"和改革开放初期，从整体角度观察 40 多年的总供求态势，我们得到了"供给约束型经济"（短缺经济）的结论。从杨学林（1989）的研究角度继续讨论，在改革开放的十几年中，随着改革开放脚步加快，供给曲线价格弹性较小的 A 部门在不断增加投资，而供给曲线价格弹性较大的 B 部门则继续改善，两个部门的供给曲线斜度都大大放缓，进而使得中国经济整体进入了需求约束型态势。这样一来，凯恩斯经济学的需求管理思路就有用武之地了。因此，本文就从 1996 年开始，对中国需求约束型经济态势下的总供给曲线做初步的讨论。

1. 短期总供给曲线

宏观经济学基本是以凯恩斯经济学为基础的，从凯恩斯著名的"有效需求不足"宏论逆推，宏观经济学暗含的前提假设无疑是"需求约束型经济"。宏观经济学设定的短期总供给曲线先是与横轴平行，总产出实现充分就业的产量 Y^* 之后，总供给曲线出现拐点，然后与横轴垂直，见图 14。

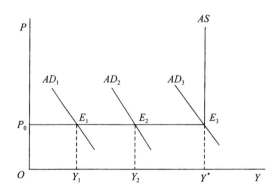

图 14　凯恩斯经济学短期总供给曲线

图 14 表明，短期中价格不变，总供给曲线与横轴平行，总需求从 AD_1 提高到 AD_3，总产出便有与均衡点 E_3 对应的增长。但是，在 E_3 点，总供给曲线出现拐点，Y^* 是充分就业的产出量，一个短期终结。如果总需求曲线继续右移，便只有价格上涨而无产出增长。凯恩斯经济学短期分析的范围就是在 AS 曲线的拐点之左。多恩布什教授对图 14 曲

线形状的解释是，"短期 AS 曲线是水平的（凯恩斯总供给曲线），长期 AS 曲线是垂直的（古典总供给曲线）"（多恩布什等，2000）。毋庸讳言，我们对多恩布什教授的解释有一定的异议。

在图 14 中，AS 曲线拐点之后的与横轴垂直部分并非需求约束型经济的长期总供给曲线，而是连接上一个短期和下一个短期的供给曲线调整时期。与在供给约束型经济态势下一样，在需求约束型经济中，长期总供给曲线也不是与横轴垂直的，至少到目前为止没有这样的证据。在短期总供给曲线拐点左侧总产出增长的过程中，经济中各部门和各环节很难保证同步发展。同时，在总需求变动的影响下，某些物理属性的产品需求增长强劲，而某些物理属性的产品需求增长停滞或大幅下降。于是，或许在技术方面，或许在劳动力方面、资源方面和制度方面会率先出现"瓶颈"状态，但未必就一定是达成"充分就业"才会出现总供给曲线拐点，而且拐点之后的总供给曲线也未必一定是与横轴垂直的（斜度可能比较陡峭），如图 15 所示。

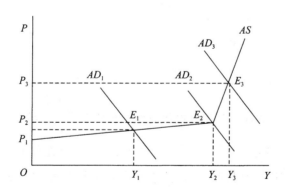

图 15　需求约束型经济态势下接近现实的短期总供求曲线

如图 15 所示，实际经济中总供给曲线的斜度虽然非常平缓，但不可能是完全水平的，和新古典经济学家一样，显然凯恩斯经济学也为简化分析而将曲线做成水平状态。在 AS 曲线拐点之左，随着总需求增长总需求曲线右移，价格水平涨幅不显著，总产出增幅显著。一旦总需求曲线右移到 AD₂ 之后，方方面面的"瓶颈"效应累积到一定程度，总供给的问题就摆到明处了。统计数据是经济增长率下降，价格涨幅可观（低高型）；或者是经济增长率很低，价格涨幅也很低（双低型）。当总需求曲线在总供给曲线的拐点之右达到均衡时，在总需求方面做文章的意义不大，而是需要一国经济当局对总供给做适当的调整。各国发展程度不同，人口资源环境不同，历史文化和制度安排不同，调整的政策也不尽相同，调整所需时间也不可能相同。

2. 长期总供给曲线

在总供给结构做了充分的调整之后，进入下一个短期。依此类推，众多短期组成长期，如图 16 所示。于是，我们重申自己的判断，在需求约束型经济态势下，长期总供给曲线应该是向右上方倾斜的，不应该也不可能是与横轴垂直的。

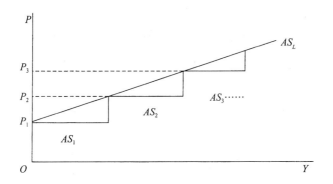

图 16 短期总供给曲线和长期总供给曲线

图 16 中，$AS_1 \sim AS_3$ 是图 14 的简化版，把连续的各短期起点（价格拐点）用平滑的曲线连接起来，就是长期总供给曲线 AS_L。从逻辑角度分析，需求约束型经济的短期和长期不在于时间长短，而是以价格水平发生显著变化为划分的临界点。短期中，资本存量和产出是有一定（或较大）变动的。显然，这和前面讨论过的供给约束型经济的特点恰好相反。我们用表 4 的数据做中国总供给曲线图，如图 17 所示。

表4　1996～2015年中国GDP与价格指数

年份	GDP指数1 （1996年=100）	GDP指数2 （上年=100）	实际GDP （1996年价格，亿元）	GDP平减指数 （1996年=100）
1996	100.0000	109.9	72102.5	100.0000
1997	109.2308	109.2	78758.1	101.6083
1998	117.7919	107.8	84930.9	100.6540
1999	126.8235	107.7	91442.9	99.3229
2000	137.5928	108.5	99207.8	101.3801
2001	149.0679	108.3	107481.7	103.5060
2002	162.6787	109.1	117295.4	104.2598
2003	179.0045	110.0	129066.7	107.1655
2004	197.1041	110.1	142117.0	114.5127
2005	219.5656	111.4	158312.3	119.5043
2006	247.4932	112.7	178448.8	123.9611
2007	282.7149	114.2	203844.5	133.2874
2008	310.0091	109.7	223524.3	143.1326
2009	339.1493	109.4	244535.1	143.0809
2010	375.2217	110.6	270544.3	151.8081
2011	411.0045	109.5	296344.6	164.0111
2012	443.2941	107.9	319626.1	169.2568
2013	477.6833	107.8	344421.6	173.3233
2014	512.5430	107.3	369556.3	175.1241
2015	547.9095	106.9	395056.4	176.9643

资料来源：根据国家统计局网站数据计算得到，http://data.stats.gov.cn/easyquery.htm? cn = C01。

图17的横轴是1996年为100的GDP定基指数，纵轴是1996年为100的价格指数（GDP平减指数）。中国经济刚进入需求约束型态势，就遭遇了亚洲金融危机的考验，外需急剧下降。在政府多方努力之下，拉动内需政策卓有成效。从 AS 曲线的形状观察，在受亚洲金融危机影响的几年中，1997～2002年价格总水平基本没有显著变动，总供给的

增长率较之前虽有所下降，但环比指数稳定在 8% 左右，没有发生大幅度下滑。从 2003 年起，总供给曲线基本上呈一条向右上方倾斜的曲线。自 2008 年美国"金融海啸"以来，中国经济增长率有所下降，近年来尤为明显（见表 4），于是，政府根据总需求的变化对总供给结构实施了一系列改革措施——"供给侧结构性改革"。

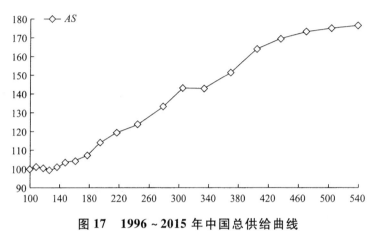

图 17　1996～2015 年中国总供给曲线

资料来源：根据国家统计局网站数据计算得到，http：//data. stats. gov. cn/ easyquery. htm？cn = C01。

其实，自中国进入需求约束型经济态势以来，供给一端总是随总需求的变化在调整。回头盘点一下，20 世纪 90 年代的时尚产品今天还有几样？在各短期中被总需求逐渐淘汰的有多少（如双卡收录机、盒式磁带、胶卷照相机、MP3 等）？今天的时尚产品刚问世几年？当下的"供给侧结构性改革"是先前总供给结构调整的继续，前后的区别在于，先前的调整容易一些，当下的结构性改革艰难一些；先前的调整大都可以由市场自发进行，当下的调整需要顶层设计。从易到难，从简到繁，中国总供给的结构性调整任重道远。一个经济大国的总供给面对国内需求和国外需求两个组成部分，而且，无论哪个部分都是重量级的，都不容忽视。随着总需求的不断变化，在任何一个短期向下一个短期过渡时，中国的供给侧都会面对结构调整问题。

不可否认，2008 年美国爆发"金融海啸"之后，中国 GDP 增长率（见表 4 环比指数）总体呈下降趋势，短期内的总需求拉动产出的能力减弱。这既有总需求曲线右移的动力不足问题，也有供给侧的"货不对路"问题。于是，学界对中国经济走势的各种估计见仁见智。我们使用 1996 年需求约束型经济以来的数据，对 20 年的经济趋势作图，以便进行初步讨论，如图 18 所示。

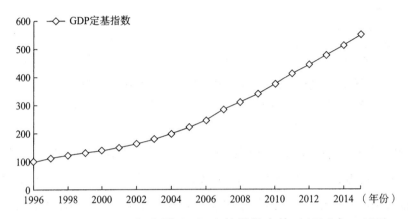

图 18　1996～2015 年中国 GDP 定基指数走势（1996 年 = 100）

资料来源：根据国家统计局网站数据计算得到，http：//data. stats. gov. cn/easyquery. htm？cn = C01。

　　图 18 的横轴是年份，纵轴是以 1996 年为 100 的 GDP 定基指数。曲线表明，20 年来中国经济翻两番有余，总产出的走势始终是向上的，并不存在总量的拐点。因此，总量层面的悲观判断是缺乏证据的。从总量角度观察，不存在 2016 年权威人士指出的中国经济 L 形走势。那么，L 形走势究竟是从哪个角度判断的呢？我们再利用 GDP 环比指数作图，观察各年份的经济增长率走势，如图 19 所示。

　　图 19 的横轴为年份，纵轴为 1996～2015 年时段各年 GDP 环比指数。若将纵轴数据改为经济增长的百分点（如 6.9，7.3，7.8，…），曲线形状不变。从图 19 观察到，在亚洲金融危机的几年中，中国经济增长率走出了一个向左倾斜的小 L 形，2002 年之后便一路向右上方倾斜，2007 年达到峰值。2007～2010 年，呈一个反向的 J 形曲线。从 2011 年起，中国经济增长率便逐年下降，基本上呈现向右下方倾斜的

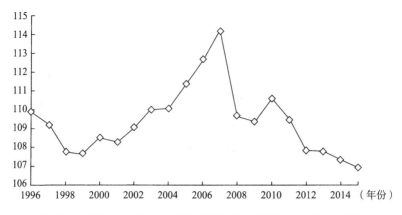

图 19　1996～2015 年中国 GDP 环比指数（上年 = 100）

资料来源：根据国家统计局网站数据计算得到，http：//data. stats. gov. cn/
easyquery. htm？ cn = C01。

态势，2010 年经济增长率为 10.6%，2015 年仅比 2014 年增长了
6.9%。再考虑国家统计局公布的 2016 年增长率为 6.7%（图 19 没有
纳入 2016 年数据），曲线似乎确实呈现横走态势，环比 GDP 指数走势
确有不规则的 L 形苗头。但是，由于 2017 年第一季度经济数据有一定
起色，一些国际经济组织也调高了对中国 2017 年的经济增长预期。若
考虑 2017 年第一季度经济增长数据向好的因素，经济增长率的走势尚
待观察。诚然，中国需求约束型经济的经历相对较短，本文将参照美
国和日本等经济大国同一性质的历史经验做初步判断。

综合对图 18 与图 19 的讨论，我们认为，说当前中国经济增长率
走势有 L 形曲线的苗头尚可，至于说中国经济走势呈 L 形则是完全缺
乏证据的，至少表述是很不严谨的。

四　需求约束型经济中长期总供给曲线的国际比较

刘巍和陈昭（2010）曾对美国、英国和日本的总供求态势做过考
察，结论是：美国于 1919 年进入需求约束型经济，英国至少在 19 世
纪 70 年代进入了需求约束型经济，日本在 1950～1955 年进入了需求

约束型经济。由于没有做更多的研究，我们没有充分地掌握其他国家进入需求约束型经济的时点信息。限于篇幅，本文仅用美国和日本相关时段的总供给曲线和中国做初步的比较。

1. 美国需求约束型经济态势下的总供给曲线

我们选用 1960～2000 年时段，观察美国总供给曲线的形状。数据见表 5。

表 5　1960～2000 年美国 GDP 与价格

年份	GDP 指数 1 （1960 年 = 100）	价格指数 （1960 年 = 100）	GDP 指数 2 （上年 = 100）
1960	100.0000	100.0000	100.9524
1961	102.3263	101.4151	102.3263
1962	108.5299	102.3585	106.0625
1963	113.2784	103.3019	104.3754
1964	119.8577	103.7736	105.8081
1965	127.5522	105.6604	106.4197
1966	135.8662	108.4906	106.5181
1967	139.2837	111.7924	102.5154
1968	146.0029	116.5094	104.8241
1969	150.5076	122.6415	103.0854
1970	150.7674	130.1887	100.1726
1971	155.8318	135.3774	103.3591
1972	164.0819	140.0943	105.2942
1973	173.5350	148.5849	105.7613
1974	172.6597	165.0943	99.49557
1975	172.3239	180.6604	99.80554
1976	181.5053	192.0283	105.3280
1977	189.8833	203.1604	104.6158
1978	200.4557	219.8585	105.5678

年份	GDP 指数 1 （1960 年 = 100）	价格指数 （1960 年 = 100）	GDP 指数 2 （上年 = 100）
1979	206. 7871	244. 9057	103. 1585
1980	206. 3195	278. 3019	99. 77385
1981	211. 5157	306. 1321	102. 5185
1982	207. 4227	325. 6132	98. 06489
1983	216. 7959	336. 7453	104. 5189
1984	232. 3767	350. 6604	107. 1869
1985	241. 9738	364. 5755	104. 1300
1986	250. 3637	370. 1415	103. 4673
1987	258. 8177	384. 0566	103. 3767
1988	269. 5139	400. 7547	104. 1328
1989	279. 0551	420. 2359	103. 5401
1990	284. 2953	442. 5000	101. 8778
1991	283. 8156	461. 9811	99. 83128
1992	293. 2529	475. 8962	103. 3251
1993	301. 0912	489. 8113	102. 6729
1994	313. 1945	503. 6038	104. 0198
1995	321. 0369	517. 6415	102. 5040
1996	332. 9163	532. 8491	103. 7003
1997	347. 8895	545. 1321	104. 4976
1998	362. 4151	553. 9057	104. 1753
1999	378. 5394	565. 6038	104. 4491
2000	392. 3975	584. 9056	103. 6609

资料来源：根据刘巍、陈昭（2010）研究中的数据计算得到。

图 20 是美国 1960～2000 年的总供给曲线，横轴是以 1960 年为 100 的 GDP 定基指数，纵轴是以 1960 年为 100 的价格指数。在 20 世纪 70 年代中期、80 年代初和 90 年代初，美国发生了两次持续两三年

的负增长和一次短暂的负增长，致使长期总供给曲线有三个异常段，其余时间都是中低速增长，曲线呈现正常形态——向右上方倾斜，和中国长期总供给曲线的形状基本一致，支持我们前面所做的逻辑分析。

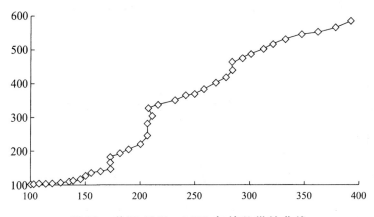

图20　美国 1960～2000 年的总供给曲线

资料来源：表5。

图 21 是美国 1960～2000 年的 GDP 定基指数时间走势，曲线显示美国经济是总体向上的，增速高低另当别论。从走势图的形状来看，和中国需求约束型经济时期基本上是一致的。

图21　美国 1960～2000 年的经济走势

资料来源：表5。

和前面对中国经济增长率变动趋势的观察一样，我们也对美国的情况做同样的讨论。图 22 的横轴是年份，纵轴是 GDP 环比指数。从图 22 可以看到，长期中，和中国相比（见图 19），美国经济增长率的时间曲线形状更是不规则，基本上是 10 年一波动，说是 M 形的波段也行，说是 W 形的波段也可。年增长率波动幅度较大，均值为 3% ~ 4%。

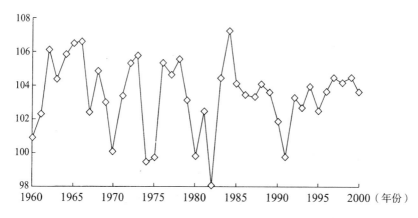

图 22　1960 ~ 2000 年美国 GDP 环比指数（上年 = 100）

资料来源：表 5。

2. 日本需求约束型经济态势下的总供给曲线

我们选取日本 1955 ~ 1991 年的数据作图，讨论需求约束型经济时期的总供给曲线特点，并和中国总供给曲线做比较。数据见表 6。

表 6　1955 ~ 1991 年日本 GDP 与价格

年份	GDP 指数 1 （1955 年 = 100）	价格指数 （1955 年 = 100）	GDP 指数 2 （上年 = 100）
1955	100. 0000	100. 0000	—
1956	107. 5000	104. 7235	107. 5000
1957	114. 4875	113. 3194	106. 5000
1958	122. 8451	112. 2237	107. 3000
1959	134. 2697	117. 3754	109. 3000
1960	152. 1276	125. 7407	113. 3000
1961	170. 2307	135. 7189	111. 9000

年份	GDP 指数 1 （1955 年 = 100）	价格指数 （1955 年 = 100）	GDP 指数 2 （上年 = 100）
1962	184.8706	141.8152	108.6000
1963	201.1391	149.1784	108.8000
1964	223.6668	157.8079	111.2000
1965	236.4158	166.1005	105.7000
1966	260.5302	175.0510	110.2000
1967	289.4490	184.6427	111.1000
1968	323.8935	195.4197	111.9000
1969	362.7607	204.9616	112.0000
1970	400.1251	219.0154	110.3000
1971	417.7305	230.8260	104.4000
1972	452.8200	243.7926	108.4000
1973	489.0456	274.8504	108.0000
1974	483.1769	331.9621	98.79997
1975	498.1555	355.7591	103.1000
1976	518.0817	384.1560	104.0000
1977	540.8772	410.0447	104.4000
1978	569.5437	428.8081	105.3000
1979	600.8687	440.5407	105.5000
1980	617.6930	469.7272	102.8000
1981	636.4377	490.1157	103.0346
1982	654.3730	500.4525	102.8181
1983	665.6985	511.6307	101.7307
1984	685.0807	528.4032	102.9115
1985	719.2545	540.5526	104.9883
1986	739.1661	550.4925	102.7684
1987	766.6403	551.9769	103.7169
1988	816.1525	557.3923	106.4583

年份	GDP 指数 1 （1955 年 = 100）	价格指数 （1955 年 = 100）	GDP 指数 2 （上年 = 100）
1989	855. 6058	572. 7170	104. 8341
1990	899. 6923	588. 0246	105. 1527
1991	924. 5716	606. 6290	102. 7653

资料来源：根据日本内阁府官方网站发布的原始数据计算得到，http：//www. esri. cao. go. jp/en/
sna/data/kakuhou/files/2009/23annual_ report_ e. html。

图 23 的横轴是以 1955 年为 100 的 GDP 指数，纵轴是以 1955 年为
100 的价格指数。从日本总供给曲线的形状来看，以 1974 年的负增长
为界，可分为前后两个阶段。1955～1973 年，经济高速增长；1974～
1991 年，经济增长乏力，80 年代之后"经济泡沫"不断加剧。但总
体来说，总供给曲线基本上是向右上方倾斜的，和中国、美国需求约
束型经济态势下的总供给曲线特征没有本质差异。

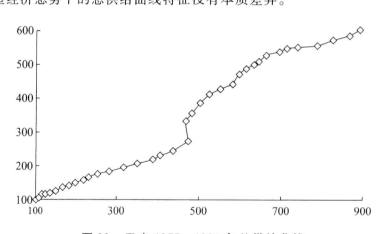

图 23　日本 1955～1991 年总供给曲线

资料来源：表 6。

图 24 是日本 1955～1991 年总产出走势，横轴表示年份，纵轴表
示以 1955 年为 100 的 GDP 指数。从曲线形状看，除去 20 世纪 70 年代
中期有波动之外，其余各年都保持了增长态势，与中国和美国的总产
出走势基本一致。

图 24　日本 1955～1991 年经济走势

资料来源：表 6。

最后，我们观察一下日本经济的年均增长率走势。图 25 的横轴表示年份，纵轴是年度 GDP 环比指数，图中的曲线就是日本 1955～1991年的 GDP 年均增长率走势。图中曲线的形状呈现前 20 年波动幅度大、后 16 年波动幅度小的特点。与美国不同的是，日本前 20 年高速增长，波动幅度较大，年均增长率平均在 7.2% 左右，增速远高于美国；后16 年中低速增长，波动幅度较小，年均增长率平均在 3.9% 左右，也高于美国。

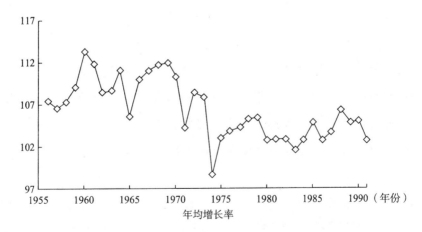

图 25　1955～1991 年日本 GDP 环比指数（上年 =100）

资料来源：表 6。

从中国、美国和日本的案例来看，在需求约束型经济态势下，不仅经济每年的增长率单调增是个奢望，就连持续高位走平都是没有历史证据支持的。进入需求约束型经济之后，1996～2010 年中国经济年均增长率在 8.7% 左右，高于日本和美国。从 2011 年起，经济增长率 6 年单调减，2016 年跌至 6.7%，年均增长率在 7.7% 左右。虽有 L 形走势的苗头，但增长率仍高于日本和美国。2017 年若经济增长率与上年持平，L 形趋势有确立的可能；若增长率显著下降，则曲线继续下探，走势不定；若增长率显著超过上年，则有 V 形反转的希望。但参照美日两国的经验，无论何种形状的曲线确立恐怕都是短暂的，长期中会发生不规则波动，甚至出现负增长情况。中国的经济体量越来越大，现已是世界第二大经济体，今天增长率的一个百分点相当于过去增长率的几个百分点。况且，巨大的总需求是来自国内和国外两个部门的，不确定因素较多。我们先不考虑多变的国际市场，即使在封闭假设下，伴随总收入和人均收入的增长，越来越多的人从"想买却买不起"群体进入了"没什么好买的"群体，边际储蓄倾向会持续上升，总需求对总供给的物理属性会越来越挑剔。于是，实施供给侧结构性改革，从而诱致总需求增长的任务就越重。在需求约束型经济中，总产量决定于订单量，在没有国内外突发事件时，订单增量持续下降的原因之一必定是总供给缺乏新亮点，① 不能吸引总需求增长，供给侧结构性改革的紧迫性凸显。我们可否将经济增长率走势作为供给侧结构性改革的信号和改革效果显著与否的考量尺度？这大概对中国经济发展更有利。诚然，从实施供给侧结构性改革到经济增长应该是有一定时滞的，有关管理部门和学界应该有足够的耐心。

---

① 当然，总需求方面也不是没有问题。例如，收入分配不合理会造成"想买却买不起"群体的规模过于稳定或扩大；银行消费信贷业务不发达会导致"想买却买不起"群体推迟购买耐用消费品。这方面的问题不是本文的重点，暂不讨论。

五 结论和政策启示

至此，我们可以回答本文开头提出的几个问题了。

（1）在供给约束型经济中，中国短期 AS 曲线非常陡峭，按新古典经济学的思路简化为与横轴垂直也未尝不可。短期中，价格（总需求）对总供给的影响极不显著（见图1），有效供给基本上等于潜在产出。资本存量的显著增长是一个短期向下一个短期转换的推动力，即短期中资本存量不变，价格可变（见图3）。个中逻辑与柯布－道格拉斯生产函数契合，在劳动力近乎无限供给的短缺经济时代，资本存量增长自然可以提高就业率（或降低隐性失业率），致使总产出增长——AS 曲线沿横轴右移。各个短期的均衡点连线，是供给约束型经济中的中国长期 AS 曲线。各短期中总需求等因素变化导致价格不规则变动，所以，即使 GDP 是单调增的，长期 AS 曲线的形状也是不规则的（见图5和图6）。

（2）在需求约束型经济中，中国短期 AS 曲线非常平缓，按凯恩斯经济学的思路简化为与横轴垂直也无大碍（见图14和图15）。但是，拐点之后的陡峭部分并非长期 AS 曲线，而是一个短期向下一个短期转换的总供给结构调整期。调整完毕之后，AS 曲线再度平缓，进入下一个短期。短期中，价格变动不显著（凯恩斯经济学简化为价格不变），而产出则有不同程度的增长。把各个短期起点用平滑的曲线连接，就形成了长期 AS 曲线，其形状是向右上方倾斜的（见图16和图17）。在需求约束型经济中，因为潜在供给远大于有效供给，事后总供给一定被迫适应总需求，所以，如无重大外部干扰因素，价格和产量基本上是同方向的，这一内在逻辑保证了长期 AS 曲线向右上方倾斜的伸展方向。

（3）美国和日本的历史经验也证明，供给约束型经济中的长期 AS

曲线形状是很不规则的，需求约束型经济中的长期 AS 曲线是向右上方倾斜的。这说明，我们前面的分析结论并非中国独有，而是具有普适性。于是，我们对主流经济学关于 AS 曲线的研究结论提出两点质疑。第一，AS 曲线的"古典情形"是供给约束型经济的短期 AS 曲线，绝非长期 AS 曲线。若长期总供给曲线是与横轴垂直的，那么，就无法解释近代以来世界经济总量之翻番增长了。简言之，在供给约束型经济态势下，短期中供给曲线与横轴垂直，长期中形状不规则。第二，在需求约束型经济中，短期 AS 曲线简化为与横轴平行问题不大，但是，长期 AS 曲线绝不是垂直的，而是向右上方倾斜的，这已经被中美日三国的数据证实。

根据上述判断，我们再做几点粗浅的余论，希望为政策制定提供参考。

（4）从宏观层面观察，进入需求约束型经济之后，中国经济的每一个短期转换都需要供给结构有一定调整，不断矫正总供给，使其瞄准越来越挑剔的总需求和诱致总需求的增长，从而保证短期转换平稳进行，实现长期经济增长。供给侧结构性改革是从生产、流通、制度到观念的全方位创新过程，政府营造创新环境和动力，市场不断产生新供给热点，这应该是学界和政府长期关注的重点。

（5）美国、日本的经验都表明，进入需求约束型经济之后，经济增长率曲线形状是不规则的，对于大型经济体量的国家来说，保持高增长率的难度很大。是否可以将中国经济增长率曲线的运动轨迹作为实施供给侧结构性改革和改革效果检验的参照系之一？这似乎比仅把经济增长率作为某种警告对中国经济运行更为有利。譬如，当经济增长率偏离常态值时，相关管理部门应全力矫正总供给结构对总需求结构的偏离；根据经济增长率对常态值的接近程度判断矫正效果是否显著，而不是依据某种不稳定的中间指标习惯性地传递捷报。

（6）中国经济虽然整体上过渡到了需求约束型态势下，但不排除个别行业仍处于供给约束型态势下，需要认真研究。对供给约束型的行业，仍需加大促进资本存量增长的力度，促使供给曲线右移。

参考文献

〔美〕恩格尔曼、高尔曼主编，2008，《剑桥美国经济史》（第二卷），王珏、李淑清译，中国人民大学出版社。

〔美〕费正清，1994，《剑桥中华民国史》，杨品泉译，中国社会科学出版社。

〔美〕弗里德曼、施瓦茨，1991，《美国和英国的货币趋势》，范国鹰等译，中国金融出版社。

〔美〕多恩布什、费希尔、斯塔兹，2000，《宏观经济学》（第七版），范家骧等译，中国人民大学出版社。

何运信、曾令华，2004，《单目标制还是双目标制——基于总供给曲线特征的实证分析》，《数量经济技术经济研究》第 5 期。

胡乃武、孙稳存，2003，《中国总供给曲线性质的实证分析》，《数量经济技术经济研究》第 12 期。

〔英〕凯恩斯，2004，《就业利息和货币通论》，魏埙译，陕西人民出版社。

刘佛丁、王玉茹、丁建玮，1997，《近代中国的经济发展》，山东人民出版社。

刘巍，2010，《储蓄不足与供给约束型经济态势——近代中国经济运行的基本前提研究》，《财经研究》第 2 期。

刘巍，2011，《从供给约束型经济向需求约束型经济的转变——1952 年以来中国经济态势初探》，《广东外语外贸大学学报》第 2 期。

刘巍，2015，《资本品短缺、货币紧缩与中国总产出下降（1914—1918）——基于"供给约束型经济"前提的研究》，《中国经济史研究》第 4 期。

刘巍、陈昭，2010，《大萧条中的美国、中国、日本与英国——对不同供求态势国家的研究》，经济科学出版社。

刘巍、陈昭，2012，《近代中国 50 年 GDP 的估算与经济增长研究》，经济
　　科学出版社。

孔敏，1988，《南开经济指数资料汇编》，中国社会科学出版社。

史晋川，1994，《总供给曲线与经济增长路径变化——关于产量、物价与
　　增长周期的一种假说》，《财经问题研究》第 11 期。

王玉茹，1997，《近代中国价格结构研究》，陕西人民出版社。

巫宝三，2011，《中国国民所得（一九三三年）》，商务印书馆。

许涤新、吴承明，2003，《中国资本主义发展史》，人民出版社。

杨学林，1989，《非均质经济的宏观经济运行分析——论凯恩斯学说对我
　　国的不适用性》，《北京大学学报》（哲学社会科学版）第 6 期。

余永定，2002，《通过加总推出的总供给曲线》，《经济研究》第 9 期。

张仲礼，2001，《中国绅士的收入》，上海社会科学出版社。

郑友揆，1984，《中国的对外贸易和工业发展》，上海社会科学出版社。

Rawski, T. G. 1989. *Economic Growth in Prewar China.* University of California
　　Press, Berkeley Los Angeles, Oxford.

The Statistical Description and Logical Analysis of China's Aggregate Supply Curve

—A Study Based on the Perspective of "The Aggregate Supply and Demand Situation" in Modern Times

Tao Yitao, Liu Wei

Abstract: Start with the situation of the aggregate supply and demand, this paper divides the operation path of China's economy from 1887 – 2016 into two stages, supply-constrained economy (shortage economy) and demand-constrained economy (order economy) . It can be found that the short-term AS curve is very steep and almost perpendicular to the horizontal axis during the supply constrained stage, however, the long term AS curve's shape is irregular. In the stage of demand-constrained economy, the curve of the short term AS is similar to Keynesian economics, paralleling to the horizontal (appears very gently) and turning steep after inflection point. While the steep part should not be the long-term aggregate supply curve which tilts toward the top right in demand-constrain economy, but a structural adjustment period of aggregate supply between two short terms. The experience of American and Japan in various stages supports this judgment, and does not support the conclusion of mainstream economics that the long-term AS curve is perpendicular to horizontal axis. The evidence of China, America and Japan shows that the mainstream economics have a certain bias against the inference of aggregate supply curve.

Keywords: Aggregate Supply Curve; Supply-constrained Economy; Demand-constrained Economy

近代中国货币乘数研究（1910~1935）

刘 巍 胡 艳[*]

内容提要： 本文主要在供给约束型经济态势下运用计量经济学的方法对1910~1935年近代中国货币乘数做出初步探讨，尽可能地结合当时特殊的政治经济环境找出影响货币乘数的变量，用数量分析方法证实近代中国银行资本总额、国民收入水平、物价水平、基础货币是影响货币乘数的主要因素。同时分析货币乘数与近代化投资之间的关系，经过逻辑分析和实证检验得出来的结论是货币乘数、汇率、白银存量以及投资惯性会影响近代化投资。

关键词： 近代中国　货币乘数　近代化投资

众所周知，1935年币制改革之前中国实际上实行银本位制，银币是基础货币或称强力货币。但是，中国不是产银国，现银存量是受国际市场金银比价的影响而变化着的。银行体系对银根的放松和收紧与

---

* 刘巍，黑龙江哈尔滨人，经济学博士，广东外语外贸大学中国计量经济史研究中心主任，教授，深圳大学中国经济特区研究中心访问教授，中国数量经济学会常务理事，中国经济史学会现代经济史专业委员会理事，广东省经济学会常务理事，中青年委员会副秘书长。主要研究方向为宏观经济学、计量经济史。胡艳，湖北黄冈人，广东外语外贸大学金融学院金融专业硕士研究生。

现银流入、流出同步。在近代中国的银本位制下，货币存量的问题相当复杂。银币本身既是货币又是商品，白银的价值高低取决于国际市场的供求状况：国际市场银价趋降时，中国银币存量趋增；国际市场银价趋升时，中国国内白银存量趋减。同时，国际市场银价的变动又在一定程度上影响货币需求。在国际市场银价升降的两种情况下，公众无疑会产生一种银价进一步上升或下降的心理预期，从而助长国内银币币值升降的趋势。国际市场银价下降时，国外白银流入，国内现银基本上参与流通；国际市场银价上升时，国内白银流出，国内现银存量减少。基础货币银根紧缩，必然会导致派生货币的紧缩。结合近代中国银本位制下的特殊国情，分析近代银行体系的货币乘数之影响因素是一个复杂而有意义的课题。

一　近代中国宏观经济运行的基本前提

1. 供给约束型经济态势

近代中国是在帝国主义列强的炮舰和商品交替攻击下被迫开始了经济近代化，虽然经济水平不断提升，但无论是人均收入水平还是工业化程度都远远落后于西方列强。由于人均收入偏低，所以近代中国储蓄严重不足，储蓄不足严重影响国内投资。近代中国处于供给约束型经济态势下，"供给自动创造需求"这一萨伊定律对近代中国是有效的。在供给约束型经济条件下，投资受储蓄约束，产品的销路不是问题。由于近代中国资本市场不完善，银行信贷应该是外源融资方式投资的重要资金来源。刘巍（2010）曾经从总供求与价格的关系、贸易条件以及马歇尔－勒纳条件这三个角度分析过近代中国的经济态势，得出来的结论是近代中国的基本经济态势是供给约束型的，经济增长的瓶颈在于供给，供给的瓶颈在于投资，投资的瓶颈在于储蓄，在这种经济态势下，信贷扩张足以启动经济。

2. 极其不完善的金融市场

近代中国的货币市场分割严重，在这种情况下，资本的报酬率是参差不齐的。在上海和天津，银行平均放贷年利率为 7.3% ~ 9.6%，但是九江和宜昌都远远超过 10%，其中最低的是宁波，为 6.0% ~ 8.4%，最高的是宜昌，为 12% ~ 18%，两地相差巨大（陈争平，1995）。利率差异反映了货币市场的分割性，同时也说明了资本市场存在严重的分割性。近代中国的金融机构也大都是建立在经济发达、经营风险比较小的地区，主要集中在以上海为中心的华东地区。1934年上海银行数在全国占比为 44.02%，实收资本占比为 72.64%，存款额和放款额分别占比为 75.24% 和 76.41%，天津银行数和实收资本占比分别为 5.22% 和 10.88%。其余的城市无论是银行数占比还是实收资本占比都在 5% 以下（刘巍、陈昭，2012）。

证券市场在社会经济中的作用甚微，从整个近代中国经济运行来看，金融市场很难聚集分散的剩余资金。1916 年成立的汉口交易所是最早的证券交易所之一，开业不久即停业。1919 年建立的北京证券交易所，随着南京国民政府的成立而逐渐衰落。广州的证券交易市场虽然有公债、库券上市，但不是在证券交易所进行买卖，并且各种交易也是以广东的银毫和地方纸币为本位（刘巍、陈昭，2011）。近代中国新式工业发展比较早的是浙江一带，股票、债券发行也比较多，但是，始终未能形成市场。由于股票市场和企业债券市场不发达，所以近代化投资所需的资金基本上依靠银行借贷。货币市场与资本市场分割及资本市场的制度缺陷影响财富效应的发挥。

货币市场与资本市场严重分割，从而导致货币市场不能有效地扩大货币供给，资本市场不能有效地吸引资金，贷款是投资的重要资金来源，尤其是民间投资最重要的来源。

3. 近代中国货币供给机制属不可控外生性

内生变量，又叫非政策性变量，是在经济机制内部由纯粹的经济因素所决定的变量，不为政策所左右。外生变量，又称为政策性变量，是指在经济机制中易受外部因素影响，由非经济因素所决定的变量，是能够由决策当局控制，并用作实现其政策目标的变量。货币供给具有内生性（即货币供给量是内生变量）时，中央银行不能有效地直接控制货币供给量，货币供给的变动是由经济体系各经济主体的行为所共同决定的。货币供给具有外生性（即货币供给是外生变量）时，货币供给量主要是由经济体系以外的货币当局决定的，中央银行可通过发行货币、规定存款与储备比率等方式来控制货币供给量。因而，中央银行只要确定了经济发展所需的合理货币需求量，然后由中央银行供给适量货币，货币供需就能实现均衡。如果货币需求量是合理的，则当货币失衡时，完全可以由中央银行通过政策手段的实施加以矫正。

一国货币政策的选择及其运行的效率将直接取决于其对货币供给机制的认识，所以对于近代中国货币供给性质的了解就变得非常重要，刘巍、陈昭（2011）对1910~1935年货币供给机制做了系统的研究，根据国际市场银价变动导致中国货币供给反向变动的大量数据，得出了中国货币供给属"不可控外生性"的结论。近代中国货币供应量是由银币派生而来的。但是，中国不是产银国，1935年以前中国政府几乎没有货币政策，任由白银流入、流出来启动经济或者打压抑制经济，而且白银定价权在国外，流入的经手者也是外国银行。也就是说，近代中国的货币供给既不是经典的外生变量，也不是经典的内生变量。

二　货币乘数理论与逻辑分析

根据货币供给量的一般逻辑我们知道，货币供给量的决定因素有两个，一个是货币乘数，另一个是基础货币。

1. 货币供应量层次

在研究近代中国的货币问题时，定义近代中国的货币供应量层次是一个重要的问题。对于货币的定义，一直都存在理论与实证两个方面的研究，在纯理论方面，一些学者认为货币的主要职能是流通手段和支付手段，主张货币定义应限于通货和银行体系活期存款的总和，即狭义货币 M1，因为他们认为只有通货和活期存款才是普遍为人们所接受的流通手段和支付手段，或更准确地说，是交易成本最低的交易媒介。另有学者认为货币是一种资产，它的主要职能并不限于交易媒介，还有价值储藏职能。用弗里德曼的话来说，货币是"购买力的暂栖所"。从这个角度来观察，商业银行体系的其他存款，如储蓄存款和定期存款，显然也是货币。所以，这些学者认为货币应包括这些存款，其定义应该扩大为 M2，即包括银行体系以外流通的通货和银行体系的各种存款之总和。刘巍（2000）曾运用弗里德曼确认的货币判断标准（货币总量要与国民收入之间的相关系数最高，并且要高于货币总量任何组成部分与国民收入的相关系数），通过实证检验证明了 M1 与 GDP 的相关系数最高。货币是发展经济的手段物，确定货币量的层次不是随意的，哪个"手段"最直接哪个"手段"就应该是货币，因此，应该选择 M1 货币层次。

2. 基础货币

基础货币或称高能货币、强力货币，它是商业银行创造存款货币的源头和基础，货币供给量的增量是在基础货币基础上通过货币乘数进行信用创造而派生出来的。各国对基础货币的定义及统计不尽相同，即使是在一个国家之内，根据基础货币的分析用途不同，可能有几种基础货币的定义。1910～1935 年的近代中国是银本位制，而流通的纸币是银行券，本身就是银币的派生货币，并且在近代中国铜币几乎不参与银行存款，所以在近代中国基础货币是银币。

3. 货币乘数

货币乘数即基础货币扩张或收缩的倍数，是货币供给量与基础货币之比，它表明每一单位基础货币变动所能引起的货币供给量的变动。在近代中国，基础货币取决于国际白银流动，当国际白银价格下跌，白银流入中国，国内基础货币增加；当国际白银价格上涨，白银流出中国，国内银币存量减少。因此，本文研究的货币乘数（K）应该如式（1）所示：

$$K = \frac{M1}{银币} \qquad (1)$$

近代中国货币乘数变动趋势如图1所示（数据见表1），货币乘数总体上处于平稳状态。

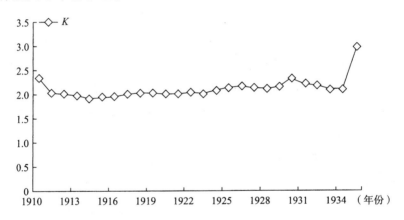

图1　1910~1935 年货币乘数变动趋势

资料来源：刘巍和陈昭（2011）、托马斯·罗斯基（2009）。

表1　近代中国货币供应量

单位：百万元

年份	M1	现银存量	铜币	银行券	活期存款	K
1910	1873.3	800	413.7	114.3	533.8	2.3
1911	1903.1	940	407.4	142.9	498.6	2.0
1912	1951.0	970	401.1	157.1	517.1	2.0
1913	1976.7	1000	394.8	163.2	516.7	2.0
1914	2016.1	1056	388.5	118.5	524.4	1.9
1915	2014.0	1035	382.2	209.7	513.2	2.0
1916	1973.2	1006	375.9	232.6	498.2	2.0

续表

年份	M1	现银存量	铜币	银行券	活期存款	K
1917	1935.9	961	369.6	285.8	490.6	2.0
1918	2031.0	998	363.3	282.4	556.8	2.0
1919	2203.9	1081	357	251.2	665.5	2.0
1920	2468.3	1225	350.7	282.2	780.1	2.1
1921	2571.2	1276	344.4	374.2	803.3	2.1
1922	2743.1	1338	338.1	380.7	919.8	2.1
1923	2913.1	1443	331.8	406.5	983.7	2.1
1924	3090.0	1484	325.5	431.6	1116.4	2.1
1925	3364.7	1581	319.2	547.5	1257	2.3
1926	3616.6	1664	312.9	599.1	1410.7	2.2
1927	3764.8	1765	306.6	672.5	1438.6	2.2
1928	4098.9	1931	300.3	784.6	1573	2.2
1929	4560.5	2096	294	913.4	1828.9	2.1
1930	5101.8	2200	287.7	956.3	2245.4	2.2
1931	5012.0	2271	281.4	896.9	2113.9	2.3
1932	5000.4	2289	275.1	924.4	2080.9	2.2
1933	4776.0	2275	268.8	978.8	2610.7	2.1
1934	4185.0	1995	262.5	1108.9	2830.9	2.1
1935	5050.0	1703	256.2	1413.5	3380.4	3.0

资料来源：M1 数据见刘巍和陈昭（2011），现银存量、铜币、银行券、活期存款数据见托马斯·罗斯基（2009）。

近代中国大多数年份没有中央银行，1928 年建立中央银行后，其管理信用的威信始终未能确认，准备金制度基本不存在，经典的货币政策手段在近代中国几乎很难发挥作用。因此，本文不将央行职能纳入考虑范围。货币乘数是银行贷款规模导致的，贷款规模直接受银行资本总额、经济景气程度、银根松紧程度和系统性风险的影响，所以我们将从以下几个角度来具体分析其影响因素。

第一，银行资本规模影响货币乘数，银行的资本金是银行从事经营活动的前提和基础，是银行发行银行券和吸收活期存款的基础，是维持银行信用的重要因素。银行业务能否顺利开展，根本上取决于公众对银行的信心，而一般公众总是从资本的多寡来判断银行是否可信可靠，可以说，银行资本的总量越多，公众对银行的信心越充足，整个银行系统发行的银行券和吸收的活期存款就越多，因此，可以认为，银行资本量上升导致货币创造力度加大。

第二，活期存款占总存款的比率影响货币乘数，商业银行的主营业务是信用业务，即吸收存款和发放贷款。为了获利，将从居民和企业那里吸收的存款用于贷款或者金融投资，多吸收存款就可以多贷款，在贷款以转账形式发放条件下，客户取得存款一般是转入贷款行或者另一家银行的存款账户，相应地多产生一笔存款，活期存款大都是银行向企业投放信贷派生的。对于整个银行体系来说，这种多存多贷、多贷多存可以反复进行，从而派生出多倍于原始存款的活期存款。所以，活期存款比率和货币乘数呈正向关系。

第三，一些重大负面事件的影响，考虑到一战以及白银法案等事件的影响，我们设置虚拟变量命名为 $D1$，其中 1914~1917 年、1934~1935 年为 1，其余年份为 0，如果虚拟变量在回归方程中显著，则予以保留。一战期间国际银价大涨，白银大量外流，从而造成国内银根紧缩，白银存量减少。从表 2 中的相关数据可以看到，1914~1918 年银币总体明显减少。虽然商业银行通过发行银行券在一定程度上弥补了货币供应量的减少，但是，由于银行券并非不兑现纸币，即有义务满足持有者兑换银币的要求，所以银行券的发行是受限的，因此，商业银行体系不可能抑制住 M1 下降的势头。银根吃紧导致银行贷款的减少，从活期存款的迅速减少就可以看出来，因为活期存款大部分是贷款转存的。

表 2　第一次世界大战期间中国货币供应量

单位：百万元

年份	银币	铜币	银行券	活期存款	M1
1914	1056	388.5	118.5	453.1	2016.1
1915	1035	382.2	209.7	387.1	2014.0
1916	1006	375.9	232.6	358.7	1973.2
1917	961	369.6	285.8	319.5	1935.9
1918	998	363.3	282.2	387.3	2031.0

资料来源：托马斯·罗斯基（2009）。

4. GDP 对货币乘数的影响

一般说来，在经济增长势头好的时期，人们对未来的预期变得乐观。一方面，投资意愿增强，造成了投资、融资行为的进一步盛行；另一方面，经济形势大好，商业银行也不会担心银根不保而惜贷，所以货币乘数会增大。

5. 基础货币对货币乘数的影响

商业银行吸收的存款，除了留存一部分以备客户提取外，其余部分就可以用来发放贷款。在银行存款和贷款反复交替过程中，企业、单位和个人将现金存入银行或投入流通中使用，这两者对货币乘数的作用是完全不同的。如果将现金存入银行，就成为银行的资金来源，银行可以用来发放贷款，货币乘数就会增大；反之，如果现金流出银行，投入流通界，银行就不能用来发放贷款，货币乘数就会减小。近代中国的基础货币量取决于国际白银流动量，当白银流入时，基础货币增加；当白银流出时，基础货币减少。白银流入银行体系越多，货币乘数越大，反之，如果白银直接进入流通领域，则货币乘数会减小。

6. 物价水平对货币乘数的影响

在近代中国银本位制下，物价水平越高，所需要的货币越多，一部分作为商品的白银会参与流通，从而会加大货币乘数。

综合上述分析，我们建立近代货币乘数模型：

$$K = f(z, v, y, s, p, D1) \qquad (2)$$

式（2）中，K 是货币乘数，z 是银行资本总额，y 是国民收入水平（用 GDP 表示），s 是银币（基础货币），p 是物价水平，v 是活期存款比率，$D1$ 是虚拟变量，代表对货币乘数有影响的重大事件。

三　近代中国货币乘数影响因素实证分析

前面的逻辑分析结论表明，近代中国货币乘数的影响因素有银行资本总额（z）、活期存款比率（v）、GDP、基础货币（s）、物价水平（p），还有虚拟变量（$D1$），但是这一结论还只是本文逻辑推理的结果，需要经过实证检验方可下定论。本文收集 1910～1935 年中国主要宏观经济变量的数据，采用实证分析的办法，来分析和揭示中国货币乘数决定因素以及决定过程。

1. ADF 单位根检验与协整检验

我们选取 1910～1935 年的相关数据（见附表 1 和附表 2）来进行实证检验，同时为了使数据平稳，对所有变量都取对数，并进行平稳性检验，结果如表 3 和表 4 所示。

表 3　变量 ADF 单位根检验结果

变量	差分次数	(C, T, K)	DW 值	ADF 值	5% 临界值	1% 临界值	结论
$\ln K$	2	$(N, N, 1)$	1.95	−2.12	−1.96	−2.68	I (2)*
$\ln z$	2	$(N, N, 1)$	2.03	−4.23	−1.96	−2.67	I (2)*
$\ln y$	2	$(C, T, 1)$	2.12	−5.68	−3.62	−4.41	I (2)*
$\ln p$	2	$(C, T, 1)$	1.97	−5.45	−3.61	−4.40	I (2)*
$\ln s$	2	$(N, N, 1)$	1.96	−3.0	−1.96	−2.67	I (2)*

注：* 表示变量差分后的序列在 5% 的显著性水平下通过了 ADF 平稳性检验。

表 4　协整检验结果

特征根	迹统计量（P值）	5%临界值	$\lambda-\max$ 统计量（P值）	协整个数
0.90	98.89* (0.00)	60.06	50.85* (0.00)	无
0.86	48.04* (0.01)	40.17	26.91* (0.02)	至少1个
0.65	21.13 (0.11)	24.27	14.06 (0.17)	至少2个
0.39	7.07 (0.31)	12.32	6.88 (0.25)	至少3个
0.24	0.18 (0.71)	4.12	0.18 (0.71)	至少4个

注：＊表明在 5% 的显著性水平下拒绝原假设，P 为伴随概率。

2. 回归结果

协整检验的结果表明上述变量之间存在协整关系，所以可以直接用最小二乘法进行回归，假定模型为双对数形式，回归结果如下：

$$\ln K = 0.47\ln y + 0.38\ln z + 0.80\ln p + 1.10\ln s + [\,AR(1) = 0.84\,]$$

$$t_1 = 3.93 \quad t_2 = 2.91 \quad t_3 = 5.3 \quad t_4 = 10 \quad t_5 = 7.45$$

$$s_1 = 0.11 \quad s_2 = 0.13 \quad s_3 = 0.15 \quad s_4 = 0.10 \quad s_5 = 0.11 \tag{3}$$

$$R^2 = 0.94 \quad DW = 1.97$$

从各项检验指标来看，一阶差分之后的模型回归效果是非常不错的，对货币乘数的解释能力较强，而活期存款比率和虚拟变量没有通过实证检验，说明这两个变量对货币乘数的影响比较微弱。

四　近代化投资与货币乘数

1910～1935 年近代化投资快速增长，尤其是一战结束后投资增长加速，其影响因素是多方面的。近代中国处于供给约束型经济态势下，萨伊定律认为"供给自动创造需求"对近代中国是有效的，即中国的问题在于有效供给不足，而不是有效需求不足。在供给约束型经济条件下，投资生产的产品不愁销路，银行体系不会因为预期收不回本息而惜贷，企业也不会惜借，所以，只要银行有钱可贷，金融资本就会协助产业资本创造供给，供给自动创造需求。另外，由于近代中国资本市场不完善，银行信贷应该是近代化投资的重要资金来源，所以，货币乘数会影响近代化投资。产业投资具有连续性，投资不是当期完成，需要追加投资。当然，究竟滞后几期的投资对当期有影响还要通过实证检验。

1. 近代化投资与货币乘数关系的逻辑分析

（1）汇率影响投资

数据显示1910~1935年中国近代化投资是迅速增长的，由于近代中国资本品和一些重要原材料基本依靠进口，影响进口的因素也会影响近代化投资。显然，汇率应该是一个重要的影响因素。所以有：

$$I = f(e)$$

$$\frac{\mathrm{d}I}{\mathrm{d}e} < 0 \tag{4}$$

式（4）中，I表示投资，e表示汇率，导数是对变量符号的逻辑判断，因为近代中国汇率是直接标价法，所以I是e的减函数，其他条件不变时，汇率下降，投资增加。

（2）货币乘数影响投资

统计分析表明，1910~1935年中国的近代化投资与货币乘数是正相关的，相关系数为0.29。当然，该相关关系只能说明两个变量时序同升同降，二者的因果关系还需要进一步判断。由于近代中国资本市场不完善，所以银行信贷应该是近代化投资的主要来源，而贷款规模和货币乘数息息相关，因此，反映信贷规模的货币乘数应该会对投资产生影响。

（3）投资自身惯性

投资是连续的，越是大型投资，投资过程所需时间越长，因此滞后期的投资对当期投资会产生影响。前面讨论过，中国近代化投资主要方向是消费品生产领域，投资周期比较短，而交通运输业等投资周期比较长，但是后者所占比例太小，因此，我们预判代表投资惯性的滞后期不会太多。写成函数则为：

$$I_t = f(I_{t-1}, I_{t-2}, \cdots, I_{t-n}) \tag{5}$$

式（5）中，投资变量的下标是滞后期数。

（4）现银存量对近代化投资的影响

当作为基础货币的银币（银两）增加时，货币供应量虽然会因商业银行准备金增加而减少一部分，货币量增长的不如预期多，但是，总体上基础货币还是在增长，从而商业银行可贷金额会增长。在供给约束型经济态势下，只要银行有钱可贷，企业也不会惜借，因为产品不愁销路。

综合上述逻辑分析结果，我们可以建立以下理论函数：

$$I_t = f(K, I_{t-1}, I_{t-2}, \cdots, I_{t-n}, s, e) \tag{6}$$

式（6）中，K 表示货币乘数，I 表示近代化投资，s 表示银币，e 表示汇率（直接标价法）。

2. 近代化投资的影响因素实证分析

经验是否支持前面的逻辑分析结果，必须经过实证检验方可确定，我们对近代中国 1910 ~ 1935 年的数据（见附表 1 和附表 2）取对数，然后做平稳性检验。

（1）ADF 单位根检验与协整检验

检验结果如表 5 和表 6 所示。

表 5 变量 ADF 单位根检验结果

变量	差分次数	(C, T, K)	DW 值	ADF 值	5% 临界值	1% 临界值	结论
$\ln K$	2	$(N, N, 1)$	1.95	−2.21	−1.96	−2.68	I（2）*
$\ln I$	2	$(C, T, 1)$	2.11	−5.4	−3.6	−4.41	I（2）*

续表

变量	差分次数	(C, T, K)	DW 值	ADF 值	5% 临界值	1% 临界值	结论
lns	2	$(N, N, 1)$	1.96	-3.0	-1.96	-2.67	I (2)*
lne	2	$(C, T, 1)$	1.99	-3.99	-3.6	-4.41	I (2)*

注：* 表明差分后的序列在 5% 的显著性水平下通过 ADF 平稳性检验。

表6　协整检验结果

特征根	迹统计量（P 值）	5% 临界值	λ – max 统计量（P 值）	协整个数
0.72	63.79* (0.01)	54.08	32.25* (0.02)	无
0.61	31.53 (0.11)	35.19	23.82* (0.03)	至少1个
0.21	7.71 (0.84)	20.26	5.83 (0.8)	至少2个
0.07	1.87 (0.80)	9.16	1.88 (0.8)	至少3个

注：* 表明在 5% 的显著性水平下拒绝原假设，P 为伴随概率。

（2）回归结果

协整检验结果表明各变量之间具有协整关系，因此可以用最小二乘法进行回归，假定模型为双对数形式，回归结果如下：

$$\ln I_t = 3.29 + 0.77 \ln K + 0.98 \ln s + 0.54 \ln I_{t-1} - 0.38 \ln e$$

$$t_1 = 2.16 \quad t_2 = 2.12 \quad t_3 = 2.78 \quad t_4 = 2.95 \quad t_5 = -2.33$$

$$s_1 = 1.52 \quad s_2 = 0.36 \quad s_3 = 0.35 \quad s_4 = 0.18 \quad s_5 = 0.16 \tag{7}$$

$$R^2 = 0.93 \quad DW = 2.06 \quad F = 70.52$$

从式（7）的各项指标来看，回归结果很好。我们对近代化投资惯性做了多次模拟，结果表明，滞后一期的投资会影响当期投资。这也说明了近代化投资项目不大，建设工期一般不是很长，平均2年就可以投产。

五　结论

通过对中国各主要宏观经济变量与货币乘数相互关系的考察，并结合逻辑分析和实证分析的结果，我们发现了一些在中国的经济货币体系下所呈现出来的与经典理论所不一致的现象，结论如下。

第一，近代中国 1910～1935 年，影响货币乘数的主要因素为银行资本总额、国民收入水平、基础货币和物价水平。在其他条件不变时，银行资本总额每增加 1%，货币乘数相应增加 0.38%，GDP 每增加 1%，货币乘数相应上升 0.47%，现银存量每增加 1%，货币乘数相应增加 1.10%，价格指数每变动 1%，货币乘数相应变动 0.80%。

第二，在供给约束型经济态势下，1910～1935 年中国近代化投资的主要影响因素为货币乘数、白银存量、汇率（直接标价法）以及投资惯性。在其他条件不变时，这四个变量分别变动 1%，近代化投资就相应变动 0.77%、0.98%、-0.38% 和 0.54%。

参考文献

陈争平，1995，《1895～1936 年中国国际收支与近代化中的资金供给》，《中国经济史研究》第 4 期。

崔文生、刘巍，2013，《近代中国的银行资本、货币量与货币化（1910～1936)》，《中国经济史研究》第 2 期。

孔敏，1988，《南开经济指数资料汇编》，中国社会科学出版社。

刘巍，2000，《经济发展中的货币需求》，黑龙江人民出版社。

刘巍、陈昭，2012，《近代中国 50 年 GDP 的估算与经济增长研究》，经济科学出版社。

刘巍、陈昭，2011，《中国货币供给机制研究：历史、逻辑与实证（1910—1935)》，高等教育出版社。

刘巍，2010，《储蓄不足与供给约束型经济态势——近代中国经济运行的基本前提研究》，《财经研究》第 2 期。

陶一桃，2017，《中国的近代化性质投资影响因素分析（1903～1936)》，

《计量经济史研究》第 1 期。

〔美〕托马斯·罗斯基，2009，《战前中国经济增长》，唐巧天译，浙江大学出版社。

王玉茹，1977，《近代中国价格结构研究》，陕西人民出版社。

附表 1　1910～1935 年中国宏观经济数据 A

单位：百万元

年份	M1	现银流动 sl（"＋"为流入，"－"为流出）	现银存量	铜币	银行券	活期存款
1910	1873.3	＋33.779	800	413.7	114.3	533.8
1911	1903.1	＋59.374	940	407.4	142.9	498.6
1912	1951.0	＋30.034	970	401.1	157.1	517.1
1913	1976.7	＋56.06	1000	394.8	163.2	516.7
1914	2016.1	－21.014	1056	388.5	118.5	524.4
1915	2014.0	－28.122	1035	382.2	209.7	513.2
1916	1973.2	－43.262	1006	375.9	232.6	498.2999
1917	1935.9	－33.051	961	369.6	285.8	490.6
1918	2031.0	＋36.605	998	363.3	282.4	556.8
1919	2203.9	＋82.828	1081	357	251.2	665.4999
1920	2468.3	＋144.287	1225	350.7	282.2	780.1001
1921	2571.2	＋50.356	1276	344.4	374.2	803.3999
1922	2743.1	＋60.468	1338	338.1	380.7	919.8
1923	2913.1	＋105.017	1443	331.8	406.5	983.7001
1924	3090.0	＋40.924	1484	325.5	431.6	1116.4
1925	3364.7	＋97.52	1581	319.2	547.5	1257
1926	3616.6	＋82.8	1664	312.9	599.1	1410.7
1927	3764.8	＋101.515	1765	306.6	672.5	1438.6
1928	4098.9	＋161.768	1931	300.3	784.6	1573
1929	4560.5	＋162.63	2096	294	913.4	1828.9

续表

年份	M1	现银流动 sl（"＋"为流入，"－"为流出）	现银存量	铜币	银行券	活期存款
1930	5101.8	＋104.4	2200	287.7	956.3	2245.4
1931	5012.0	＋68.982	2271	281.4	896.9	2113.9
1932	5000.4	－11.416	2289	275.1	924.4	2080.9
1933	4776.0	－14.122	2275	268.8	978.8	2610.7
1934	4185.0	－256.728	1995	262.5	1108.9	2830.9
1935	5050.0	－59.397	1703	256.2	1413.5	3380.4

资料来源：M1 数据来源于刘巍、陈昭（2011），现银存量、铜币、活期存款、银行券数据来源于托马斯·罗斯基（2009），现银流动数据来源于孔敏（1988）。

附表 2　1910~1935 年中国宏观经济数据 B

单位：百万元

年份	银行资本总额 z	物价水平 p	近代化投资额	GDP	汇率 e
1910	135.19	102	223	16783	62.12
1911	131.54	106	166	16774	62.38
1912	141.99	106	163	16482	56.24
1913	151.11	100	207	17809	69.98
1914	177.98	106	267	16339	77.20
1915	181.04	118	183	16610	78.96
1916	180.52	118	243	16075	63.51
1917	188.25	122	210	14397	49.45
1918	212.94	123	223	14351	40.02
1919	250.06	121	442	18088	34.94
1920	292.86	131	476	19302	37.02
1921	332.07	132	560	19131	58.08
1922	360.56	130	639	21342	55.55
1923	386.63	137	486	21145	58.41

续表

年份	银行资本总额 z	物价水平 p	近代化投资额	GDP	汇率 e
1924	423.77	133	523	26358	52.77
1925	483.57	146	514	22687	50.69
1926	578.95	149	634	23863	59.34
1927	562.41	157	590	24858	66.32
1928	604.08	156	746	25711	63.5
1929	676.34	162	893	26626	69.18
1930	809.22	178	848	27621	100
1931	763.09	190	843	28570	132.03
1932	813.99	170	865	29470	107.41
1933	780.49	152	1034	29460	91.86
1934	838.81	145	1271	26900	81.19
1935	885.02	150	1287	29090	74.11

资料来源：近代化投资额数据见托马斯·罗斯基（2009），银行资本总额数据见崔文生、刘巍（2013），物价水平数据见王玉茹（1997），GDP 数据见刘巍、陈昭（2012），汇率指数见陶一桃（2017）。

A Study of Currency Multiplier in
Modern China（1910 – 1935）

Liu Wei, Hu Yan

Abstract：This paper mainly discusses the modern China's money multiplier from 1910 to 1935 by using econometrics in the supply-constrained economic situation, and finds out the variables that affect the money multiplier as much as possible, and the conclusion is that the total bank capital, GDP, price level and base money are the main factors influencing the money multiplier. At the same time, it analyzes the relationship between money multiplier and the modern-oriented investment in China. The logical conclusion and empirical test are the conclusion that money multiplier, exchange rate, silver stock and investment inertia are the main factors influencing modern investment.

Keywords：Modern China；Money Multiplier；Modern Investment

专题篇

改革开放 40 年中国政府政策
对广州出口总量的影响研究[*]

徐芳燕[**]

内容提要：本文梳理了 1978 年以来中国各级政府对于出口的各项政策措施，计算了改革开放 40 年广州市的出口依存度，比较了政府政策变量和其代理变量——广州市贷款总额年增量吻合程度，分析了 1978～2016 年中国各级政府政策、人民币汇率、贸易伙伴国关税税率和经济增长水平对广州市出口总额的影响机制，计量实证结果发现：中国各级政府政策的代理变量——广州市贷款总额年增量对广州市出口量有显著的正向影响，但是影响程度不如国外经济增长。国外经济增长是广州市出口总额的第一影响因素，其次是人民币汇率，再次是政府政策变量，最后是关税税率。最后，本文根据研究结论提出了相应的政策建议。

关键词：改革开放 40 年　广州出口　中国政府政策

---

[*] 基金项目：广州市哲学社会科学发展"十三五"规划 2017 年度广州商贸中心研究基地课题（编号：2017 - JD06）；广东省哲学社会科学"十二五"规划项目（编号：GD15YYJ03）；广东省教育厅创新人才类项目（编号：15Q18）。

[**] 徐芳燕，山东菏泽人，统计学专业，经济学博士，广东外语外贸大学中国计量经济史研究中心讲师，研究方向为多元统计分析理论与方法。

众所周知，改革开放 40 年来，中国实现了经济的高速增长，对外贸易是经济增长的重要引擎之一。早在 18 世纪古典经济学建立之时，亚当·斯密（Adam Smith，1979）曾论述到，国际贸易是一个国家将市场扩大到该国疆域以外的主要途径。大卫·李嘉图（David Ricardo，1981）的比较优势理论认为国际贸易是实现经济效率和增加国民收入的有效途径。托马斯·孟（Thomas Mum，1965）提到"贸易是检验一个王国是否繁荣的试金石，贸易顺差是一个国家获取财富的唯一手段"。20 世纪 30 年代，凯恩斯主义提出对外贸易乘数理论，对外贸易顺差对一国就业、国民收入和经济增长有乘数效应（凯恩斯，1999），主张国家干预经济，实行保护贸易政策。中国经济快速增长与其长期坚持的国内改革和对外开放政策密切相关。出口是中国经济增长的格兰杰原因（王博、刘澜飚，2009），与经济增长存在长期稳定的协整关系（郭友群、周国霞，2006）。

广州与香港、澳门毗邻，具有最悠久的开放发展传统，是新中国唯一不曾间断开放的贸易口岸，更是改革创新和对外开放的实验区，国际商贸中心地位日益突出。改革开放 40 年来，中央、广东省和广州市政府（下文统称中国各级政府）不断出台促进对外出口的政策，广州市出口总量发生翻天覆地的变化。2017 年广州市 GDP 为21503 亿元，① 居中国大陆城市第 3 位，外贸进出口总额为 9714 亿元，居 GDP 十强城市第 5 位。作为中国典型的对外开放城市，广州与全球220 多个国家和地区有贸易往来，与 20 多个城市有友好城市合作关系。

为分析改革开放 40 年广州市出口领域的经验，本文尝试讨论以下问题：广州 40 年的出口依存度变动趋势并不像全国和其他地区呈长期

---

① 广州统计信息网上"统计数据"栏目下《广州统计年鉴 2017》，http://www.gzstats.gov.cn/。

递增趋势，原因何在？出口一直是拉动广州市经济增长的主要因素吗？中国各级政府出台的政策会引致银行信贷指标灵敏变化吗？干预和引导出口的政府政策是否显著提高了广州市出口总量？中国各级政府政策变量、人民币汇率、贸易伙伴国的经济增长水平和关税税率与广州市的出口总额是否存在长期均衡关系？若能在研究过程中找到影响广州市出口总量的主要因素，发现中国政府政策对外贸出口的干预力度和方向，不仅能够丰富对外贸易理论，而且对广州市、广东省乃至全国外贸出口的持续健康发展都有参考价值。

本文结构安排如下：第一部分为文献综述与理论分析；第二部分为政府政策引导下的广州出口走势分析；第三部分为广州出口总量影响因素的逻辑分析；第四部分为广州出口总量影响因素的实证分析，包括计量模型的构建、指标度量和数据说明、各指标的描述性统计分析、平稳性和协整检验；第五部分为结论与政策建议。

一 文献综述

Handley 和 Limao（2013）量化了贸易政策不确定性指标，发现 2000～2005 年贸易政策不确定性对美国出口增速的贡献率高达 30%。Feng 等（2017）分析了贸易政策不确定性对企业出口决策的影响，得出中国贸易政策不确定性的下降提高了企业出口参与度和优化了资源再配置的结论。汪亚楠和周梦天（2017）运用 DID 模型发现关税减免优化了企业的出口产品结构，美国对中国产品所征收的进口关税在入世前后存在显著差异。苏振东等（2012）使用倾向得分匹配法（PSM）研究得出生产性补贴确实对中国制造业的出口行为有正向的促进作用。李强和魏巍（2013）构建强制性制度变迁和诱导性制度变迁指数，发现强制性制度（政府主导）变迁是加速中国出口贸易发展的关键要素。入世后，出口市场过多地出现低品质产品是引致中国出口产品品质持续下滑的第一原因，从过去的价格竞争发展为以提升品质为核心的非价格竞争，是促进中国对外贸易发展模式转型升级的必经之路（李坤望等，2014）。金融体系越发达，金融机构为企业研发提供的资金越多，越有利于促进研发质量和效率提高（黎欢、龚六堂，2014）。广东省进口额、实际利用外商投资额、贸易伙伴 GDP 和出口退税额都对广东省的出口有显著的促进作用，其中出口退税政策对广东省的出口影响最为显著（林吉双、陈娜娜，2008）。肖鹃飞（2008）应用 VAR 模型发现汇率是影响出口贸易的因素之一，证实了汇率理论的有效性。陈万灵和邓玲丽（2013）依据消费函数、投资函数和进口函数及国民收入等式建立联立方程，发现广州出口增长对经济增长的拉动作用在减弱。

在对文献的整理分类中我们发现，国内外学者对中国出口的相关研究存在以下局限性。其一，基于国家层面的研究成果非常丰富，基于省域数据的研究鲜有问津，对于中国最早、最典型的开放实验区——广州出口问题的研究更是寥寥无几。究其原因我们发现：国家统计局网站上历年的《中国统计年鉴》、世界银行网站和国际货币基金组织网站中有非常全面的国家层面数据，而对于省域和市级数据的搜集比较困难，特别是后者更不易实现，于是上述基于省域数据较少的研究趋势就不足为奇。其二，海量文献中关于出口的影响因素的设定大多是把某一个制度的前后变化作为虚拟变量加入模型，尚无把改革开放 40 年以来的所有外贸政策做统计量化处理，进而作为解释变量来实证中国各级政府的引领作用对出口的影响力度的。我们分析原因如下：一方面，自 1978 年以来，各级政府出台的外贸政策文件非常多，一个月内颁布若干外贸政策文件很是常见，对纷繁浩杂的政策文件的统计分类也让众多学者望而却步；另一方面，目前对于政策文件的量化研究正处于起步阶段，并没有相对成熟的方法体系或者统计测度指标能有效测度政策文件的力度问题。本文从 1978～2016 年中国各

级政府出台的政策文件切入，量化分析中国各级政府出台的政策对外
贸出口的引领作用是否显著，文献存量显示这是目前国内外学界普遍
忽视的问题。

二 政府政策引导下的广州出口走势

1. 中国各级政府促进出口的主要政策

改革开放以来，中国各级政府出台的外贸政策文件中主要有财政
政策、出口退税政策和其他政策（见表 1 和表 2），1978～2002 年，财
政政策比较明显，2002 年以后，财政政策较不突出，表 1 和表 2 以
2002 年为分界点。①

表 1　1978～2002 年中国各级政府促进出口的主要政策总结

财政政策	出口退税政策	其他政策
1978 年开始设立专项资金以扶持出口生产，支持农、副、土、特、新产品。实行补贴、出口供货（创汇）奖励制度。1987 年起，以扶持鼓励为主，兼顾经济效益。拨付基金于轻纺出口企业以发展深加工产品，加大出口鼓励力度。1994 年	1983 年开始对钟表、缝纫机、自行车等 17 种商品及其零部件实行出口退税政策。1985 年对除原油和成品油以外的产品实行生产环节最后一道产品税和增值税的退税政策。1986 年开始对 10 类产品退还产品税和增值税。1987 年退还出口商品各环节的累计间接税和增值税，退税力度和规模扩大。1994 年起只退增值税和消费税，增值税分 17% 和 13% 两档，消费税以实际征税比率退税。1994 年基本实现出口货物零税负。因财政负担过重，1995 年	1978 年中国与欧共体签订贸易协定。1979 年 1 月中美建交。1979 年 8 月出台《关于大力发展对外贸易增加外汇收入留成制度》。1980 年欧共体对中国实行普通优惠待遇。1984 年"政企分开、外贸实行代理制、工贸结合、技贸结合、进出口结合"的外贸体制改革。1985 年扩大留成比例。1987 年制定了沿海地区经济发展战略。1990 年

① 考虑到 40 年来中国各级政府共出台外贸政策文件 267 个，全部列出表格过长，
　为节约篇幅，我们只在该表中列出比较典型的政策文件，更详细的政策整理
　资料可以在附表 2 看到。考虑到典型的政策文件也较多，表格也会较大等问
　题，我们以 2002 年为分界点，将主要的政策总结成两张表。

续表

财政政策	出口退税政策	其他政策
起中国政府实施大规模的财税改革。1998 年起设立各种财政专项资金以鼓励一般贸易出口和中小企业开拓市场。1999 年设立中小企业国际市场开拓资金。2001 年中国出口信用保险公司成立。政府提供封闭贷款、鼓励企业多收汇和推行出口退税账户托管	7 月和 1996 年 1 月分别降低出口退税率，出口竞争力遭到重创。1998 年 7 月和 1999 年 1 月又分别提高出口商品退税率，平均退税率提高到 15%。第一档为机械设备、运输工具等（17%）；第一档之外的工业制成品为第二档（15%）；第三档以农产品为原料的产品（13%）；第四档主要是农产品（5%）。1999 年进一步扶持鼓励机电产品出口。2001 年提高棉纺织品退税率。2002 年出口棉花实行零税率。粮食、电解铜出口退税。出口加工区耗用水、电、气准予退税	提出和实施"市场多元化"战略。1991 年实行全国统一的以商品大类为标准的外汇留成制度，不再按地区。1991 年实施"以质取胜"战略。1994 年起取消出口创汇奖金和其他财政奖励制度。1997 年起企业利税与工资总额挂钩，以促进外贸企业扩大出口。1998 年亚洲金融危机，中国外汇资金大量流出，中国政府实施打击套、逃外汇企业的政策

资料来源：从中华人民共和国商务部（http://www.mofcom.gov.cn/）、广东省商务厅（http://www.gdcom.gov.cn/）和广州市商务委员会（http://www.gzboftec.gov.cn/）搜集到的 1978～2002 年的外贸政策文件；傅自应（2008）。

表 2　2003～2016 年中国各级政府促进出口的主要政策总结

出口退税政策	其他政策
2003 年实施科技兴贸战略。2004 年改革出口退税机制，中央和地方退税负担比例由 2003 年的 75∶25 调整为 2005 年的 92.5∶7.5，取消原油退税。小麦粉退税率从 5% 上升到 13%；以农产品为原料的工业品以及船舶、汽车等关键零部件仍是 17%；其余从 17% 下降到 12%。2004 年印发《关于扩大农产品出口的指导性意见》。2005 年对纺织品停征出口税。2006 年起降低"两高一资"退税率。2006 年和 2007 年三次大规模的降低出口退税率。完善出退税管理，加快退税进度。2007 年 7 月，76 个税号退税率调至 5%，取消 83 个税号"两高一资"产品的退税率，大幅降低和取消出口退税率，涉及 2831 项商品，占	关税措施：对"两高一资"产品开征或加征出口关税，如煤炭、原油、金属矿砂等高耗能、高污染产品。 外汇措施：2005 年 7 月 21 日，改革人民币汇率形成机制，建立有管理的浮动汇率体制。2007 年中国 – 东盟自由贸易区《服务贸易协议》签订。 2008 年起关税措施：开征或提高资源性产品的出口关税，抑制高耗能、高污染和资源型产品的出口。 2010 年起财政等政策：2012 年《关于加快转变外贸发展方式的指导意见》指出政府要完善财政对外贸支持的稳定机制。建立和完善金融支持体系。鼓励商业银行开展信贷支持，加大对中小企业进出口信贷

出口退税政策	其他政策
海关税则中全部商品总数的 37% 。经过这次调整以后，出口退税率变成 5% 、9% 、11% 、13% 和 17% 五档。2008 年起调低或取消"两高一资"产品的出口退税率，调低容易产生贸易摩擦的出口产品的退税率。2010 年 6 月出台《关于取消部分商品出口退税的通知》，决定取消部分钢材、有色金属加工材料等 406 个税号的退税率，有利于优化产品结构，提高出口产品的质量和档次。2012 年加快出口退税进度	的支持力度。指定严宽适度的原产地规则，稳步推进与原产地规则相关的贸易便利化进程。2012 年扩大贸易融资规模，降低贸易融资成本，加大出口信用保险支持力度。2014 年为支持外贸稳定增长，提出四个方面的政策措施。2015 年加快培育外贸竞争新优势，改进口岸工作支持外贸发展，促进进出口稳定增长，印发《中国（广东）自由贸易试验区总体方案的通知》。2016 年促进外贸回稳向好，在广州设立跨境电子商务综合试验区，促进加工贸易创新发展

资料来源：从中华人民共和国商务部（http：//www. mofcom. gov. cn/）、广东省商务厅（http：//www. gdcom. gov. cn/）和广州市商务委员会（http：//www. gzboftec. gov. cn/）搜集到的 2003 ~ 2016 年的外贸政策文件；傅自应（2008）。

2. 广州市出口增长率和 GDP 增长率的对比分析

图 1 显示，改革开放 40 年来广州市出口增长率总体上领先于 GDP 增长率，特别是在 1986 ~ 1989 年，两者更是悬殊，这种现象是受到中国各级政府财政政策、出口退税政策等外贸政策文件的影响，如 1978 年中国政府开始设立专项资金以扶持出口生产，支持农、副、土、特、新产品，实行补贴、出口供货（创汇）奖励制度。1983 年起，中国各级政府对钟表、缝纫机、自行车等 17 种商品及其零部件实行出口退税政策。1985 年起对除原油、成品油以外的产品实行针对生产环节最后一道产品税和增值税的退税政策。1986 年开始对 10 类产品退还产品税和增值税。1987 年中国各级政府加大出口退税的力度，开始退还出口商品各环节的累计间接税和增值税，扩大出口退税规模。这些出口退税政策刺激出口企业迅速提高出口幅度，出口增长率直线上升。但是，1995 年中国各级政府减小出口退税力度，出口企业的积极性受挫，广州市出口增长率明显降低，该年广州市 GDP 增长率开始高于出

口增长率，这种落差一直持续到 2001 年。除了 2009 年的亚洲金融危机严重降低广州市的出口增长率以外，2001 ~ 2016 年广州市 GDP 增长率和出口增长率差异不明显。

图 1　1978 ~ 2016 年广州市出口增长率和 GDP 增长率对比趋势

资料来源：根据 1978 ~ 2016 年《广州统计年鉴》中 GDP 和出口总额整理计算得出。

3. 1978 ~ 2016 年广州市出口依存度趋势变动分析

第一，1978 ~ 2016 年广州市出口依存度总体上先升后降。1978年，中共十一届三中全会把对外开放作为中国的一项基本国策，1979年，中共中央和国务院决定对广东的对外经贸实行特殊政策和灵活措施，实施沿海地区对外贸易发展战略。在这些政策的大力促进下，广州市对外贸易迅速发展，出口总额显著增长，广州的出口依存度增长极快（见表 3 和图 2）。1978 ~ 1994 年，全国贸易逆差持续不断，外汇短缺对国家进口生产装备有负面影响。广州出口快速增长，为国家创汇做出了重要贡献。在国家政策激励下，广州市出口总额以高于 GDP 的速度增长，既为国家出口创汇做了贡献，也成为拉动广州经济增长的主要因素之一。1978 年广州市出口依存度是 0.0524，略高于全国的出口依存度（0.0462）。1987 年，中国各级政府加大出口退税的政策力度，开始退还出口商品各环节的累计间接税和增值税，扩大出口退税规模。在该政策的影响下，1990 年广州市出口依存度直线上升到 0.3525，是该年全国出口依存度（0.1610）的 2 倍以上，广州市的对外开放程度遥遥领先于全国水平。1992 年，广州市对外贸易出口额与 GDP 的比是 0.3981，远远超过该年全国出口依存度（0.1755），是改革开放初期（1978 年）的 7.6 倍，引致出口对国民经济增长的拉动作用发挥到极致。1994 年起中国进行了大规模的财税体制改革，影响深远。在出口退税政策方面，只退增值税和消费税，增值税按照 17% 和 13% 两档，消费税按实际征税比率退税，1994 年基本实现出口货物零税负。因财政负担过重，1995 年 7 月 1 日和 1996 年 1 月 1 日中国各级政府分别颁布降低出口退税率的政策。受这些政策的影响，1995 年起，广州市出口总额增长率开始落后于 GDP 的增速（见图 1），广州市出口依存度整体处于下降趋势，GDP 增长率长期显著高于出口增长率。1994 年是广州市出口依存度的拐点，由大幅上升转为急剧下降（见图 2），并且，这种下降趋势一致持续到 2001 年。2001 年，中国加入 WTO，出口总额上升幅度增加，出口依存度开始攀升。在 1998 年亚洲金融危机冲击下，广州市出口总额略有下降，但幅度不明显，广州市 GDP 受金融危机的影响较小，稳中有升，出口依存度平缓下降，这与 1995 年以来广州市出口依存度的长期下降趋势一致。2008 年发生国际金融危机，广州市 GDP 受到金融危机的影响不明显，但出口总额下跌，出口依存度下降（见图 2）。2008～2016 年广州市出口依存度小幅度下降，逐渐趋于稳定，外贸出口在经济总量中的比重变小，对经济增长的拉动作用减弱，对经济增长的贡献也就受到很大限制。投资、消费和出口对经济增长拉动作用的"三驾马车"中，出口的主导作用减弱，投资和消费的主导作用相应增强。

第二，中国各级政府政策导向影响广州市出口依存度趋势。改革开放以来，中国着力建立社会主义市场经济体制，由计划经济模式转向市场调节模式，外贸出口相继实施了市场"多元化"和"以质取胜"

表 3 1978～2016 年广州市出口依存度

年份	出口总额 （亿美元）	出口总额 （亿元）	GDP （亿元）	出口 依存度	年份	出口总额 （亿美元）	出口总额 （亿元）	GDP （亿元）	出口 依存度
1978	1.34	2.26	43.09	0.0524	1998	103.38	855.89	1892.52	0.4520
1979	1.63	2.53	48.75	0.0520	1999	98.67	816.82	2139.18	0.3818
1980	2.1176	3.17	57.55	0.0551	2000	117.91	976.11	2492.74	0.3916
1981	2.8868	4.92	63.41	0.0776	2001	116.24	962.12	2685.76	0.3582
1982	2.9373	5.56	72.15	0.0770	2002	137.78	1140.41	3001.48	0.3799
1983	3.4397	6.80	79.67	0.0853	2003	168.89	1397.90	3496.88	0.3998
1984	2.7835	6.48	97.74	0.0663	2004	214.74	1777.36	4450.55	0.3994
1985	3.1446	9.23	124.36	0.0743	2005	266.68	2184.56	5154.23	0.4238
1986	5.2726	18.21	139.55	0.1305	2006	323.77	2581.03	6073.83	0.4249
1987	7.3886	27.50	173.21	0.1588	2007	379.03	2882.14	7140.32	0.4036
1988	14.59	54.31	240.08	0.2262	2008	429.26	2981.25	8287.38	0.3597
1989	17.7	66.64	287.87	0.2315	2009	374.03	2555.00	9138.21	0.2796
1990	23.55	112.64	319.60	0.3525	2010	483.79	3275.02	10748.28	0.3047
1991	29.42	156.61	386.67	0.4050	2011	564.74	3647.54	12423.44	0.2936
1992	36.87	203.32	510.70	0.3981	2012	589.15	3719.01	13551.21	0.2744
1993	64.49	371.59	744.35	0.4992	2013	628.07	3889.76	15497.23	0.2510
1994	86.69	747.16	985.31	0.7583	2014	727.13	4466.61	16706.87	0.2674
1995	95.67	798.94	1259.20	0.6345	2015	811.67	5055.41	18100.41	0.2793
1996	91.36	759.59	1468.06	0.5174	2016	781.77	5192.75	19547.44	0.2656
1997	105.95	878.30	1678.12	0.5234					

资料来源：根据 1978～2016 年《广州统计年鉴》中的数据整理计算得出。

战略，广州市出口依存度逐年攀升。20 世纪 80 年代，中国各级政府实施优先发展轻纺工业和沿海经济战略，扭转了轻纺工业长期滞后失衡现象，广州产业结构优化升级，出口贸易规模扩大，出口依存度突飞猛进。然而，从出口依存度的计算公式可以看出其与国内市场规模（人口、购买力和资源等）是负相关的：一国人口众多，市场需求量大，购买力强，出口依存度相对较低，如美国和日本的出口依存度在10%以内，并非大起大落。一般来说，资源短缺、人口较少的国家，国内市场狭小，国内经济对出口的依赖程度较强，其出口依存度相对偏高。从表象上看，广州市的出口依存度与宏观经济的关系的确有悖常理，但这与广州市乃至全国的改革进程有关。改革开放初期，广州和全国一样是"供给约束型经济"，即短缺经济（刘巍，2010），短缺的缺口在于资本品。进口资本品需要大量外汇资金，广州承担了为进口积攒外汇的重要任务，出口导向型经济特征明显。这是国家经济发展的战略任务，广州市政府必须努力完成出口创汇的战略任务。进入需求约束型经济之时（1995~1996 年），中国经济的资本缺口基本弥补完毕，出口创汇的紧迫性大大降低，对外经济关系逐步回归正常状态，出口依存度理应下降。由图 2 可以看出，广州市的出口依存度在经历了 1978~1994 年的突飞猛进和 1995~2001 年的严重下跌后，又经历了小幅度先升后降，2012 年起基本趋于稳定。中国各级政府对外贸易政策文件的出台和人民生活水平的提高、内需增大是引起其变化趋势的主导因素。

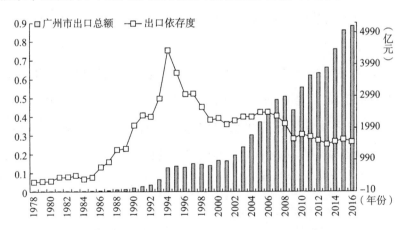

图 2 1978~2016 年广州市出口总额和出口依存度对比

资料来源：根据 1978~2016 年《广州统计年鉴》中的数据整理计算得到的表 3。

出口依存度是一单项增量指标，虽然能单方面大致反映出口在国民经济中的地位和作用，但不能全面反映对国民经济增长的拉动程度，用来衡量对外开放程度有一定的局限性。

三　广州出口总量影响因素的逻辑分析

1. 政府引导对出口总量的影响机制

（1）政府引导促进出口贸易的发展

马克思主义观点认为，要提高市场效率，市场经济、市场竞争必须与政府引导相结合，有必要也有可能加强政府在宏观经济管理方面的作用（Liu，1994）。凯恩斯主义主张每个国家只有制定和实施与自己国情相匹配的对外贸易政策，才能促进本国对外贸易的迅速发展。提高出口总量和丰富产品结构就成了一国外贸政策的重要组成部分。政府适当的政策干预不仅可以优化贸易结构，而且可以调整贸易自由化的节奏，以保证本国贸易利益的增加（海闻，1995；张曙光等，1996）。中国各级政府一直鼓励和重点扶持对外贸易，改革开放40年来广州经济的外向度越来越高，出口能对经济发展发挥强劲的拉动作用，与中国各级政府出台的外贸政策密切相关。以政府为主导的强制性制度变迁是加速中国出口贸易发展的关键要素（李强、徐康宁，2017）。出口生产能扩充基础生产设施，促进工业化进程，加速经济增长，出口创汇成了考察外贸经营业绩的首要指标（郑超愚、韦伟，1994），这就引致各级政府出台偏向出口的优惠扶持政策，支持出口生产。财政政策、产业政策、关税政策、税收政策，以及和其他政策的协调配合，都直接或间接地鼓励和促进外贸出口的发展，提高出口总量。

（2）政府引领金融机构为出口企业提供资金支持

在40年来的中国银行体系下，国家利益、党和各级政府的政策对金融机构能产生决定性影响。在1994年中国进出口银行成立之前，中国虽然没有专门为出口企业提供资金支持的金融机构，但是外贸企业可以向国家银行申请贷款。1978～1991 年中国银行对出口企业提供金融支持的两种主要方式是生产投资和流动资金贷款。出口企业的货币贷款风险相对不高，再加上中国各级政府的层层行政干预，金融机构贷款偏好向出口企业倾斜明显，从审批程序中可见一斑。1985 年以前中国政府的指令性计划几乎可以操控大部分的金融贷款；1985 年以后外贸改革全面开展，在贷款分配上国家银行的自主性增强，但政府仍掌握最终决定权。集中金融资源优先发展外贸战略实验区，是中国在促进外贸发展时期的必然选择。在政府主导型金融模式向自由化模式的过渡期里，政府主导的"计划分配"型信贷配给没有削弱，反而加强。为促进出口企业的资本积累、技术进步和规模经济，最终提高出口总量和丰富出口结构，中国各级政府长期努力动员国有银行向出口企业提供贷款。

（3）银行贷款规模决定企业出口规模

资金要素是企业生产的第一要素，出口企业要获得进入市场的成本资金并完成订单，都是融资先行。金融机构是企业融资的主要渠道，而中国金融系统改革较迟缓，主要的金融机构是银行。银行通过降低企业融资约束、提供贸易风险管理和技术创新等渠道提高出口产品的竞争力，以促进出口总量的增长。出口企业获得银行贷款与出口市场导向有关（Du and Girma，2007）。发展中国家通过贷款干预的金融约束战略能达到提高外贸出口水平和优化贸易结构的效果（Hellman et al.，2000）。韩剑、王静（2012）证明了银行贷款约束不但对中国企业选择出口具有决定性影响，而且出口可以有效解决企业贷款难的问题。银行对出口企业提供的资金支持力度越大越有助于提升技术效率，进而影响到企业出口决策（李少华、徐琼，2009），规模经济效应和技术创新能力越能够获得提升，出口的可持续增长动力越充足，企业出口总量越能得到提高。中国国有银行长期独大，信贷资源首先响应政府的外贸政策，向出口企业倾斜。出口企业融资 80% 左右依靠银行，银行贷款规模决定出口企业的增长速度，银行贷款成为提升中国企业外向度的重要影响变量。银行贷款总额和各级政府政策相呼应，有促进出口的政策文件出台，银行贷款总额会有相应的增加。

（4）广州市贷款总额增量与中国各级政府政策

图 3 显示了 1978～2016 年广州市贷款总额年增量长期上涨的趋势。改革开放初期广州市贷款总额年增量很小，波动趋势不能在图 3 中清晰地显示，我们单独做出 1978～1994 年的贷款总额年增量变化趋势（见图 4），以清晰地找到拐点年份。

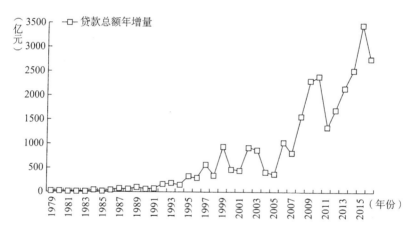

图 3   1979～2016 年广州市贷款总额年增量变化趋势

资料来源：根据 1978～2016 年《广州统计年鉴》中贷款总额指标整理计算得出。

1978 年起，中国各级政府设立扶持出口产品生产的专项资金，用于支持企业生产农、副、土、特等产品和进行新产品试制，实行补贴、出口供货（创汇）奖励制度以及对外贸企业的简易建筑进行财政拨款扶持，1980 年，广州市贷款总额增量明显上升（见图 4）。1983 年，中国各级政府对钟表、缝纫机、自行车等 17 种商品及其零部件实行出口退税政策，广州市贷款总额增量从 1983 年的 5.61 亿元急剧增加到 1984 年的 34.49 亿元，仅仅一年的时间贷款总额增量发展到超过 6 倍。1985 年起，中国各级政府对除原油、成品油以外的产品实行针对生产环节最后一道产品税和增值税的退税政策。图 4 显示，该年广州市贷款总额增量从 11.59 亿元增长到 1987 年的 68.63 亿元。1987 年，中国各级政府加大出口退税的政策力度，开始退还出口商品各环节的累计间接税和增值税，扩大出口退税规模，广州市贷款总额滞后一年显著增长，这种增长趋势一直持续到 1997 年。

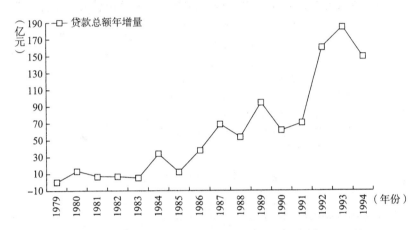

图 4   1979～1994 年广州市贷款总额年增量变化趋势

资料来源：根据 1978～1994 年《广州统计年鉴》中贷款总额指标整理计算得出。

1998 年 7 月和 1999 年 1 月，中国各级政府分别提高了出口商品退税率。1999 年设立中小企业国际市场开拓资金。1999 年广州市贷款总额增量又开始增长。2001 年，中国出口信用保险公司成立，支持商品、技术和服务等出口，还提供封闭贷款、鼓励企业多收汇和推行出口退税账户托管等。之后广州市贷款总额增量增长趋势明显，从 2001 年的 441.01 亿元增长到 2002 年的 920.71 亿元（见图 3）。2003 年中央和地方退税负担比例为 75：25，2005 年为 92.5：7.5，取消原油退税，贷款总额增量敏感地下降。2005 年，中国各级政府开始完善出口退税管理制度，加快退税进度，改革人民币汇率形成机制，建立有管理的浮动汇率体制。2006 年金融机构响应政府政策，贷款总额增量开始增长。2009 年，中国各级政府开征或提高了资源性产品的出口关税，抑制高耗能、高污染和资源型产品的出口，2011 年贷款总额增量下降。综合上面的分析，广州市贷款总额增量可以替代政府政策变量。

中国各级政府政策文件和广州市贷款总额增量拐点吻合程度如表 4 所示。

表 4　中国各级政府政策文件和广州市贷款总额增量拐点吻合程度

年份	政府政策主要内容	政策是否促进出口	贷款增量是否上升	是否吻合
1978	1978 年起，设立扶持出口产品生产的专项资金，用于支持企业生产农、副、土、特等产品和进行新产品试制，实行补贴、出口供货（创汇）奖励制度以及对外贸企业的简易建筑进行财政拨款扶持	促进	上升	吻合
1983	1983 年起，对钟表、缝纫机、自行车等 17 种商品及其零部件实行出口退税政策	促进	上升	吻合
1985	1985 年起对除原油、成品油以外的产品实行针对生产环节最后一道产品税和增值税的退税政策	促进	上升	吻合
1986	1986 年开始对 10 类产品退还产品税和增值税	促进	上升	吻合
1987	1987 年国家加大出口退税的政策力度，开始退还出口商品各环节的累计间接税和增值税，扩大出口退税规模	促进	上升	吻合
1998	1998 年 7 月提高了出口商品退税率，综合退税率提高到 15%。最高档 17%，主要是机械设备、运输工具等。第二档 15%，包括除第一档之外的工业制成品。第三档 13%，主要是以农产品为原料的产品。第四档 5%，主要是农产品	促进	上升	吻合
1999	1999 年 1 月提高了出口商品退税率（内容同 1998 年）	促进	上升	吻合
2001	2001 年成立中国出口信用保险公司，支持商品、技术和服务等出口。国家还提供封闭贷款、鼓励企业多收汇和推行出口退税账户托管等	促进	上升	吻合

续表

年份	政府政策主要内容	政策是否促进出口	贷款增量是否上升	是否吻合
2003	2003 年中央和地方退税负担比例为 75：25，2005 年为 92.5：7.5，取消原油退税。以农产品为原料的工业品以及船舶、汽车等关键零部件维持 17% 不变，其余从 17% 下调为 12%	不利于出口	下降	吻合
2005	2005 年 7 月 21 日，改革人民币汇率形成机制，建立有管理的浮动汇率体制	促进	上升	吻合
2010	2010 年 6 月出台《关于取消部分商品出口退税的通知》，决定取消部分钢材、有色金属加工材料等 406 个税号的退税率，有利于优化产品结构，提高出口产品的质量和档次	不利于出口	下降	吻合
2012	2012 年《关于加快转变外贸发展方式的指导意见》指出政府要完善财政对外贸支持的稳定机制。建立和完善金融支持体系。鼓励商业银行开展信贷支持，加大对中小企业进出口信贷的支持力度	促进	上升	吻合

资料来源：中华人民共和国商务部（http：//www. mofcom. gov. cn/）、广东省商务厅（http：//www. gdcom. gov. cn/）和广州市商务委员会（http：//www. gzboftec. gov. cn/）。

2. 汇率变动对出口总额的影响机制

从逻辑角度讨论，在其他条件不变时，货币贬值一般会造成一国出口额增长，本币升值会降低本国出口产品的国际竞争力，抑制商品出口。近年来，对汇率与出口之间的关系实证研究方法主要有最小二乘法、广义矩估计、向量自回归及协整分析等。从文献角度看，人民币币值变动对出口的影响有以下几种结论：其一，人民币汇率波动对中国进出口具有显著影响（王宇哲、张明，2014）；其二，对贸易收支的影响存在 J 形曲线效应（卢向前、戴国强，2005）；其三，人民币实际有效汇率变动对服务出口增长具有显著负面的滞后效应（戴翔、张二震，2014）；其四，汇率预期会通过价格效应和替代效应两个渠道影响出口需求和价格，且在持续性单向汇率预期和双向汇率预期下汇率预期传递效应存在明显差异（李艳丽、彭红枫，2014）。

3. 贸易伙伴国经济增长对出口的影响机制

国内生产总值（GDP）代表一国经济总量。在其他条件不变时，进口国经济增长加速，国民收入提高，进口商品需求增加，促进广州出口的增长。反之则反是。长期以来，美国是世界经济的龙头，美国的总产出走势可以替代世界经济走势。以年作为一个周期，有效消除了季节变动，是一个代表性较好的统计周期，所以我们用美国的年度GDP代表该年美国的经济水平。

4. 关税对出口的影响机制

关税指出口或进口商品在经过一国关境时征收的税收，在贸易政策中占有重要地位。关税以市场机制为基础，透明度较高，为了鼓励本国商品出口，一国出口关税往往尽可能地低，而进口关税则往往是对付外国出口商品进入本国过多的有力武器。于是，在其他条件不变时，贸易伙伴国进口关税的变化对出口有较大影响。关税的两个基本功能是增加财政收入和保护国内经济。

四　广州出口总量影响因素的实证分析

（一）模型构建

基于以上研究机制的分析，我们加入"中央政府、广东省和广州市政府促进出口的政策"自变量 G，建立广州市出口函数如下：

$$EX = f(Y_f, e, T, G) \tag{1}$$

式（1）中，EX 表示广州市出口总额，Y_f 表示贸易伙伴国的国内生产总值，e 表示人民币兑美元的年度汇率，T 表示贸易伙伴国对中国的关税税率，G 表示政府政策变量。

（二）指标选取和说明

（1）国外经济增长指标 Y_f

美国和中国是全球最大的发达国家和发展中国家，GDP 稳居全球国家前两位，两国关系是当今世界最重要的双边关系。改革开放 40 年来，美国与中国一直有紧密的外贸关系，2016 年美国从中国的进口额占比 20%。我们用 1978～2016 年美国 GDP 代表广州市出口国经济增长水平，数据来源于国际货币基金组织数据库[①]。

（2）人民币汇率 e

采用直接标价法，即一单位的美元所能折算成人民币时所采用的汇率，此时汇率的值越高，表示人民币的价值越低。

（3）美国对中国的关税税率 T

改革开放 40 年以来，搜集美国对中国的关税水平的数据是很困难的。在有关关税税率的文献中，没有一篇是研究 1978～2016 年美国对中国进口商品关税税率的。而汪亚楠和周梦天（2017）根据 WTO 的 Tariff Download Facility 数据库计算得出美国对中国进口产品平均关税税率由 2000 年的 39.06% 下降为 2006 年的 3.58% 的结论也是有待考证的，因为我们无论是从加权算术平均数的角度，还是从简单算术平均数的角度来计算，关税水平的下降幅度都没有这么大。WTO 的子数据库 WITS 数据库也只提供了 1992～2016 年美国进口中国商品的关税税率的加权算术平均数，而 1978～1991 年的数据是缺失的。最终我们从 Romalis 关税数据库中导出美国的关税税率，应用 Matlab 软件计算出简单算术平均数。[②]

[①] http://www.imf.org/external/index.htm.

[②] Romalis 关税数据库中 1978～1991 年美国进口中国的商品额数据缺失，不能计算加权算术平均数。

（4）政府政策变量 G

中国各级政府促进出口的对外贸易政策有财政政策、出口补贴、出口退税、外汇和关税管理以及产业调整等政策。首先，根据前文中对出口的影响机制的研究分析我们得出：可以采用广州市贷款总额年增量替代政府政策变量。其次，我们从中国商务部、广东省商务厅和广州市商务委员会网站上下载了中国各级政府颁布的促进出口的全部政策文件 267 个，并请专家根据每一条政策促进出口的力度进行打分赋值，应用 SPSS 22.0 软件计算主成分综合得分，根据综合得分做出的折线和广州市贷款总额年增量趋势基本吻合（见附表 2～附表 4、附图 1）。这也证实了广州市贷款总额年增量替代政府政策变量的合理性。

各变量名称及指标说明如表 5 所示。

表 5　被解释变量、解释变量及指标说明

变量类型	变量名称	符号	测量指标	单位
被解释变量	出口总额	EX	广州市出口总额	亿美元
解释变量	国外经济增长	Y_f	美国 GDP	亿美元
	人民币汇率	e	人民币兑美元的年度汇率	—
	关税税率	T	美国对中国的关税税率	—
	政府政策	DL	广州市贷款总额年增量	亿元

注：DL 表示广州市贷款总额年增量，是政府政策变量 G 的替代变量。

（三）各变量的描述性统计分析

考虑到研究数据的可得性、真实性以及有效性，本文相关变量数据来源于 1978～2016 年的《中国统计年鉴》《广州统计年鉴》，以及世界银行、国际货币基金组织、WTO 数据库、WITS 数据库。各变量数据见附表 1，描述性统计见表 6。

表 6　相关变量的描述性统计

变量	均值	标准差	标准差系数	最大值	最小值
EX	202.9726	246.85386	1.2162	811.67	1.34
Y_f	91859.4103	48656.90201	0.5297	185691.00	23570.00
e	578.0190	245.38822	0.4245	861.87	149.84
T	4.9082	1.18926	0.2423	7.52	3.59
DL	759.4605	932.69989	1.2281	3448.62	0.92

广州市的出口总额均值是 202.97 亿美元，但标准差是 246.85 亿美元，标准差比均值还要大，说明广州市的出口总额增长幅度很大，改革开放以来广州市出口总量实属突飞猛进。从标准差系数来看，广州市出口总额和政府政策变量的波动性都明显大于其他变量。广州市出口总额最小值是 1978 年的 1.34 亿美元，最大值是 2015 年的 811.67 亿美元，从 1978 年到 2015 年总体在增长。从标准差系数来看，美国 GDP 波动性不大，改革开放以来增长平稳。人民币汇率最小值是 1980 年的 149.84，最大值是 1994 年的 861.87，相对于其他变量的波动性，汇率的波动性不算突出。美国对中国的关税税率是所有变量中波动性最小的，这和我们采用的是简单算术平均数①略有关系。关税税率的最大值是 1978 年的 7.52，最小值是 2014 年的 3.59，美国对中国进口商品的关税税率总体在降低。政府政策变量的代理变量——广州市贷款总额年增量的最小值是 1979 年的 0.92 亿元，最大值是 2015 年的 3448.62 亿元。2016 年和 2015 年相比，政府变量取值变小，广州市出口总额下降，从侧面验证了政府变量对出口的促进作用。

（四）平稳性检验和协整性检验

由于回归模型中使用的各变量是时间序列数据，回归前需要进行

---

① 由于数据缺失不能计算 40 年关税税率的加权算术平均数。

数据的平稳性检验。蒙特卡罗模拟表明，两个相互独立的 I（1）变量相关系数呈倒 U 形分布，两个相互独立的 I（2）变量相关系数呈 U 形分布，和平稳序列相关系数的分布完全不同。使用 I（1）变量或者 I（2）变量进行回归，会增加拒绝原假设的概率，进而造成伪回归或者虚假回归，实证分析则失去有效性。为了避免伪回归，回归之前需要对模型涉及的所有变量进行平稳性检验。如果所有变量均是平稳序列，则可以直接进行回归；否则，需要对各变量做协整性检验。对本文涉及的所有变量进行 ADF 单位根检验，结果如表 7 所示。

表 7　解释变量和被解释变量的 ADF 单位根检验结果

变量	ADF 值	1% 显著性水平	5% 显著性水平	10% 显著性水平	P 值	结论
$\ln EX$	-1.75	-3.62	-2.94	-2.61	0.40	非平稳
$\ln\ln Y_f$	-2.44	-4.23	-3.54	-3.20	0.35	非平稳
e	-0.76	-4.23	-3.54	-3.20	0.96	非平稳
T	-2.00	-3.62	-2.94	-2.61	0.29	非平稳
DL	0.03	-3.62	-2.94	-2.61	0.96	非平稳
$\Delta\ln EX$	-2.00	-2.63	-1.95	-1.61	0.04	平稳
$\Delta\ln\ln Y_f$	-2.09	-2.63	-1.95	-1.61	0.03	平稳
Δe	-3.34	-2.63	-1.95	-1.61	0.00	平稳
ΔT	-3.38	-2.63	-1.95	-1.61	0.00	平稳
ΔDL	-5.46	-3.62	-2.94	-2.61	0.00	平稳

表 7 中各变量的 ADF 单位根检验结果表明，模型中所有涉及的变量均为 I（1）序列，非平稳，不可以直接回归，需要做协整检验，JJ 协整检验结果如表 8 所示。

表 8　各变量的 JJ 协整检验结果

原假设	特征根	迹统计量	5% 显著性水平	P 值	$\lambda-\max$ 统计量	5% 显著性水平	P 值
不存在协整关系	0.62	68.64	60.06	0.0079	35.12003	30.44	0.0121

原假设	特征根	迹统计量	5% 显著性水平	P 值	$\lambda - max$ 统计量	5% 显著性水平	P 值
存在 1 个协整关系	0.40	33.52	40.17	0.1987	18.31884	24.16	0.2534
存在 2 个协整关系	0.25	15.20	24.27	0.4394	10.42002	17.80	0.4419
存在 3 个协整关系	0.12	4.78	12.32	0.5978	4.420210	11.22	0.5626
存在 4 个协整关系	0.01	0.36	4.13	0.6089	0.364760	4.13	0.6089

表 8 中协整检验的迹统计量和 $\lambda - max$ 统计量表明模型涉及的全部变量存在协整关系，有协整关系的变量可以直接回归，不会出现伪回归现象。回归结果为：

$$\ln EX = 1.385539 \ln\ln Y_f + 0.003895e - 0.422893T +$$
$$(2.98) \qquad (5.72) \qquad (-2.70)$$

$$0.000717DL + [\text{ma}(1) = 0.82] \qquad (2)$$
$$(4.80) \qquad (8.03)$$

$$\text{Adj. R}^2 = 0.96 ; \text{White} = 7.70(0.46) ; \text{LM}(1) = 2.24(0.134) ;$$
$$\text{JB} = 0.80(0.67) ; \text{SSE} = 0.41 ; n = 39$$

调整的可决系数高达 0.96，说明模型回归结果很好，全部自变量能解释因变量 96% 的变动；White 异方差检验和自相关 LM 检验结果表明模型不存在异方差和自相关；正态性 JB 统计量检验结果表明随机扰动项符合正态分布假设；4 个自变量的各系数均通过 1% 的显著性水平检验。考虑到模型中变量单位不同，为判断各自变量对因变量的影响大小差异，我们引用 *Beta* 系数方法消除各变量单位不同造成的影响。

$$Beta = \tilde{\beta}_i \cdot \frac{S_{X_i}}{S_Y} \quad i = 1, 2, 3, 4 \qquad (3)$$

式（3）剔除了变量不同单位的影响后，我们计算出解释变量的 *Beta* 系数对被解释变量的作用力度，其数值大小表明解释变量对被解释变量的重要程度。据式（3）得出各解释变量的 *Beta* 系数（见表 9）。

表9　测度各个解释变量重要性的 *Beta* 系数

变量名	Y_f	e	T	DL
Beta 系数	4.065	1.958	1	1.375

注：各变量的 *Beta* 系数计算过程为：*Beta*（$\ln\ln Y_f$）＝1.385539×0.051/1.98＝0.0357，*Beta*（e）＝0.0039×239/1.98＝0.47，*Beta*（T）＝0.423×1.124/1.98＝0.24，*Beta*（DL）＝0.0007×932.7/1.98＝0.33，考虑到 $\ln\ln Y_f$ 是对 Y_f 取了两次对数的结果，我们采用原变量的标准差，计算得到 *Beta*（Y_f）＝0.0000397×48657/1.98＝0.9756。将 *Beta* 系数最小值 *Beta*（T）标准化为1，则 *Beta*（DL）＝1.375，*Beta*（e）＝1.958，*Beta*（Y_f）＝4.065。

　　根据上述公式和计算结果我们得出，在广州出口的众多影响因素中，国外经济增长是重要的影响因素，系数高达4.065；其次是人民币汇率，系数为1.958；再次是政府政策变量，系数为1.375；最后是关税税率，系数为1。国外经济增长的影响程度是人民币汇率的2倍以上，是最不重要的影响因素——美国对中国的关税税率的4倍以上；人民币汇率显著地正向影响出口总额，但是，没有国外经济增长重要；在影响广州市出口总额变动的众多因素中，关税税率的影响最不重要。

　　需要说明的是，在改革开放40年的经济史上，各变量之重要性的比较依据是各变量的活跃程度。历史上某影响因素不活跃，不能表明现在和今后不活跃。在广州市出口的4个影响因素中，有的变量是中国难以控制的，如贸易伙伴的国内生产总值、贸易伙伴国的关税税率（贸易伙伴国可以控制）；有的变量是可以在一定程度上控制的，如政府政策和人民币汇率，其中，可控程度较大的是政府政策。

五　结论及建议

（一）结论

　　改革开放40年来，中国各级政府实施的有关政策对广州市出口的引领作用显著，确实提高了广州市出口总额，促进了经济发展。国外经济增长是广州市出口总额的第一影响因素，其次是人民币兑美元的年度汇率，再次是政府政策变量，最后是关税税率。国外经济增长因素的重要程度是人民币汇率影响程度的 2 倍以上，是关税税率的 4 倍以上。在影响出口变动的众多因素中，关税税率的重要性最小。

（二）政策建议

众所周知，外贸出口的核心动力是出口产品竞争力的提升和出口结构的优化升级。既然政府政策对广州出口有较大影响，政府又可以在较大程度上控制这一变量，所以，在今后的宏观经济运行中，政府政策应该向提高产品竞争力和出口升级方向倾斜，支持出口产品物理属性层面的"绝对优势"，而不是主打价格低廉的"比较优势"。

参考文献

陈万灵、邓玲丽，2013，《广州外贸对经济增长贡献的实证研究——基于联立方程模型的运用》，《特区经济》第 8 期。

〔英〕大卫·李嘉图，1981，《政治经济学及赋税原理》，商务印书馆。

戴翔、张二震，2014，《人民币汇率变动是否影响了中国服务出口增长》，《金融研究》第 11 期。

傅自应，2008，《中国对外贸易 30 年》，中国财政经济出版社。

郭友群、周国霞，2006，《中国对外贸易对经济增长作用的实证分析》，《经济经纬》第 2 期。

海闻，1995，《国际贸易理论的新发展》，《经济研究》第 7 期。

韩剑、王静，2012，《中国本土企业为何舍近求远：基于金融信贷约束的解释》，《世界经济》第 1 期。

黎欢、龚六堂，2014，《金融发展、创新研发与经济增长》，《世界经济文汇》第 2 期。

李坤望、蒋为、宋立刚，2014，《中国出口产品品质变动之谜：基于市场进入的微观解释》，《中国社会科学》第 3 期。

李强、魏巍，2013，《制度变迁与区域进出口贸易的关联：强制性抑或诱致性》，《改革》第 2 期。

李强、徐康宁，2017，《制度质量、贸易开放与经济增长》，《国际经贸探索》第 10 期。

李少华、徐琼，2009，《金融发展对中国区域技术效率影响的实证研究》，《经济论坛》第 7 期。

李艳丽、彭红枫，2014，《人民币汇率对出口价格的传递效应——考虑预期与结构变化的分析》，《金融研究》第 10 期。

林吉双、陈娜娜，2008，《广东省出口贸易影响因素的实证分析》，《国际经贸探索》第 9 期。

刘巍，2010，《储蓄不足与供给约束型经济态势——近代中国经济运行的基本前提研究》，《财经研究》第 2 期。

卢向前、戴国强，2005，《人民币实际汇率波动对中国进出口的影响》，《经济研究》第 5 期。

苏振东、洪玉娟、刘璐瑶，2012，《政府生产性补贴是否促进了中国企业出口？——基于制造业企业面板数据的微观计量分析》，《管理世界》第 5 期。

〔英〕托马斯·孟，1965，《英国得自对外贸易的财富》，商务印书馆。

汪亚楠、周梦天，2017，《贸易政策不确定性、关税减免与出口产品分布》，《数量经济技术经济研究》第 12 期。

王博、刘澜飚，2009，《中国外贸扩张对经济增长贡献的影响研究》，《经济学动态》第 1 期。

王宇哲、张明，2014，《人民币升值究竟对中国出口影响几何》，《金融研究》第 3 期。

肖鹞飞，2008，《人民币汇率变化对出口贸易的影响——基于广州市的实证分析》,《国际经贸探索》第 12 期。

〔英〕亚当·斯密,1979,《国民财富的性质和原因的研究》,商务印书馆。

〔英〕约翰·梅纳德·凯恩斯,1999,《就业、利息和货币通论》,商务印书馆。

张曙光、张燕生、万中心,1996,《中国贸易自由化进程的理论思考》,《经济研究》第 11 期。

郑超愚、韦伟,1994,《开放经济中的中国贸易政策的定位考察》,《财贸经济》第 5 期。

Du, J. , and Girma, S. 2007. "Finance and Firm Export in China. " *Brookings Kyklos* , 60（1）: 37 – 54.

Feng, L. , Li, Z. Y. , Swenson, D. L. 2017. "Trade Policy Uncertainty and Exports: Evidence from China's WTO Accession. " *Journal of International Economics* , 106: 20 – 36.

Handley, K. , Limao, N. 2013. " Policy Uncertainty, Trade and Welfare: Theory and Evidence for China and the US. " *NBER Working Paper*, No. 19376.

Hellman, T. , Murdock, K. , and Stigliz, J. 2000. "Liberalization, Moral Hazard in Banking, and Prudential Regulation: Are Capital Requirements Enough? . " *American Economic Review*, 90（1）: 147 – 165.

Liu, R. 1994. "Macroeconomic Control over the Socialist Market Economy. " *China's Foreign Trade*, 12（11）: 64 – 65.

附表 1　本文模型中用到的解释变量和被解释变量数据

年份	广州市出口总额（亿美元）	出口总额的对数	美国GDP（亿美元）	美国GDP的对数	人民币兑美元的年度汇率	关税税率	金融机构贷款总额（亿元）	广州市贷款总额年增量（亿元）
	EX	$\ln EX$	Y_f	$\ln\ln Y_f$	e	T	D	DL
1978	1. 34	0. 2926696	23570	2. 3093353	168. 36	7. 52	26. 04	—
1979	1. 63	0. 48858	26320	2. 3202368	155. 49	7. 32	26. 96	0. 92

年份	广州市出口总额（亿美元）	出口总额的对数	美国GDP（亿美元）	美国GDP的对数	人民币兑美元的年度汇率	关税税率	金融机构贷款总额（亿元）	广州市贷款总额年增量（亿元）
	EX	lnEX	Y_f	$\ln\ln Y_f$	e	T	D	DL
1980	2.1176	0.7502834	28630	2.3284683	149.84	6.87	40.25	13.29
1981	2.8868	1.0601486	32110	2.3395844	170.5	6.61	47.04	6.79
1982	2.9373	1.0774908	33450	2.3435166	189.25	6.27	53.5	6.46
1983	3.4397	1.2353843	36380	2.3515442	197.57	5.99	59.11	5.61
1984	2.7835	1.0237091	40410	2.3614984	232.7	5.62	93.6	34.49
1985	3.1446	1.1456867	43470	2.3683566	293.67	5.37	105.19	11.59
1986	5.2726	1.6625236	45900	2.3734368	345.28	5.13	142.95	37.76
1987	7.3886	1.9999383	48700	2.378938	372.21	4.73	211.58	68.63
1988	14.59	2.6803364	52530	2.3859276	372.21	4.68	265.08	53.5
1989	17.7	2.8735646	56580	2.3927375	376.51	6.12	359.28	94.2
1990	23.55	3.1591258	59800	2.3977826	478.32	6.01	420.38	61.1
1991	29.42	3.3816747	61740	2.4006811	532.33	6.12	491.13	70.75
1992	36.87	3.6073982	65390	2.4058747	551.46	6.17	651.21	160.08
1993	64.49	4.1665102	68790	2.4104357	576.2	6.1	835.6	184.39
1994	86.69	4.4623385	73090	2.4158644	861.87	6.03	984.48	148.88
1995	95.67	4.5609048	76234	2.4196179	835.1	5.35	1312.15	327.67
1996	91.36	4.5148077	78064	2.4217258	831.42	5.05	1605.22	293.07
1997	105.95	4.6629673	81109	2.4251168	828.98	4.9	2166.01	560.79
1998	103.38	4.6384115	84272	2.4284955	827.91	4.54	2502.12	336.11
1999	98.67	4.5917809	92992	2.4371395	827.83	4.23	3435.71	933.59
2000	117.91	4.7699216	98729	2.4423587	827.84	4.24	3895.49	459.78
2001	116.24	4.755657	99914	2.4433956	827.7	4.14	4336.5	441.01
2002	137.78	4.9256582	104456	2.4472499	827.7	4.07	5257.21	920.71
2003	168.89	5.1292476	109885	2.4516247	827.7	3.92	6127.27	870.06
2004	214.74	5.369428	117335	2.4572604	827.68	3.78	6535.39	408.12
2005	266.68	5.5860494	124857	2.4625694	819.17	3.8	6908.03	372.64

年份	广州市出口总额（亿美元）	出口总额的对数	美国GDP（亿美元）	美国GDP的对数	人民币兑美元的年度汇率	关税税率	金融机构贷款总额（亿元）	广州市贷款总额年增量（亿元）
	EX	$\ln EX$	Y_f	$\ln\ln Y_f$	e	T	D	DL
2006	323.77	5.7800334	132446	2.467585	797.18	3.74	7931.78	1023.75
2007	379.03	5.9376154	138438	2.4713297	760.4	3.65	8737.05	805.27
2008	429.26	6.0620628	142646	2.4738559	694.51	3.75	10304.73	1567.68
2009	374.03	5.924336	142563	2.4738069	683.1	3.82	12598.16	2293.43
2010	483.79	6.1816509	146578	2.4761445	676.95	3.79	14987.73	2389.57
2011	564.74	6.3363654	150940	2.4786067	645.88	3.82	16333.43	1345.7
2012	589.15	6.3786808	156848	2.4818213	631.25	3.69	18023.02	1689.59
2013	628.07	6.4426516	168000	2.4875464	619.32	3.68	20172.97	2149.95
2014	727.13	6.5891053	174190	2.4905492	614.28	3.59	22688.33	2515.36
2015	811.67	6.6990939	179470	2.4930206	622.84	3.6	26136.95	3448.62
2016	781.77	6.6615606	185691	2.4958333	664.23	3.61	28885.54	2748.59

资料来源：1978～2016 年的《中国统计年鉴》、1978～2016 年的《广州统计年鉴》，以及世界银行、国际货币基金组织、WTO 数据库、WITS 数据库。

正文中提到的主成分分析的数据和用 SPSS 22.0 软件运算结果整理如附表 2 所示。

附表 2 主成分分析中用到的各变量

年份	专家 1（分）	专家 2（分）	专家 3（分）	中央政府政策文件数（个）	广东省政府政策文件数（个）	广州市政府政策文件数（个）	出口额年增量（亿美元）
	X_1	X_2	X_3	X_4	X_5	X_6	X_7
1978	8	7	0	2	0	0	7.20
1979	8	8	1	9	0	0	3.11
1980	8	7	1	8	0	0	5.85
1981	8	7	0	2	0	0	5.87
1982	8	7	0	7	0	0	7.45

续表

年份	专家 1（分）	专家 2（分）	专家 3（分）	中央政府政策文件数（个）	广东省政府政策文件数（个）	广州市政府政策文件数（个）	出口额年增量（亿美元）
	X_1	X_2	X_3	X_4	X_5	X_6	X_7
1983	8	8	1	6	0	0	27.62
1984	8	7	1	12	0	0	22.20
1985	8	8	2	13	0	0	8.98
1986	8	8	3	4	0	0	−4.31
1987	8	8	2	9	0	0	14.59
1988	8	8	4	10	0	0	−2.57
1989	8	8	2	3	0	0	−4.71
1990	8	8	3	3	0	0	19.24
1991	8	8	5	5	0	0	−1.67
1992	8	8	5	14	0	0	21.54
1993	8	8	4	9	0	0	31.11
1994	8	8	7	6	0	0	45.85
1995	8	8	6	2	0	0	51.94
1996	9	9	12	1	4	2	57.09
1997	8	8	7	3	0	0	55.26
1998	9	9	16	4	2	0	50.23
1999	9	9	11	2	6	1	−55.23
2000	8	9	10	5	4	0	109.76
2001	9	9	15	6	1	4	80.95
2002	9	9	14	4	2	0	24.41
2003	8	8	9	6	1	5	38.92
2004	8	8	8	6	1	2	99.06
2005	9	9	17	3	4	2	84.54
2006	9	9	13	1	2	5	−29.90
2007	9	9	19	7	0	2	7.20
2008	9	9	23	1	0	3	3.11
2009	9	9	25	1	0	0	5.85
2010	9	9	18	1	0	3	5.87

续表

年份	专家 1（分）	专家 2（分）	专家 3（分）	中央政府政策文件数（个）	广东省政府政策文件数（个）	广州市政府政策文件数（个）	出口额年增量（亿美元）
	X_1	X_2	X_3	X_4	X_5	X_6	X_7
2011	9	9	21	1	1	1	7.45
2012	9	9	22	4	0	3	27.62
2013	9	9	26	0	0	1	22.20
2014	9	10	29	1	0	2	8.98
2015	9	10	27	5	1	5	-4.31
2016	71	71	40	4	4	3	14.59

资料来源：$X_1 \sim X_3$ 是专家打分结果，$X_4 \sim X_6$ 是作者从中华人民共和国商务部（http://www.mofcom.gov.cn/）、广东省商务厅（http://www.gdcom.gov.cn/）和广州市商务委员会（http://www.gzboftec.gov.cn/）整理的政策文件得到，X_7 是作者根据 1978 ~ 2017 年《广州统计年鉴》中广州市出口额指标计算得到。

附表 3　总方差解释

因子	初始特征根			提取信息		
	特征根	方差贡献率（%）	累计贡献率（%）	特征根	方差贡献率（%）	累计贡献率（%）
1	2.955	42.210	42.210	2.955	42.210	42.210
2	1.863	26.621	68.831	1.863	26.621	68.831
3	0.906	12.940	81.771	0.906	12.940	81.771
4	0.679	9.702	91.473			
5	0.355	5.078	96.551			
6	0.241	3.449	100.000			
7	3.22E-005	0.000	100.000			

注：提取方法为主成分分析。

附表 4　因子载荷矩阵

	因子		
	1	2	3
广州市政府政策文件	0.617	0.528	0.240
广东省政府政策文件	0.560	-0.111	-0.610

	因子		
	1	2	3
中央政府政策文件	− 0.451	− 0.465	0.555
出口额年增量	0.178	0.842	0.289
专家 1	0.798	− 0.545	0.195
专家 2	0.816	− 0.522	0.192
专家 3	0.851	0.279	0.094

注：提取方法为主成分分析，提取了三个成分。

我们用附表 4 中的系数除以对应特征根（2.955，1.863，0.906）的平方后，得到三个主成分的系数分别列示在下式中：

$$F_1 = 0.36X_1 + 0.33X_2 - 0.26X_3 + 0.10X_4 + 0.46X_5 + 0.47X_6 + 0.50X_7$$

$$F_2 = 0.39X_1 - 0.08X_2 - 0.34X_3 + 0.62X_4 - 0.40X_5 - 0.38X_6 + 0.520X_7$$

$$F_3 = 0.325X_1 - 0.64X_2 + 0.58X_3 + 0.30X_4 + 0.20X_5 + 0.20X_6 + 0.10X_7$$

对 7 个变量做标准化处理后乘以对应系数，用 SPSS 中 Compute 功能得出三个主成分的得分，再选择三个主成分的贡献率 42.21%、26.62%、12.94% 做权重，计算出综合得分 F，按照得分做出折线，如附图 1 所示。

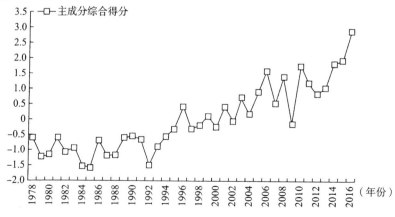

附图 1　主成分综合得分折线

Research on the Influence of Chinese Government Policy on Guangzhou's Total Export in the Past 40 Years of Reform and Opening up

XU Fangyan

Abstract: We sort Chinese government export policy, calculate the export dependence of Guangzhou in the past 40 years of Reform and Opening Up, compare the variables of government policy and proxy variable—annual increment of total loans in Guangzhou, analyze the influence mechanism of Chinese government policy from 1978 to 2016, the RMB exchange rate, tariff rates and economic growth in trading partner countries. Empirical results found that: The proxy variable of Chinese goverment policy—the annual increment of total loan in Guangzhou, has a significant positive impact on Guangzhou's exports, but the impact is not as great as that of economic growth of foreign countries. Foreign economic growth is the first influencing factor of Guangzhou's export, followed by the RMB exchange rate, variable of government policy and tariff rate. According to the research conclusions, we put forward corresponding policy suggestions.

Keywords: 40 Years of Reform and Opening Up; Guangzhou Export; Chinese Government Policy

改革开放 40 年广州外贸与外资利用研究[*]

陈　川[**]

内容提要：1978～2016 年广州宏观经济态势经历了从供给约束型经济向需求约束型经济的转变，实证分析发现，转变的时点在 1996 年前后。1978～1996 年总供给能力受制于资本存量的匮乏而难以满足潜在的总需求，外资和外贸共同促进了该阶段广州的资本形成，最终于 1997 年告别了"短缺经济"时代。1997～2016 年广州的总供给能力不仅可以覆盖总需求，而且在覆盖完以后还有剩余，有效需求是经济增长的引擎。其间，消费需求和出口需求共同决定了消费品企业的投资需求，进而决定了资本品企业的投资意愿，因此国内总消费、出口、FDI 和合作经营利用外资在当年实际利用外资总额中的占比成了此阶段广州经济增长的重要影响因素。

关键词：广州经济　供给约束　需求约束　外资　外贸

从 1978 年到 2018 年，中国改革开放走过了 40 年，在此期间，广州作为改革先锋与窗口城市，经济发展突飞猛进。其中所蕴含的历史

---

　*　本文是广州市哲学社会科学发展"十三五"规划 2017 年度广州商贸中心研究
　　基地课题（编号：2017－JD06）的中期成果。
　**　陈川，福建将乐人，经济学博士，广东外语外贸大学中国计量经济史研究中
　　心讲师，研究方向为计量经济史与宏观经济学。

经验值得考察和总结，广州的经济地理亦决定了它有发展外向型经济的特色，因此，外贸与外资对广州经济的贡献不容忽略。近年来许多学者曾深入研究过这个问题，并且成果颇丰，代表性文章有陈万灵和邓玲丽（2013）、程鹏和柳卸林（2010）、李晓峰和郑柳剑（2010）等，但是学界似乎都忽略了改革开放后广州总供求态势所发生过的重大转变，而考察世界经济的发展历程，各国都经历了从"供给约束型经济"向"需求约束型经济"的深刻转变（刘巍，2010），即供给约束型经济是短缺经济或极端的卖方市场，其生产能力短缺、产品供给不能满足社会需求和经济增长的动力在于供给一侧，而资本存量是决定经济产能增长的关键因素；需求约束型经济是订单经济，或称买方市场，其特点是资本存量非常充足，供给能力远大于有效需求，而供给方究竟生产多少产品则完全取决于订单的数量，即总供给被迫适应总需求，经济增长的动力转到了需求一侧。本文将改革开放 40 年的广州经济划分为供给约束型经济和需求约束型经济这两个发展阶段，首先考察广州从供给约束型经济向需求约束型经济转变的节点和过程，再深入分析外贸与外资对转变的贡献和它们在不同经济态势下对广州经济的作用机制，以求在这个层面上有所突破。

一　广州市经济从供给约束型向需求约束型转变的时点分析

在改革开放初期，广州市和全国一样，都处于供给约束型经济态势之下，各类商品几乎都短缺到了凭票证供应的地步，在城市（镇）里，普通民众家庭若没有票证是难以生存的。这一关系国计民生重大问题的表象是，生产能力超负荷运转也不能满足总需求，有效总供给等于潜在总供给。问题的原因在于，资本存量太少，全部产业装备"三班倒"运转也无法弥补需求缺口，而资本存量不足的原因在于广州经济陷入了下面的短缺恶性循环：

总产出（GDP）水平太低→储蓄少（绝大部分被消费）→投资不足→资本存量不足→总产出（GDP）水平太低→……

上面的箭头图表明，由于产出能力低，全部产出多用于消费尚且不足，可转化为投资的储蓄就更少。投资流量的不足，导致资本存量不足，致使下一个周期仍是总产出能力低或更低，经济在短缺状态中循环往复。解决这个问题的抓手就是投资环节。投资上来了，资本存量就会上升，总产出就有相应的增长。于是，消费剩余——储蓄就会增长，投资会进一步增长，形成良性循环。但是，怎样才能促使短缺经济中的投资增长？在国内储蓄严重不足的情况下，快速有效的手段无疑是引进外资和通过外贸渠道增加高水平装备投资。1978 年召开的中国共产党十一届三中全会基本确定了改革开放的大方向，广州作为中国传统的对外窗口城市，在引进外资和发展外贸方面迅速走在了全国各省市的前列，最终促成了广州经济态势的转变。刘巍（2016）曾经总结了判断一国总供求态势的 4 种实证方法，但和一个国家不同，广州是一个城市，考察广州经济之转变节点，只能使用其中的总供给价格弹性的分析工具：

$$\ln Y = a_0 + a_1 \ln P + 适当的控制变量 \qquad (1)$$

式（1）中，a_1 是双对数方程自变量的系数，它不仅是总供给的价格弹性，也是总供给曲线上倾斜度的均值。如果 a_1 远小于 1，则意味着总供给曲线的倾斜度非常陡峭，其总供求态势是供给约束型；反之，则 AS 曲线非常平缓，其总供求态势属于需求约束型。

根据 1978 年到 2016 年的名义 GDP 和实际 GDP，我们计算出了 GDP 平减指数，数据见表 1。其中，GDP 指数以 1978 年为 100，反映了广州市的区域总产值；价格指数是以 1978 年为 100 的 GDP 平减指数，它代表了广州市的区域价格总水平。

表 1　1978～2016 年广州市 GDP 指数和价格指数

年份	GDP 指数	价格指数
1978	100.00	100.00
1979	113.41	99.75
1980	130.92	102.00
1981	142.12	103.53
1982	156.74	106.82
1983	171.40	107.87
1984	201.29	112.67
1985	238.11	121.20
1986	251.57	128.72
1987	289.91	138.64
1988	341.45	163.16
1989	357.66	198.33
1990	398.18	186.25
1991	462.98	193.80
1992	570.66	207.67
1993	721.44	238.29
1994	857.29	246.23
1995	998.25	288.96
1996	1122.48	298.71
1997	1272.84	300.12
1998	1439.98	296.77
1999	1629.80	292.28
2000	1847.30	298.45
2001	2082.70	299.24

年份	GDP 指数	价格指数
2002	2358.26	295.34
2003	2717.38	298.61
2004	3125.63	330.41
2005	3529.64	338.85
2006	4052.82	347.76
2007	5281.49	313.72
2008	6869.24	279.95
2009	8351.45	253.91
2010	10429.95	239.73
2011	12694.91	227.09
2012	16478.40	190.83
2013	21758.26	165.28
2014	24965.80	155.28
2015	31174.59	134.73
2016	33730.91	136.23

资料来源：本表两列数据均根据广州市 1978~2016 年的名义 GDP 数值和实际 GDP 数值计算而得，原始数据见广州市统计局历年所编印的且由中国统计出版社所出版的《广州统计年鉴》之"国民经济和社会发展主要统计指标"和"国民经济和社会发展主要统计指标发展速度"之报表；广州市统计局、国家统计局广州调查队：《广州统计信息手册 2017》；广州统计信息网的"广州 50 年·第一篇·国内生产总值指数（按可比价格计算，1978 年 = 100）"栏目，http://210.72.4.52/gzStat1/chaxun/njsj.jsp。

根据表 1 的数据，可得广州的 *AS* 曲线（见图 1）、价格走势（见图 2）和 GDP 走势（见图 3）。

从图 1 可发现，价格指数在从 100 到 300 左右的水平时，这段 *AS* 曲线是非常陡峭的，几近与横轴垂直，而从图 2 观察，我们发现这是 1978~1996 年，再结合图 3 的 GDP 走势，说明这段时间内虽然价格在上涨，但是广州 GDP 的增长率相对不高。用本文表 1 和表 6 的数据，我们根据模型计算出 1978~1996 年总供给的价格弹性值是 0.29，于是

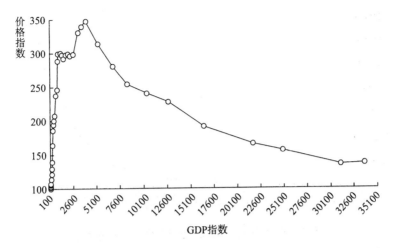

图 1　广州的 *AS* 曲线（1978～2016 年）

资料来源：本文表 1 中的数据。

可以得出判断：1978～1996 年的广州经济是处于供给约束型经济的总供求态势之下。其计算过程如下：

$$\ln Y = -0.79 + 0.60\ln M_s + 0.29\ln P \qquad (2)$$

$$t_1 = -4.06 \quad t_2 = 19.00 \quad t_3 = 3.30$$

$$R^2 = 99.84\% \quad F = 4961.67 \quad DW = 1.99$$

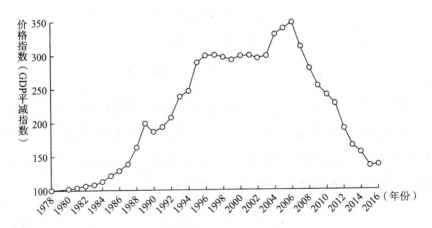

图 2　广州的总价格水平走势（1978～2016 年）

资料来源：本文表 1 中的数据。

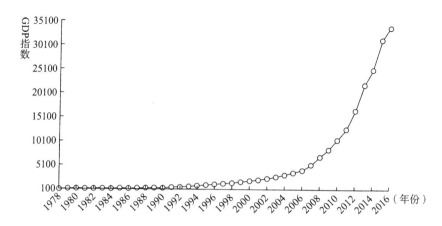

图 3　广州的总产出走势（1978～2016 年）

资料来源：本文表 1 中的数据。

1997 年之后的广州 AS 曲线形状相对复杂，需要深入分析。从图 1 观察，1997～2006 年，10 年间有 5 年处于亚洲金融危机的影响之中，而 AS 曲线是总体先走平后上升（图 2 的价格走势更为直观），用肉眼观察难以得出正确的判断。经过类似的数量模型求解，1997～2006 年的总供给价格弹性值为 1.52，远大于 1，它属于需求约束型经济范畴，计算过程如下：

$$\ln Y = 1.52\ln P + 0.91AR(1) \tag{3}$$

$$t_1 = 19.44 \quad t_2 = 24.50$$

$$R^2 = 98.92\% \quad F = 735.26 \quad DW = 2.00$$

2007 年之后，广州经历了价格水平下降和经济快速增长的 "低高型" 经济过程。经计算，2007～2016 年总供给价格弹性值为 -2.13（负号仅表示价格与实际 GDP 变动的方向不同），绝对值远大于 1，呈现高水平需求约束型经济的特点，计算过程如下：

$$\ln Y = 20.86 - 2.13\ln P \tag{4}$$

$$t_1 = 54.34 \quad t_2 = -29.45$$

$$R^2 = 99.08\% \quad F = 867.43 \quad DW = 14.85$$

1997～2016 年, 广州进入了需求约束型经济时代, 有效需求（订单）成了广州经济的增长引擎, 公众告别了"买不到"的困扰, 企业开始面临"想办法卖"的难题, 销售和研发两个部门成了大企业的核心机构。而接下来需要说明的问题是, 广州经济为什么在 2007～2016 年呈现"低高型"的状态? 与此同时, 大多数消费者为什么丝毫没有感受到价格在走低? 在考察之前, 我们先对广州市的几种价格指数（见图 4、表 2）做个分析。

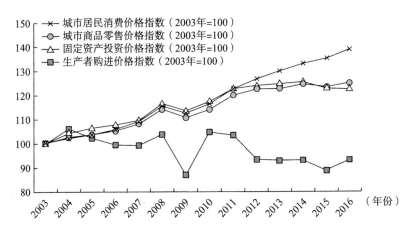

图 4　广州市价格指数（2003～2016 年）

资料来源: 本文表 2 中的数据。

表 2　2003～2016 年广州市的物价指数

年份	城市居民消费价格指数 (2003 年 = 100)	城市商品零售价格指数 (2003 年 = 100)	固定资产投资价格指数 (2003 年 = 100)	生产者购进价格指数 (2003 年 = 100)
2003	100	100	100	100
2004	101. 69	102. 09	104. 30	105. 75
2005	103. 22	103. 73	106. 39	102. 15
2006	105. 59	104. 98	107. 45	99. 31
2007	109. 18	108. 03	109. 38	99. 12
2008	115. 63	114. 17	116. 82	103. 53
2009	112. 73	110. 51	113. 43	86. 90

续表

年份	城市居民消费价格指数（2003 年 =100）	城市商品零售价格指数（2003 年 =100）	固定资产投资价格指数（2003 年 =100）	生产者购进价格指数（2003 年 =100）
2010	116.34	114.05	117.06	104.94
2011	122.74	119.87	122.57	103.27
2012	126.42	122.15	123.79	93.14
2013	129.71	122.76	124.53	92.95
2014	132.70	124.60	125.28	92.76
2015	134.96	123.48	123.03	88.69
2016	138.61	124.96	122.29	93.23

资料来源：广州统计信息网"宏观经济数据库"栏目，http://www.gzstats.gov.cn/tjsj/hgjjsjk/。

从图 4 来看，生产者购进价格指数从 2004 年起基本呈下降趋势，而这个指数的下降，使得生产成本下降，同时，由于资本品在价格总指数中占比较大，它的下降在很大程度上拉低了总价格水平，成为 GDP 平减指数下降（见图 2）的主要原因。图 4 反映了城市居民消费价格指数（CPI）的涨势最强，而 CPI 包括有形消费品和服务类商品的价格变动，其上涨趋势会直接为消费者所感知，所以广州居民并没有感觉到物价总水平在下降。同时，城市商品零售价格指数虽然涨幅小于 CPI，但总体也是上升的，它既反映有形消费品零售价格的趋势，也反映资本品零售价格的趋势，加之劳动力成本上涨，固定资产投资价格指数也在不断上升。于是，全市场主体的感受几乎都是价格在上涨。但是，若没有生产者购进价格指数的下降，即资本品成本下降，其他指数则会以更大幅度上扬。

根据 $AD - AS$ 的相关理论，我们认为在价格总水平稳步下降的条件下，成本下降会导致短期总供给曲线持续下移，见图 5。

如图 5 所示，价格下降导致第一个短期（AS_1）结束，AS_1 曲线下移到 AS_2 的位置，而不是如某些宏观经典书籍所描述的那样，下一个

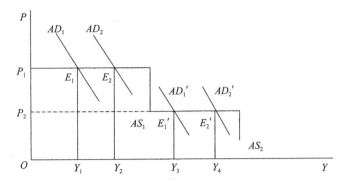

图 5　广州总供给的短期转换（2007～2016 年）

短期 AS 曲线会因为资源充分利用而在几何平面上向右上方移动。我们把众多的短期总供给曲线价格拐点用平滑的曲线连接起来，就得到了一条向右下方倾斜的长期总供给曲线，见图 6。

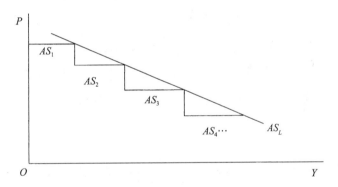

图 6　广州的短期与长期总供给曲线（2007～2016 年）

图 6 大致描述了 2007～2016 年广州"低高型"经济增长的内在逻辑，基本上解释了广州区域宏观经济运行与全国总量数据指标不同的缘由。

二　供给约束型经济时代外贸和外资的作用分析

广州经济在 1996 年实现了从供给约束型（短缺经济）向需求约束型（订单经济）的过渡，与当地外资和外贸对经济的促进作用密切相关，本节主要讨论 1978～1996 年广州经济增长中外资和外贸的作用。

（一）经济增长中外资的作用

在供给约束型经济条件下，由于总产出水平低，消费多、储蓄少，所以需求没有问题。于是，总产出是由生产函数决定的。生产函数主要取决于劳动力、资本存量等要素投入和技术水平及管理绩效等效率参数。1978～1996 年有大批农民工涌入广州寻找工作，因此劳动力供给非常充裕，而资本存量与投资正相关，并且由于规模效应、学习效应和溢出效应不断累积，技术水平会随着国内投资和 FDI 的增长而不断提高。不同于以往文献中用全社会固定资产投资额作为国内投资的代理变量，本文将广州基建投资当中资金来源于国内和国外的投资额分别作为内资和外资的代理变量，这样就与本文所考察的外资利用问题更为契合。因此，1978～1996 年广州的总产出可由式（5）给出，其中 Y 是总产出，I_d 代表国内投资，I_f 代表国外投资。

$$Y = f(I_d, I_f) \tag{5}$$

变量的数据见表 3，我们先对表 3 数据取对数，然后做 ADF 单位根检验和协整检验，检验结果见表 4 和表 5。

表 3　1978～1996 年广州经济增长与国内外投资数据

单位：万元

年份	实际 GDP	国内投资额	国外投资额
1978	430947	6510	——
1979	488737	62539	——
1980	564196	75140	4190
1981	612462	83254	5638
1982	675466	76054	13198

续表

年份	实际 GDP	国内投资额	国外投资额
1983	738643	79031	14368
1984	867453	135864	26606
1985	1026128	212043	34886
1986	1084133	242824	19191
1987	1249358	266598	19682
1988	1471469	423722	31513
1989	1541325	457955	76315
1990	1715945	338834	73942
1991	1995198	410996	97524
1992	2459242	601599	227000
1993	3109024	766275	77440
1994	3694466	1563666	292842
1995	4301928	1575679	437497
1996	4837294	1508348	470618

资料来源：广州统计信息网的"广州 50 年"栏目，http://www.gzstats.gov.cn/tjsj/hgjjsjk/。

表 4 式（5）变量数据 ADF 单位根检验

变量	差分次数	(C, T, K)	DW 值	ADF 值	1% 临界值	5% 临界值	10% 临界值	结论
$\ln Y$	1	$(C, N, 1)$	1.87	-2.87	-3.89	-3.05	-2.67	I(1)*
$\ln I_d$	1	$(C, N, 1)$	1.18	-3.48	-3.92	-3.07	-2.67	I(1)**
$\ln I_f$	1	$(C, N, 1)$	2.19	-5.64	-3.96	-3.08	-2.68	I(1)***

注：***表示变量差分后在 1% 的置信水平下通过 ADF 平稳性检验，**表示变量差分后在 5% 的置信水平下通过 ADF 平稳性检验，*表示变量差分后在 10% 的置信水平下通过 ADF 平稳性检验，下同。

表 5 式（5）变量数据协整检验

原假设	迹统计量（P 值）	5% 临界值	$\lambda - \max$ 统计量（P 值）	5% 临界值
无协整关系	31.88*（0.00）	24.28	18.97*（0.03）	17.80

原假设	迹统计量（P 值）	5% 临界值	$\lambda - max$ 统计量（P 值）	5% 临界值
至少有 1 个协整关系	12.92* (0.04)	12.32	9.79 (0.09)	11.22
至少有 2 个协整关系	3.13 (0.10)	4.13	3.13 (0.09)	4.13

注：*表示在 5% 的显著水平下拒绝了原假设，P 值为伴随概率，下同。

上述检验结果表明变量之间存在协整关系，可以进行回归。根据式（5），基于表 3 的数据，可得广州总产出与内资及外资的数量关系如下：

$$\ln Y = 6.83 + 0.46\ln I_d + 0.14\ln I_f \qquad (6)$$
$$t_1 = 14.645 \quad t_2 = 5.92 \quad t_3 = 2.49$$
$$R^2 = 97.45\% \quad F = 267.53 \quad DW = 1.93$$

实证结果说明在 1978～1996 年，广州处于供给约束型经济态势之下，总产出增长是由内资和外资共同推动的，并且在其他条件不变的时候，实际外资利用每变动 1%，广州的实际 GDP 就同向变动 0.14%；内资每变动 1%，实际 GDP 就同向变动 0.46%。

综上，在广州处于供给约束型经济时期，利用外资直接补充了投资不足，促进了资本存量的增长，打破了短缺恶性循环的束缚，进入总产出持续增长的状态。资本存量的大幅增长造就了潜在总产出大于总需求的经济格局，广州终于在 1997 年开始步入需求约束型经济。

（二）经济增长中外贸的作用

根据前文的实证分析，我们认为在广州总供给潜力大幅提升的过程中，内资的贡献是巨大的，若进一步剖析影响内资的经济变量，本文认为主要包括以下几种。首先是进口。在供给约束型经济下，产出缺口一般在资本品层面，尤其是重要装备供给能力严重不足，急需进口机器设备等资本品以提高产能。于是，进口成了广州高水平资本品供给的主要渠道,和国内储蓄一起形成资本存量。其次是出口。进口需要外汇资金,但该时段的外汇极度短缺,而出口无疑是筹集外汇资金的主要来源。再次是货币供给。改革开放初期,国有经济单位的投资还是依靠财政拨款,20 世纪 80 年代中期才实施"拨改贷"政策。在当时的"大财政、小银行"的体制下,财政政策直接影响货币供给,进而影响整个供给约束型经济下的投资水平,因此货币供应量更能反映银根松紧。最后是储蓄水平。这里的储蓄是宏观经济学意义上的大储蓄概念,即总产出中扣除了消费之后的剩余部分。投资是由储蓄转化而来的,对内资来说,储蓄不仅是资金来源,实物储蓄更是资本品的来源,因此我们建立了供给约束型经济条件下的广州内资决定模型,如式(7)所示:

$$I_d = f(M_S, X, M, S) \tag{7}$$

式(7)中,I_d 代表国内投资额,M_S 代表货币供给——国家银根松紧程度,M 代表进口额,X 代表出口额,S 代表储蓄水平(统计量拟使用上期总产出替代)。

我们在用表 6 数据拟合数量模型之前,先对数据做 ADF 单位根检验和协整检验,检验结果见表 7 和表 8。

表 6 1978～1996 年广州经济数据

年份	全社会固定资产投资额(万元)	货币供应量(亿元)	广州外贸进口商品总额(万美元)	广州外贸出口商品总额(万美元)	广州市上一年的实际 GDP(万元)
1978	72641	859.45	232	13424	390697
1979	74288	1069.36	148	16223	430947
1980	99565	1315.74	189	24302	488737
1981	136300	1636.56	1075	33212	564196
1982	210108	1885.11	2042	35617	612462
1983	228889	2165.04	2983	40967	675466

续表

年份	全社会固定资产投资额（万元）	货币供应量（亿元）	广州外贸进口商品总额（万美元）	广州外贸出口商品总额（万美元）	广州市上一年的实际 GDP（万元）
1984	299248	2845.24	3959	34493	738643
1985	436197	3011.39	11599	41334	867453
1986	524813	3856.03	22151	58851	1026128
1987	584140	4481.67	53815	62617	1084133
1988	902161	5490.17	69636	71828	1249358
1989	933326	5830.51	60312	56881	1471469
1990	905937	6950.7	67158	57723	1541325
1991	1037424	8633.3	117882	229357	1715945
1992	1881379	11731.5	174677	305228	1995198
1993	3733976	16280.4	248496	405465	2459242
1994	5257053	20540.7	281372	583180	3109024
1995	6182515	23987.1	343724	714629	3694466
1996	6389360	28514.8	397001	745144	4301928

资料来源："全社会固定资产投资额"的数据见广州统计信息网的"广州 50 年·第四篇·全社会固定资产投资额"栏目，http://210.72.4.52/gzStat1/chaxun/njsj.jsp；"货币供应量"的数据见 http://app. finance. ifeng. com/data/mac/month_ idx. php? type = 015&symbol = 01502；广州统计信息网的"广州 50 年·第十四篇·外贸进出口商品总值"栏目，http://210.72.4.52/gzStat1/chax-un/njsj.jsp，因为其数据有误，所以根据吴智文、丘传英（2001）的研究重新计算了进口值和出口值；吴智文、丘传英（2001）研究中附录十五"广州市 1952 ~ 2000 年外贸进口增长一览表"，附录十六"广州市 1952 ~ 2000 年外贸出口增长一览表"；"广州市上一年的实际 GDP"，1979 ~ 1996 年的数据来源于表 1，1978 年的数据来源于广州统计信息网的"广州 50 年·第一篇·国内生产总值指数（按可比价格计算，上年 = 100）"栏目，http://210.72.4.52/gzStat1/chaxun/njsj.jsp。

表 7　式（7）变量数据 ADF 单位根检验

变量	差分次数	(C, T, K)	DW 值	ADF 值	1% 临界值	5% 临界值	10% 临界值	结论
$\ln I_d$	1	$(C, N, 1)$	2.18	−3.42	−3.92	−3.07	−2.67	I (1) **
$\ln M_s$	1	$(C, N, 1)$	2.00	−3.88	−3.89	−3.05	−2.67	I (1) **
$\ln X$	1	$(C, N, 1)$	1.95	−3.79	−3.89	−3.05	−2.67	I (1) **
$\ln M$	1	$(C, N, 1)$	1.86	−3.62	−3.89	−3.05	−2.67	I (1) **

变量	差分次数	(C, T, K)	DW 值	ADF 值	1% 临界值	5% 临界值	10% 临界值	结论
$\ln S$	1	$(C, N, 1)$	1.90	-2.89	-3.89	-3.05	-2.67	I (1)*

表 8　式（7）变量数据协整检验

原假设	迹统计量（P 值）	5% 临界值	$\lambda - \max$ 统计量（P 值）	5% 临界值
无协整关系	150.28* (0.00)	76.97	80.58* (0.00)	34.81
至少有 1 个协整关系	69.70* (0.00)	54.08	29.02* (0.04)	28.59
至少有 2 个协整关系	40.68* (0.01)	35.19	24.21* (0.03)	22.30
至少有 3 个协整关系	16.47 (0.15)	20.26	9.07 (0.42)	15.90
至少有 4 个协整关系	7.40 (0.11)	9.16	7.40 (0.11)	9.16

上述检验结果表明变量之间存在协整关系，可以进行回归。根据式（7），利用表 6 的数据，我们可得计量结果如下：

$$\ln I_d = 0.522\ln M_S + 0.3\ln X_{t-1} + 0.11\ln M_{t-1} + 0.328\ln S \qquad (8)$$

$$t_1 = 2.00 \quad t_2 = 2.53 \quad t_3 = 2.25 \quad t_4 = 4.84$$

$$R^2 = 99.29\% \quad DW = 1.65$$

根据实证结果式（8）可知，当其他条件不变时：首先，上一期出口额每变动 1%，内资就同向变动 0.3%；其次，上一期进口额每变动 1%，内资就同向变动 0.11%；再次，国内货币供给每变动 1%，内资就同向变动 0.522%；最后，广州市的储蓄水平每变动 1%，内资就同向变动 0.328%。因此出口和进口都是广州投资的重要影响因素，投资增长促进了资本存量的增长，从而促进了广州经济的快速增长。

综上所述，1978～1996 年广州处于供给约束型经济时期，而外资和外贸促进了广州的资本形成，并且在其他因素的共同作用下，广州迅速走出了短缺经济的恶性循环陷阱。

三 需求约束型经济时代外贸和外资的作用分析

在外资和外贸因素的促进下，广州在 1997 年告别了"短缺经济"，进入了需求约束型经济时代。需求约束型经济，即潜在总供给远大于总需求，但究竟生产多少，取决于订单——有效需求。也就是说，在资本存量巨大的条件下，总供给被迫适应总需求，先前总需求被迫适应低水平总供给的局面一去不复返了，从宏观角度观察，买方市场的条件成熟了。从此，经济增长的发动机到了总需求一端，总供给无论是在数量上还是在结构上必须适应总需求。也就是说，先前"买不到"的问题解决了，现在"买量不足"的问题出现了。

（一）外贸和外资对广州国内投资的拉动作用分析

无论是供给约束还是需求约束，从表面上看，产品都是通过资本存量生产出来的，但是，资本形成的逻辑却是全然不同的。二者的重要区别在于，供给约束型经济中的资本形成是有强大的需求保证的——产品销售没有问题，找到资金，投资生产就会产生利润；而在需求约束型经济中，资本形成应该是需求拉动的，缺乏订单就会缺乏有效率的投资。脱离需求的投资（有时政府投资能做到，而民营企业不能）虽然在当年可以拉动产出，但很快就会形成闲置，因为产品卖不出去。在需求约束型经济中，健康的投资必须是需求（订单）导致的。从逻辑层面考察，需求约束型经济中的投资有如图 7 所示的因果关系。

图 7　需求约束型经济中投资的主要影响因素

如图 7 所示，在其他条件不变时，消费需求（国内订单）增长，会促使消费品厂商投资增加。但是，新添置的资本品不是消费品厂商自己生产的，必须向资本品厂商下订单，于是，促使资本品厂商投资增长（当然，也可能拉动进口）。出口是国外对各种产品的需求，可能是消费品，也可能是资本品，会在不同环节上拉动投资。

由于所研究的问题与国内消费关系不大（只是作为模型的控制变量），于是，本文从需求角度考察 1997～2016 年外贸和外资因素在广州资本形成中的作用。根据图 7 的逻辑关系，再考虑外资因素，本文认为广州的投资影响因素有如下三个。①广州出口（X）。出口商品涵盖了消费品和资本品，在两个环节上都会影响广州的投资水平。②FDI结构。一般来说，FDI 是有国际利益诉求的，它所提供的投资导向很重要，它会引导广州充足的储蓄资金流向某些行业或部门。对 FDI 的各种结构做了全面考察之后，我们认为，以合作经营方式利用外资对内资的拉动作用最大，因为这种方式需要内资直接参与运营，因此本文以合作经营方式利用外资的数额占当年实际利用外资的比例作为广州内资的影响因素。③国内消费。由于广州制造的消费品面向全国且销路很好，所以，C 代表国内总消费，而不是广州消费。因此以图 7 的逻辑关系为基础，再考虑银根松紧程度和 FDI 对内资的拉动力度，本文尝试建立了需求约束型经济时期的广州内资决定模型，如式（9）所示：

$$I_d = f(C, X, M_S, S_{FDI}) \tag{9}$$

式（9）中，C 是国内总消费，X 是广州出口，M_S 表示间接融资成本，因为投资的资金来源分为银行贷款和资本市场筹资两种形式，且资本市场不甚完善，所以，银行利率或有价证券收益率都难以表达融资成本，用代表国家银根松紧程度的 M_S 应该更好。S_{FDI} 代表 FDI 结构，因为广州利用外资存在不同的方式，我们对各种方式在外资利用总额中的占比做了考察，见图 8。各种变量的相关数据见表 9 和表 10。

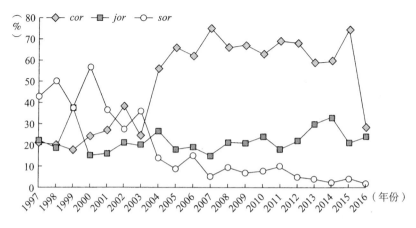

图 8　广州市利用外资结构走势（1997～2016 年）

资料来源：本文表 9。

图 8 中，cor 表示以合作经营方式利用外资的数额占当年实际利用
外资的比例，显然，cor 所占份额总体在上升，特别是 2004 年以后。
jor 表示以合资经营方式利用外资的数额占当年实际利用外资的比例，
保持稳定，区间波动不大。sor 表示以外资独资经营方式利用外资的数
额占当年实际利用外资的比例，总体呈下降趋势。

表 9　广州市利用外资结构走势（1997～2016 年）

单位：%

年份	cor	jor	sor
1997	21	22	43
1998	20	19	50
1999	18	38	38
2000	24	15	57
2001	27	16	37
2002	38	21	27
2003	24	20	36
2004	56	26	14
2005	66	18	9

年份	*cor*	*jor*	*sor*
2006	62	19	15
2007	75	15	5
2008	66	21	9
2009	67	21	7
2010	63	24	8
2011	69	18	10
2012	68	22	5
2013	59	30	4
2014	60	33	2
2015	74	21	4
2016	28	24	1

注：*cor* = 合作经营利用外资/实际利用外资金额 ×100%；*jor* = 合资经营利用外资/实际利用外资金额 ×100%；*sor* = 外资独资经营利用外资/实际利用外资金额 ×100%。

资料来源："实际利用外资金额"的数据来源于广州统计信息网的"统计年鉴 2017·第十五篇·15 – 11 历年利用外资情况"栏目和"广州 50 年·第十四篇·利用外资情况"栏目，http：//210.72.4.52/gzStat1/chaxun/njsj.jsp；合作经营利用外资、合资经营利用外资、外资独资经营利用外资的数据来自广州统计信息网 2000 ~ 2017 年的"统计年鉴·第十五篇·15 – 13 利用外资情况"栏目，http：//210.72.4.52/gzStat1/chaxun/njsj.jsp，以及广州市统计局编制的且由中国统计出版社出版的《广州统计年鉴 1998》第 548 ~ 550 页。

表 10　广州投资相关数据（1997 ~ 2016 年）

年份	广州国内投资额（万元）	全国消费额（亿元）	广州出口额（万元）
1997	6565767	47508.6	1059494
1998	7588283	51460.4	1033814
1999	8782586	56621.7	986652
2000	9236676	63667.7	1179046
2001	9782093	68546.7	1162345
2002	10092421	74068.2	1377851
2003	11751668	79513.1	1688892

年份	广州国内投资额 （万元）	全国消费额 （亿元）	广州出口额 （万元）
2004	13489283	89086. 0	2147434
2005	15191582	101447. 8	2666772
2006	16963824	114728. 6	3178428
2007	18633437	136229. 4	3634120
2008	21055373	157466. 3	4259772
2009	26598516	172728. 3	3710654
2010	32635731	198998. 1	4826244
2011	34122005	241022. 1	5582781
2012	37583868	271112. 8	5881169
2013	44545508	300337. 8	6248267
2014	48895026	328312. 6	7271300
2015	54059522	362266. 5	8116700
2016	57035900	400175. 6	7817700

资料来源："广州国内投资额"的数据来源于广州统计信息网的"统计年鉴 2017·第四篇·4 - 4 主要年份固定资产投资额（按投资类别分）"栏目，http://210.72.4.52/gzStat1/chaxun/njsj. jsp；"全国消费额"来自国家统计局的"国民经济核算·支出法国内生产总值"栏目，http://data. stats. gov. cn/easyquery. htm？cn = C01；"广州出口额"的数据来自广州统计信息网的 2000～2017 年"统计年鉴·第十五篇·15 - 2 商品进出口总值"栏目，http://210.72.4.52/gzStat1/chaxun/njsj. jsp。

和前面一样，我们先对式（9）中各变量做 ADF 单位根检验和协整检验，检验结果见表 11 和表 12。

表 11　式（9）变量数据 ADF 单位根检验

变量	差分次数	(C, T, K)	DW 值	ADF 值	1% 临界值	5% 临界值	10% 临界值	结论
$\ln I_d$	1	$(C, N, 1)$	1.78	- 3.51	- 3.89	- 3.05	- 2.67	I(1) **
$\ln C$	1	$(C, N, 1)$	1.86	- 2.65	- 3.86	- 3.04	- 2.66	I(1) *
$\ln X$	1	$(C, N, 1)$	1.97	- 4.16	- 3.86	- 3.04	- 2.66	I(1) ***
$\ln S_{FDI}$	1	$(C, N, 1)$	1.62	- 4.86	- 3.86	- 3.04	- 2.66	I(1) ***

表 12 式 (9) 变量数据协整检验

原假设	迹统计量 (P 值)	5% 临界值	$\lambda - \max$ 统计量 (P 值)	5% 临界值
无协整关系	56.48* (0.01)	47.86	24.84 (0.11)	27.58
至少有 1 个协整关系	31.63* (0.03)	29.80	14.92 (0.29)	21.13
至少有 2 个协整关系	16.71* (0.03)	15.49	11.52 (0.13)	14.26
至少有 3 个协整关系	5.20* (0.02)	3.84	5.20* (0.02)	3.84

上述检验结果表明变量之间存在协整关系，可以进行回归。根据式 (9)，使用表 9 和表 10 所列的数据，我们做了数量模型，如式 (10) 所示：

$$\ln I_d = 0.76 \ln C + 0.41 \ln X + 0.16 \ln S_{FDI}^{t-1} \tag{10}$$

$$t_1 = 5.26 \quad t_2 = 3.40 \quad t_3 = 9.91$$

$$R^2 = 98.59\% \quad F = 558.64 \quad DW = 1.91$$

而模型 (10) 的结果表明，在其他条件不变时，1997~2016 年的广州经济情况如下：出口每变动 1%，广州投资就同向变动 0.41%；上一期以合作经营方式利用外资在当年实际利用外资额中占比每变动 1%，广州投资就同向变动 0.16%；国内总消费每变动 1%，广州投资就同向变动 0.76%。这里还需要强调说明的是：第一，以合作经营方式利用外资的数额占当年实际利用外资的比例 (cor) 最为显著，模型中采用了这个统计量；第二，代表国内银根松紧程度的变量——货币供应量 M_s 在模型 (10) 中不显著。在我们所做的其他研究中，近年来的日本和美国投资模型中也有类似情况。我们的解释是，当某国或某地区投资资金充裕时，厂商的投资主要影响因素是订单方面的变量，融资成本已不再是投资的重要影响因素了。

综上所述，国内总消费、出口和 FDI 结构中的合作经营利用外资在当年实际利用外资总额中的占比对广州的国内投资具有重要影响。

（二）外资对广州经济增长的影响

在需求约束型经济中，总产出仍会受投资影响，因为产品都是使用资本制造出来的，与供给约束型经济不同的是投资如何决定。前面我们把广州国内投资作为因变量讨论了影响因素，现在，我们把广州国内投资和外资一起作为自变量，讨论广州的经济增长，因此可得经济增长模型，如式（11）所示：

$$Y = f(I_d, I_f) \tag{11}$$

我们将用表 1 的广州 GDP 指数数据、表 10 的广州国内投资额数据和表 9 的广州实际利用外资数据拟合数量模型，拟合模型之前，先对各变量做 ADF 单位根检验和协整检验，检验结果见表 13 和表 14。

表 13　式（11）变量数据 ADF 单位根检验

变量	差分次数	(C, T, K)	DW 值	ADF 值	1% 临界值	5% 临界值	10% 临界值	结论
$\ln Y$	2	$(C, N, 1)$	1.90	-5.51	-3.89	-3.05	-2.67	$I(2)$ ***
$\ln I_d$	2	$(C, N, 1)$	2.21	-4.64	-3.92	-3.07	-2.67	$I(2)$ ***
$\ln I_f$	2	$(C, N, 1)$	2.46	-13.36	-3.86	-3.05	-2.67	$I(2)$ ***

表 14　式（11）变量数据协整检验

原假设	迹统计量（P 值）	5% 临界值	$\lambda - \max$ 统计量（P 值）	5% 临界值
无协整关系	39.91*（0.01）	35.19	27.24*（0.01）	22.30
至少有 1 个协整关系	12.68（0.39）	20.26	8.45（0.50）	15.89
至少有 2 个协整关系	4.23（0.38）	9.16	4.23（0.38）	9.16

上述检验结果表明变量之间存在协整关系，可以进行回归。根据式（11），利用 1997～2016 年的相关数据，可得回归结果，如式（12）所示：

$$\ln Y = -11.05 + 0.76\ln I_d + 0.77\ln I_d^{t-3} + 0.2\ln I_f^{t-2} \qquad (12)$$

$$t_1 = -16.68 \quad t_2 = 6.98 \quad t_3 = 6.10 \quad t_4 = 2.20$$

$$R^2 = 99.87\% \quad F = 3221.11 \quad DW = 2.11$$

式（12）的结果表明，1997～2016 年广州的经济总产出具有如下特征：当期内资每变动 1%，当期广州总产出就同向变动 0.76%；前三期内资每变动 1%，当期广州总产出就同向变动 0.77%，这说明前期的投资在当期形成了与需求对应的生产能力，开始影响经济增长；前两期的外资每变动 1%，当期广州经济就同向变动 0.2%，这说明前期外资形成的产能在当期发力。

前面我们从需求角度讨论了广州国内投资影响因素是国内总消费、出口和 FDI 的某种结构，结合本节的分析，我们的结论是，国内总消费、出口、FDI 和 FDI 的某种结构是广州经济增长的重要影响因素。

四　结论

通过前文分析，我们可以得出下列主要结论。

第一，广州经济在 1996 年实现了从供给约束型（短缺经济）向需求约束型（订单经济）的过渡，其主要表现是，资本形成不断增长导致的潜在总供给远大于总需求。

第二，在广州的供给约束型经济时期，进口提供高水平资本品、出口提供进口所需外汇，对广州资本形成有重要影响，在其他条件不变时，上一期出口额每变动 1%，广州内资就同向变动 0.3%；上一期进口额每变动 1%，广州内资就同向变动 0.11%。

第三，在广州的供给约束型经济时期，利用外资直接补充了国内投资不足，促进了资本存量的增长，打破了短缺恶性循环的束缚，进入总产出持续增长状态。总产出增长是由内资和外资共同推动的。在其他条件不变时，实际外资利用每变动 1%，广州实际 GDP 就同向变动 0.14%；内资每变动 1%，实际 GDP 就同向变动 0.46%。

第四，广州进入需求约束型经济之后，总产出仍受投资影响，因为产品都是使用资本制造出来的，与供给约束型经济不同的是投资如何决定。供给约束型经济中的资本形成是有需求保证的——产品销售没有问题，投资生产就会产生利润；而在需求约束型经济中，投资活动由总需求约束和拉动，订单增长拉动有效投资，缺乏订单就会缺乏有效率的投资。

第五，广州进入需求约束型经济之后，出口和 FDI 结构对广州的国内投资具有重要影响。在其他条件不变时，出口每变动 1%，广州投资就同向变动 0.41%；上一期以合作经营方式利用外资在当年实际利用外资额中占比每变动 1%，广州投资就同向变动 0.16%。

第六，在广州的需求约束型经济时期，当期内资每变动 1%，当期广州总产出就同向变动 0.76%；前三期内资每变动 1%，当期广州总产出就同向变动 0.77%，这说明前期的投资在当期形成了与需求对应的生产能力，开始影响经济增长；前两期的外资每变动 1%，当期广州经济就同向变动 0.2%，这说明前期外资形成的产能在当期发力。

第七，综合第五点和第六点两点结论可以得出，在广州需求约束型经济时期，国内总消费、出口、FDI 和合作经营利用外资在当年实际利用外资总额中的占比是广州经济增长的重要影响因素。

参考文献

陈万灵、邓玲丽，2013，《广州外贸对经济增长贡献的实证研究——基于联立方程模型的运用》，《特区经济》第 8 期。

程鹏、柳卸林，2010，《外资对区域经济可持续增长影响的差异性研究——基于广东和江苏的实证研究》，《中国工业经济》第 9 期。

李晓峰、郑柳剑，2010，《广东民营企业对外贸易对经济增长影响的实证分析》，《国际经贸探索》第 7 期。

刘巍，2010，《储蓄不足与供给约束型经济态势——近代中国经济运行的基本前提研究》，《财经研究》第 2 期。

刘巍，2016，《计量经济史研究方法》，社会科学文献出版社。

吴智文、丘传英主编，2001，《广州现代经济史》，广东人民出版社。

Research on Guangzhou Utilize International Trade and Foreign Investment during the 40 Years of Reform and Opening Up

Chen Chuan

Abstract: From 1978 to 2016, there was a transition from a supply-constrained economy to a demand-constrained economy in the macroeconomic situation in Guangzhou. Empirical analysis found that the transition started in around 1996. From 1978 to 1996, the total supply capacity was constrained by the lack of capital stock and it was difficult to fulfill the potential total demand. And foreign investment and international trade jointly promoted the formation of capital in Guangzhou at this stage, which eventually ended the era of "shortage economy" in 1997. From 1997 to 2016, the total supply capacity of Guangzhou can not only cover the total demand, but also was in surplus after the completion of coverage. The effective demand is the engine of economic growth. During this period, consumer demand and export demand jointly determined the investment demand of consumer goods companies, which was also determined the willingness of the capital goods companies to investment. To sum up, total domestic consumption, the exports, FDI, and the rate of foreign investment in cooperative operations in

FDI became the key factors in economic growth of Guangzhou during this period.

Keywords：Guangzhou's Economic；Supply Constraints；Demand Constraints；Foreign Investment；International Trade

改革开放 40 年广州产业结构
变动与就业量研究[*]

黎　泳[**]

内容提要： 在 40 年的改革开放进程中，广州总供求态势实现了从供给约束型经济向需求约束型经济的转变，在不同的经济态势下，资本与劳动力配比不同，对就业的吸纳能力也明显不同。本文通过分析广州地区产业结构与就业量的变化趋势以及它们之间的逻辑数量关系，得出以下几个结论：广州就业量的变动受产业结构影响明显，并且第三产业产值占 GDP 的比重对就业量的影响尤为显著；1978～1996 年实际 GDP 对就业量的影响更为强烈，而 1997～2016 年第三产业产值占比对就业量的影响逐渐占优势；广州的就业总趋势与全国相比较基本上是一致的，但是广州的就业量波动起伏更大。

关键词： 广州经济　产业结构　就业量

从 1978 年到 2018 年，中国改革开放走过了 40 年。在 40 年的改革开放历程中，广州经济发展突飞猛进，而产业结构作为经济发展的关键

---

* 本文是广州市哲学社会科学发展"十三五"规划 2017 年度广州商贸中心研究基地课题（编号：2017 - JD06）的中期成果。

** 黎泳，湖南岳阳人，广东外语外贸大学中国计量经济史研究中心硕士研究生，研究方向为计量经济史。

也同样经历了重大变革，第一产业、第二产业和第三产业产值在 GDP 中的占比发生了很大的变化。同时，产业结构的变化也会影响各个产业吸收劳动力之能力的变化。统计资料显示，改革开放后，广州就业人口虽然呈现增长趋势，但是各年的增长幅度也会有差别，有的年份会出现就业人数增长率的极大提高，而有的年份却只有细微的增长，甚至出现递减的情况。而导致这些现象的原因究竟是什么，或者说是什么事件的发生对就业量产生了相应的影响，这都是值得深入研究的。近年来，许多学者都曾深入研究过这个问题，如张抗私等（2012）、韩文宾和潘新雨（2009）。另外，根据刘巍（2010）的研究，一国的经济态势大致可以分为供给约束型经济和需求约束型经济，而不同的经济态势对经济发展的要求也会有所不同。1978～2016 年，广州经历了从供给约束型经济向需求约束型经济的转变，转变的时间点在 1996 年前后。故将本文的研究分为两个时段：一是 1978～1996 年，二是 1997～2016 年。首先探讨改革开放 40 年广州就业量和产业结构的变动趋势以及分析在这期间重要的节点；其次深入分析广州产业结构变动和就业量变化的逻辑关系；最后跟全国水平的就业变动趋势进行比较，意在总结 40 年的经验，为进一步促进就业提供历史和逻辑依据。

一　就业量及产业结构变动趋势

改革开放 40 年来，广州产业结构和就业量都有了明显的变化，产业结构与就业量的变动影响着经济的发展质量。广州市统计局统计资料表明，改革开放之前，1952 年，广州 GDP 只有 5.39 亿元，就业人数也只有 111.870 万人[①]，并且第一产业产值占 GDP 的比重高

[①]　数据来源于广州统计信息网的"广州 50 年·第三篇·社会从业人员"，http://210.72.4.52/gzStat1/chaxun/njsj.jsp。

达 20.01%①。到 1978 年，广州 GDP 上升到 43.09 亿元，就业人数也增加到 266.90 万人，第一产业产值占 GDP 的比重也下降至 11.67%。在改革开放 10 年的时候，就业人数已经高达 333.98 万人，第二产业产值在 GDP 中占主要地位，同时，第三产业发展势头也越来越好。虽然改革开放后广州就业量和产业结构都呈现较好的发展趋势，但各年度的实际情况还是有所不同的，并且有的年份会出现较大的差别。例如，广州 1982 年就业增长率为 3.95%，而到 1989 年却成了负增长（见表 1）。同时，产业结构虽然总体趋势保持不变，但也不乏某些年份出现了异常状态。因此，在就业量及产业结构的总体发展趋势变化的基础上，针对某个特殊时间段进行深入分析并探讨其原因，是分析改革开放 40 年广州就业量及产业结构变动趋势不可或缺的环节。

本文选取广州市全社会从业人员数据作为广州就业量，以第一产业产值占 GDP 的比重、第二产业产值占 GDP 的比重以及第三产业产值占 GDP 的比重表示三次产业结构，数据见表 1、表 2，表中 Emp、Y、PI、SI 和 TI 分别表示广州市社会从业人员、实际 GDP、第一产业产值在 GDP 中的占比、第二产业产值在 GDP 中的占比、第三产业产值在 GDP 中的占比。其中，实际 GDP——Y 由名义 GDP 和 GDP 指数计算而得。

（一）1978～1996 年广州就业量和产业结构变化趋势及拐点分析

1. 1978～1996 年广州就业量变动趋势分析

从图 1 可发现，1978～1996 年广州就业人数总体呈现增长趋势，但在 1988 年之前，广州就业人数增长相对较慢，而在 1989 年之后增长幅度相对较大。在 1988 年到 1989 年之间，广州就业量没有明显增

---

① 数据来源于广州统计信息网的"广州 50 年·第一篇·国内生产总值"，ht-tp://210.72.4.52/gzStat1/chaxun/njsj.jsp。

加，几乎呈现水平趋势。可见，1988～1989 年是广州就业量变动的一个重要转折点。

表 1　1978～1996 年广州就业量及产业结构

年份	Emp（万人）	Y（亿元）	PI（%）	SI（%）	TI（%）	就业增长率（%）
1978	266.90	43.09	11.67	58.60	29.75	6.12
1979	266.93	48.87	10.58	55.32	34.09	0.01
1980	275.05	56.41	10.84	54.51	34.63	3.04
1981	282.61	61.24	10.25	57.17	32.66	2.75
1982	293.77	67.54	12.22	56.19	31.59	3.95
1983	298.20	73.86	10.95	57.31	31.76	1.51
1984	305.44	86.74	10.18	52.46	37.35	2.43
1985	313.47	102.60	9.68	52.92	37.39	2.63
1986	321.92	108.40	9.47	50.24	40.29	2.70
1987	328.97	124.92	9.05	45.85	45.10	2.19
1988	333.98	147.13	9.49	47.55	42.96	1.52
1989	333.74	154.12	8.45	45.03	46.52	-0.07
1990	341.15	171.58	8.05	42.65	49.30	2.22
1991	355.95	199.50	7.29	46.53	46.18	4.34
1992	371.12	245.90	6.98	47.25	45.77	4.26
1993	388.96	310.87	6.39	47.19	46.41	4.81
1994	399.15	369.41	6.15	46.24	47.61	2.62
1995	407.78	430.15	5.83	45.90	48.26	2.16
1996	412.21	483.68	5.53	45.77	48.70	1.09

资料来源："社会从业人员和名义 GDP" 的数据见广州统计信息网的 "年度报表·广州统计信息手册（2017 年）·主要年份社会从业人员年末人数和主要年份地区生产总值" 栏目，其中 1981～1984 年的数据见广州统计信息网的 "广州 50 年·第一篇·国内生产总值和第三篇·社会从业人员"，http://210.72.4.52/gzStat1/chaxun/njsj.jsp；"国内生产总值指数" 的数据见广州统计信息网的 "广州 50 年·第一篇·国内生产总值指数（按可比价格计算，1978 年 = 100）" 栏目，http://210.72.4.52/gzStat1/chaxun/njsj.jsp。

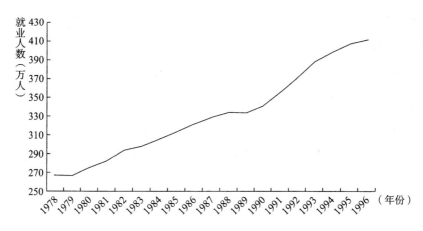

图 1　1978～1996 年广州就业量走势

资料来源：本文表 1 中的数据。

到 1988 年，广州改革开放已经历了整整 10 年。在改革开放初期的 10 年里，劳动力因素对广州经济增长的贡献率已经十分显著，究其原因是国家决定在广东地区率先进行改革开放，并且实行"特殊政策和灵活措施"。这些针对性的政策措施极大地鼓舞了广东乃至全国人民的积极性，并且，随着家庭联产承包责任制的进一步推行，大量的农村剩余劳动力得到解放，纷纷前往改革开放的前沿地区。而广州作为广东省的中心城市，劳动力的增加尤为显著。同时，1984 年，广州经济技术开发区成立，这无疑又为广州经济发展带来了新的机遇。在改革开放 10 年——1988 年的时候，改革开放进入了以整顿、治理和深化改革为核心的新阶段。另外，1989 年的政治风波多少也影响着广州的经济发展，虽然影响不太严重，但还是不可避免的，并且广州作为省会城市，受影响的程度会比其他城市更大，这也进一步造成 1988～1989 年广州就业人数不增反而有所下降，因此出现如图 1 所示的 1988～1989 年广州就业人数几乎呈现零增长的状态。

在改革开放首个 10 年中，尽管改革目标不十分明确，但仍是"摸着石头过河"，打破了旧的体制，促进了生产力的发展，也为广州日后的经济发展打下了坚实的基础。经过对过去 10 年改革措施以及经济成效等的思考，1989年之后，广州在保持原有优势的基础上，更好地利用政策措施，吸引了越来越多的务工人员，就业呈现快速增长趋势。尤其在1992年邓小平视察南方以及中共十四大确立社会主义市场经济体制之后，广州及整个广东又掀起了一股改革开放的大潮，使1993年广州就业增长率达到了4.81%（见表1）。从图2可以看出，1993年广州就业增长率明显高于其他年份。再结合图3，虽然广州GDP在

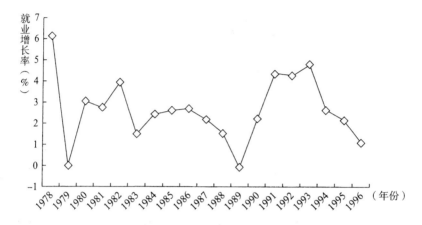

图2　1978～1996年广州就业增长率

资料来源：本文表1中的数据。

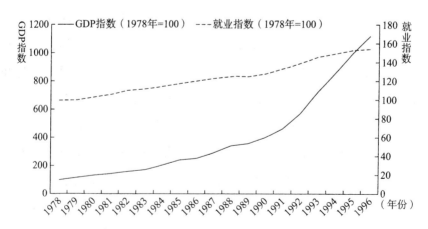

图3　1978～1996年广州就业指数和GDP指数走势

资料来源："GDP指数"的数据见广州统计信息网的"广州50年·第一篇·国内生产总值指数（按可比价格计算，1978年=100）"栏目，http://210.72.4.52/gzStat1/chaxun/njsj.jsp；"就业指数"（1978年=100）原始数据见表1。

1978～1996 年保持增长趋势，但是从图中可以明显看出，1978～1988
年 GDP 增长速度明显小于 1989～1996 年。于是，可以进一步做出判
断，广州在 1978～1996 年的就业人数受 GDP 影响，并且呈现正相关
关系。在 GDP 增长较缓慢的时期，就业人数也增长较缓慢，而在 GDP
增长较快的时期，就业人数也呈现较快的增长。

2. 1978～1996 年广州产业结构变动趋势分析

从图 4 中可以观察到，第一产业产值在 GDP 中的占比总体呈现明
显的下降趋势，并且 1978～1996 年其产值在 GDP 中的占比较小。在
改革开放过程中，竭力调整产业结构，大力发展第三产业，第三产业
产值在 GDP 中的占比总体在上升。从图 4 中可以看到，在改革开放头
几年，第三产业发展还较为缓慢，处于一个探索时期。在 1984 年的时
候，广州被批准为第一批沿海开放城市之一，这无疑又为广州经济发
展带来了强大的动力。在这一年，第三产业产值所占比重较上一年上
升了 17.6%（见表 1），出现了较大的改变，同时，第二产业产值占
GDP 的比重出现了明显的下降。但是，1984～1985 年，广州也因为经
济的快速发展出现了需求过热导致的经济过热。1985 年广州工业增长
率居全国十大城市之首，致使广州第二产业产值所占比重又出现上涨
趋势，而第三产业在经历 1984 年的大涨后受其影响增长率增幅明显下
降。针对经济过热现象，1985 年底，全国范围的"一刀切"紧缩政策
又使得广州工业增长率下降，随后几年广州第二产业产值所占比重都
出现下降趋势，并呈现基本稳定状态。再结合广州 GDP 指数走势（见
图 3），在 1989 年之后，广州 GDP 开始出现快速增长，经济发展速度
明显加快。1988 年开始针对前十年改革开放相关措施进行整顿、吸取
经验教训，同时广州就业人数的快速增长也为广州大力发展第三产业
提供了机遇以及劳动力基础，这都促使广州第三产业在随后几年出现
了大的飞跃。在 1989 年，其在 GDP 中的占比首次超过第二产业产值
在 GDP 中的占比，并在随后几年基本保持在较高水平。

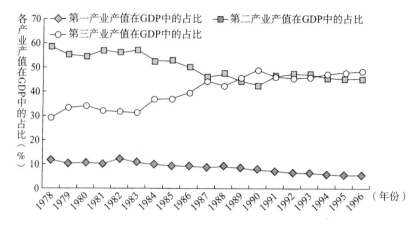

图 4　1978～1996 年广州产业结构走势

资料来源：本文表 1 中的数据。

总的来说，可以看出广州产业结构变化还是较为明显的。第一产业产值占比从 1978 年的 11.67% 下降到 1996 年的 5.53%，下降了约 6 个百分点，并且其占比在 1978～1996 年总体呈现下降趋势，也只在 1980 年、1982 年和 1988 年出现小幅度上升。同时第二产业产值占比也出现下降趋势，其走势基本上与第三产业产值占比相反，并且逐渐被第三产业反超。从这些趋势中可以看出，广州市的产业结构由之前第二产业占主导地位转变为由第三产业占主导地位，产业结构不断得到优化。

（二）1997～2016 年广州就业量和产业结构变化趋势及拐点分析

1. 1997～2016 年广州就业量变化趋势分析

从图 5 可以看出，1997～2016 年广州就业人数呈现递增趋势，并且增长起伏较小，除了在 2000 年和 2012 年前后有所波动，其他年份基本呈稳定增长模式。

2001 年，广州先后建设了全运会场馆、广州国际会展中心，以及启动了广州新机场迁建、地铁推进、内外环线高速公路建设等工程，在正式动工之前需要招聘大量的劳动力以及相关的工作人员，这无疑使就业人数大增。这也是使 2000 年广州就业增长率高达 9.09%（见表 2），成为 1997～2016 年就业人数增长最快的一年的重要原因。2001 年全运会场馆、广州国际会展中心以及广州新机场迁建正式启动，由于这些基础设施建设所需的相关工作人员都已准备就绪，后期需要新增的就业人数较前期减少，因此反而到 2001 年广州就业增长率出现明显下降趋势，增长人数与 2000 年相比有较大差距。另外，2001 年，中国加入 WTO，广州的改革也由以经济体制改革为中心转向了以政治、经济、文化和社会"四位一体"的综合改革，这在一定程度上也影响了广州的就业增长率。随后的几年，广州经济增长又恢复了稳定状态，就业人数也保持稳定的增长。从图 5 中可以看出，在 2004 年宣布广州为下一个举办亚运会的城市后，为了亚运会相关基础设施的建设，2004～2010 年，广州就业人数增长幅度还是较之前有一些增加的。从图 6 可以更直观地看到，2004～2010 年的广州就业增长率比其他大多年份更高更稳定，当然，这与广州乃至全国的经济发展都是高度相关的。2011 年全球经济增速放缓，广州经济也不可避免地出现放缓现象，因此，2012 年就业增长率也会出现小幅度的下降。而 2012 年之后，随着经济的发展，广州就业人数的增长幅度又有所提升。

表 2　1997～2016 年广州就业量及产业结构

年份	Emp（万人）	Y（亿元）	PI（%）	SI（%）	TI（%）	就业增长率（%）
1997	428.21	548.47	5.11	45.36	49.53	3.88
1998	445.39	620.49	4.69	43.31	51.99	4.01
1999	454.89	702.28	4.34	43.52	52.13	2.13
2000	496.26	796.00	3.79	40.98	55.23	9.09
2001	502.93	897.44	3.42	39.14	57.43	1.34
2002	507.02	1016.17	3.22	37.81	58.98	0.81
2003	521.07	1170.92	2.92	39.53	57.54	2.77

续表

年份	Emp（万人）	Y（亿元）	PI（%）	SI（%）	TI（%）	就业增长率（%）
2004	540.71	1346.83	2.63	40.18	57.19	3.77
2005	574.46	1520.92	2.53	39.68	57.79	6.24
2006	599.50	1746.36	2.11	40.14	57.74	4.36
2007	623.63	2275.79	2.10	39.57	58.33	4.03
2008	652.90	2959.96	2.04	38.95	59.01	4.69
2009	679.15	3598.64	1.89	37.26	60.85	4.02
2010	711.07	4494.27	1.75	37.24	61.01	4.70
2011	743.18	5470.24	1.65	36.84	61.51	4.52
2012	751.30	7100.54	1.58	34.84	63.59	1.09
2013	759.93	9375.63	1.47	34.01	64.52	1.15
2014	784.84	10757.76	1.31	33.47	65.23	3.28
2015	810.99	13433.13	1.25	31.64	67.11	3.33
2016	835.26	14534.65	1.22	29.42	69.35	2.99

资料来源："社会从业人员和名义 GDP"的数据见广州统计信息网的"年度报表·广州统计信息手册（2017 年）·主要年份社会从业人员年末人数和主要年份地区生产总值"栏目，http://210.72.4.52/gzStat1/chaxun/njsj.jsp；"国内生产总值指数"的数据见广州统计信息网的"广州 50 年·第一篇·国内生产总值指数（按可比价格计算，1978 年 = 100）"栏目，http://210.72.4.52/gzStat1/chaxun/njsj.jsp。

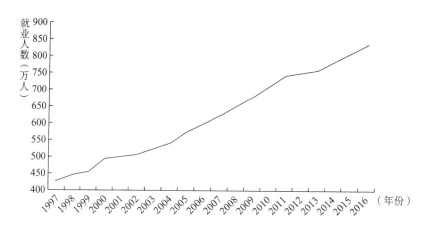

图 5　1997～2016 年广州就业量走势

资料来源：本文表 2 中的数据。

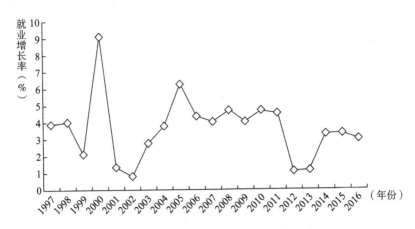

图 6　1997～2016 年广州就业增长率

资料来源：本文表 2 中的数据。

从上述分析可知，1997～2016 年影响广州就业人数的主要是大型基础设施建设的需要。从经济学的角度分析，一个大型的基础设施，比如亚运会所需的场馆及配套设施的兴建，可以极大地带动广州经济的发展。例如，第十一届全国运动会就曾为山东就业带来 68.7 万个岗位，同时拉动山东第三产业增速年均提高 0.5 个百分点左右，并且使第三产业年均增速在 14% 左右（颜鸿填，2010）。可以看出，广州 1997～2016 年就业人数的变化除了经济增长的因素外，与亚运会和全运会等都是分不开的。

另外，从图 7 可以看出，1997～2016 年广州市 GDP 呈增长趋势，并且在 2007 年之后增长速度明显加快。将广州这段时期的就业量与 GDP 联系起来看，在 GDP 增长相对较缓慢的时期，就业量的增长也相对较慢。随着 2007 年之后 GDP 的快速增加，广州就业增长率也基本上稳定在一个较高的水平。总体而言，就业量的变化趋势与 GDP 的变化趋势呈现明显的正相关。因此可以说，1997～2016 年就业人数的总体增长与广州这段时期的经济发展是密不可分的。

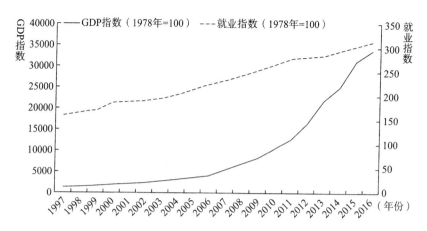

图 7　1997～2016 年广州就业指数和 GDP 指数走势

资料来源："GDP 指数"的数据见广州统计信息网的"广州 50 年·第一篇·国
内生产总值指数（按可比价格计算，1978 年 = 100）"栏目，http://210.72.4.52/
gzStat1/chaxun/njsj.jsp；"就业指数"（1978 年 = 100）原始数据见表 2。

2. 1997～2016 年广州产业结构走势分析

根据图 8 可知，1997～2016 年广州第二产业产值占 GDP 的比重总
体呈现下降趋势，并且基本上其占比没有出现很大程度的增长。而第
三产业与之相反，在 GDP 中的占比明显上升，从 1997 年的 49.53% 上
升到 2016 年的 69.35%，占比增幅在 40% 左右；并且在此期间第三产

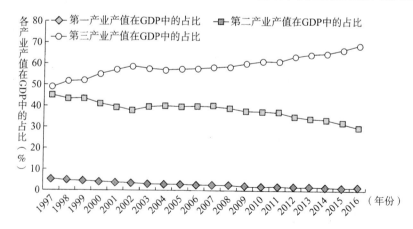

图 8　1997～2016 年广州产业结构走势

资料来源：本文表 2 中的数据。

业产值占比保持稳定增长模式，而不是出现大起大落的情况。同时，第一产业产值在整个 GDP 中的占比持续下降，在 2016 年，占 GDP 的比重只有 1.22%。

1997~2016 年，广州先后举办了全运会、亚运会等重大体育赛事以及新机场的迁建和地铁等的新建，而这些正好给广州现代服务业与传统服务业提供了高速发展的机会。在这些项目进行时，与之密切相关的旅游业、金融和保险业、信息咨询业、餐饮业、房地产业以及邮政电信业等，将都能得到快速发展，这对产业结构优化起到了很大的推动作用，同时使第三产业产值上升比较快，而相反的，第二产业产值和第一产业产值增长速度就会相对较慢。与之相对应，第三产业产值在 GDP 中的占比越来越大，而第二产业和第一产业在 GDP 中的占比却出现下降趋势。广州产业结构的这种变化是时代的要求，同时也是经济发展的结果。广州作为特大城市，过度发展第一产业会使本来成本就很高的土地资源更加稀缺，而过度发展第二产业也会使环境代价更严重，但是第二产业发展不足，也会影响第三产业的发展。所以只有使三次产业的结构逐渐趋于合理化、高级化，同时大力发展第三产业，确保第二产业和第一产业的基础地位，才能使广州经济快速发展。

综上所述，改革开放 40 年广州就业量和产业结构的变化在不同的经济态势下总体上是保持一致的——就业量在不断地增加，产业结构也越来越趋于合理化。

二　就业量影响因素敏感性（弹性）分析

就业问题一直都是关系国计民生的大问题。就业问题能处理得当，会有利于经济的发展，反之，对经济发展会有阻碍作用，甚至引起社会动荡。通过对广州改革开放 40 年的就业量和产业结构的变化趋势进行分析可以知道，在 1978～1996 年和 1997～2016 年这两个时段，广州市的总体就业量都呈现明显的增长趋势，而产业结构变化也是表现出较好的趋势。但是针对各个时段的增长趋势是有所差别的，并且在不同的时期，促进就业量增长的原因也是有所区别的。同时，GDP 或三次产业对就业量的影响也不会一成不变，在不同的发展时期，三次产业的结构也会发生变化，而这些结构的变化也会对就业量造成一定程度的影响。

本文主要研究改革开放 40 年广州产业结构变动与就业量之间的逻辑与数量关系。根据上文的分析，实际 GDP 与就业量之间存在明显的正相关关系，一个地区生产总值的增加会有利于就业的改善，而 GDP 的减少也会影响当地的就业情况。因此我们建立了式（1）所示的模型，其中 Emp 表示广州市就业人数，Y 表示广州市的实际 GDP，S_y 表示广州市的产业结构，并且产业结构变量可以分解为第一产业产值在 GDP 中的占比、第二产业产值在 GDP 中的占比和第三产业产值在 GDP 中的占比，分别用 PI、SI 和 TI 表示，因此式（1）所示的模型可以转换为式（2）所示的四元模型。

$$Emp = f(Y, S_y) \qquad\qquad (1)$$

$$Emp = f(Y, PI, SI, TI) \qquad\qquad (2)$$

根据刘巍（2010）的研究，将广州改革开放 40 年的就业量影响因素敏感性分析依据总供求经济态势分为 1978～1996 年和 1997～2016 年两个阶段，探讨在不同的经济态势下广州产业结构变动与就业量的逻辑与数量关系是否有所不同。

（一）1978～1996 年就业量影响因素敏感性分析

变量的数据见表 1。我们先对表 1 数据取对数，然后做 ADF 单位根检验和协整检验，检验结果见表 3 和表 4。

表3　式（2）变量数据 ADF 单位根检验

变量	差分次数	(C, T, K)	DW 值	ADF 值	1%临界值	5%临界值	10%临界值	结论
$\ln Emp$	1	$(C, 0, 2)$	1.96	−3.44	−3.96	−3.08	−2.68	I(1)**
$\ln Y$	1	$(C, 0, 3)$	1.87	−2.87	−3.89	−3.05	−2.67	I(1)*
$\ln PI$	1	$(C, 0, 3)$	2.15	−3.46	−4.00	−3.10	−2.69	I(1)**
$\ln SI$	1	$(0, 0, 1)$	1.87	−3.07	−2.72	−1.96	−1.61	I(1)***
$\ln TI$	1	$(0, 0, 1)$	1.91	−2.97	−2.72	−1.96	−1.61	I(1)***

注：*** 表示变量差分后在 1%的置信水平下通过 ADF 平稳性检验，** 表示变量差分后在 5%的置信水平下通过 ADF 平稳性检验，* 表示变量差分后在 10%的置信水平下通过 ADF 平稳性检验，下同。

表4　式（2）变量数据协整检验

原假设	迹统计量（P 值）	5%临界值	$\lambda - \max$ 统计量（P 值）	5%临界值
无协整关系	112.12*（0.000）	60.06	53.94*（0.000）	30.44
至少有 1 个协整关系	58.18*（0.000）	40.17	24.36*（0.047）	24.16
至少有 2 个协整关系	33.83*（0.002）	24.28	18.65*（0.037）	17.80
至少有 3 个协整关系	15.17*（0.016）	12.32	13.08*（0.023）	11.22
至少有 4 个协整关系	2.10（0.174）	4.13	2.10（0.174）	4.13

注：* 表示在 5%的显著性水平下拒绝了原假设，P 值为伴随概率，下同。

上述检验结果表明变量之间存在协整关系，可以进行回归。根据式（2），基于 1978～1996 年的数据，可以得出广州就业量水平与产业结构变动的数量关系如下：

$$\ln Emp = 0.23\ln Y + 0.19\ln PI + 0.67\ln SI + 0.44\ln TI \qquad (3)$$

$$t_1 = 12.87 \quad t_2 = 4.52 \quad t_3 = 23.73 \quad t_4 = 12.91$$

$$R^2 = 0.99 \quad DW = 1.78$$

上述整体检验结果表明模型回归符合计量经济学的基本假设，并且拟合效果很好。根据实证结果式（3），在 1978～1996 年，当其他条件不变时：首先，广州实际 GDP 每变动 1%，广州就业人数就会同向变动 0.23%；其次，第一产业产值占 GDP 的比重每变动 1%，就业人数就会同向变动 0.19%；再次，第二产业产值占 GDP 的比重每变动 1%，就业人数就会同向变动 0.67%；最后，第三产业产值占 GDP 的比重每变动 1%，就业人数就会同向变动 0.44%。

在上述实证分析的基础上，我们需要弄清楚模型中各个解释变量的相对重要性，这就涉及 Beta 系数问题。我们首先观察 Beta 系数。由于所求出的结果式（3）的偏回归系数与变量的原有单位都有直接的联系，实际 GDP 和产业结构的单位不同，所以彼此不能直接比较。因此，我们将偏回归系数转换为 Beta 系数，其数值与测定变量时的单位无关，是一个"纯数"，因此可以直接比较，用以确定计量模型中解释变量的相对重要性。其公式如下：

$$\beta_j^* = \beta_j \times \frac{S_{x_j}}{S_y} = \beta_j \sqrt{\frac{\sum x_j^2}{\sum y^2}} \tag{4}$$

式（4）中，β_j^* 为第 j 个解释变量的 Beta 系数，β_j 为第 j 个解释变量的偏回归系数，S_{x_j} 为第 j 个解释变量的标准差，S_y 为被解释变量的标准差，x_j 为第 j 个解释变量的离差，y 为被解释变量的离差。

按照上述 Beta 系数的计算公式，计算的解释变量对被解释变量的重要性结果如下：$\beta_Y^* = 1.22$，$\beta_{PI}^* = 0.22$，$\beta_{SI}^* = 0.47$，$\beta_{TI}^* = 0.54$。可以看出广州实际 GDP 的变化对广州市就业量的影响最大，实际 GDP 每变动 1%，广州市的就业人数就会同向变动 1.22%。GDP 长期以来都是一个国家的经济表现，同时也反映了一国的国力和财力。对于广州市来说，也是同样的道理。广州市在改革开放后经济发展迅速，GDP 呈现明显的上升趋势，而 GDP 的上升又能反过来为经济的发展提供相应的帮助，推动经济朝着更好、更高、更快的层面发展，在经济发展的同时，又能带动当地就业人数的增加。

另外，从三次产业结构的变化对就业的影响来看，在 1978～1996

年，第三产业对广州就业人数的影响是最大的，其次是第二产业，而第一产业对就业人数的影响则是最小的。第一产业作为经济发展的基础产业，随着经济的发展，对就业的拉动影响逐渐减弱是显而易见的，并且相对于第二产业和第三产业来说，其对经济发展的影响也是越来越弱的，经济发展重心也会逐渐转向第二产业和第三产业。所以，第一产业对广州就业的拉动是有限的，占比也较小。如果将 β_{PI}^* 标准化为 1，则 $\beta_{SI}^* = 1.43$，$\beta_{TI}^* = 1.64$。Beta 系数表明各个解释变量对被解释变量的重要性，根据结果可以看出，第二产业对广州市就业量的贡献度是第一产业贡献度的 1.43 倍多，同时，第三产业对广州市就业量的贡献度是第一产业贡献度的 1.64 倍多。从图 4 可以看出，改革开放后，广州市的第三产业得到快速发展，其产值占 GDP 的比重总体在上升，并且逐渐超过第二产业产值占 GDP 的比重，第三产业在广州经济的发展中扮演着愈来愈重要的角色。随着改革开放的深入，第三产业的作用也越来越强，其吸纳就业的能力也越来越强。另外，在改革开放初期以及改革开放之前，广州的工业产值一直处于相对优势地位，当时第三产业可以算是新兴产业，一个新兴产业的出现和发展对当地就业的影响是极大的。随着第三产业的进一步发展，劳动力的需求也是越来越多的，尤其是服务行业，吸纳劳动力的能力较其他行业更强。但是，1978～1996 年，虽然广州第三产业逐渐发展并超过第二产业，但进度还是缓慢的，第二产业仍然占据不容小觑的地位，对就业的影响也发挥着不可忽视的作用。同样，从图 4 广州市的产业结构变化趋势可以看出，虽然第二产业产值占 GDP 的比重出现下降趋势，但是基本稳定在 40% 以上，1978～1996 年，其占比最低也有 42.65%。

（二）1997～2016 年就业量影响因素敏感性分析

根据上文对 1978～1996 年广州就业量和产业结构的分析可以知道，广州市的就业量主要受到实际 GDP、第二产业和第三产业的影响，受第一产业的影响较小。1997～2016 年，政府更是大力发展第三产业，广州市第一产业产值占 GDP 的比重越来越小，劳动力资源向第二产业和第三产业转移的速度也越来越快。因此在这段时期内，暂不考虑第一产业，主要考虑第二产业和第三产业对就业量的影响。同时，根据上文的分析，实际 GDP 对广州就业人数的影响强度最大，并且，近几年广州经济发展越来越迅速，吸引了越来越多的就业人员，这都是与实际 GDP 的增长分不开的。因此，同样在实证过程中加入实际 GDP 这个解释变量。

变量的数据见表 2。我们先对表 2 数据取对数，然后做 ADF 单位根检验和协整检验，检验结果见表 5 和表 6。

表 5　式（2）变量数据 ADF 单位根检验

变量	差分次数	(C, T, K)	DW 值	ADF 值	1% 临界值	5% 临界值	10% 临界值	结论
$\ln Emp$	2	$(0, 0, 2)$	2.11	-3.82	-2.73	-1.97	-1.61	$I(1)^{***}$
$\ln Y$	2	$(0, 0, 1)$	1.81	-3.27	-2.72	-1.96	-1.61	$I(1)^{***}$
$\ln SI$	2	$(0, 0, 1)$	1.87	-3.07	-2.72	-1.96	-1.61	$I(1)^{***}$
$\ln TI$	2	$(0, 0, 1)$	1.99	-4.07	-2.72	-1.96	-1.61	$I(1)^{***}$

表 6　式（2）变量数据协整检验

原假设	迹统计量（P 值）	5% 临界值	$\lambda - \max$ 统计量（P 值）	5% 临界值
无协整关系	61.97^{*}（0.000）	40.17	25.25^{*}（0.036）	24.16
至少有 1 个协整关系	36.72^{*}（0.000）	24.28	22.10^{*}（0.010）	17.80
至少有 2 个协整关系	14.62^{*}（0.020）	12.32	11.31^{*}（0.048）	11.22
至少有 3 个协整关系	3.31（0.082）	4.13	3.31（0.082）	4.13

上述检验结果表明变量之间存在协整关系，可以进行回归。根据式（2），基于 1997～2016 年的数据，拟合广州就业量水平与产业结构变动的数量模型如下：

$$\ln Emp = -7.71 + 0.16\ln Y + 1.25\ln SI + 2.04\ln TI +$$
$$0.87AR(1) - 0.53AR(2) \qquad\qquad (5)$$

$$t_1 = -2.39 \quad t_2 = 8.14 \quad t_3 = 3.77 \quad t_4 = 3.81 \quad t_5 = 3.07 \quad t_6 = -1.83$$

$$R^2 = 0.99 \quad F = 356.25 \quad DW = 1.95$$

从式（5）可以看出，在 1997～2016 年，当其他条件不变时：首先，广州实际 GDP 每变动 1%，广州就业人数就会同向变动 0.16%；其次，第二产业产值占 GDP 的比重每变动 1%，就业人数就会同向变动 1.25%；最后，第三产业产值占 GDP 的比重每变动 1%，就业人数就会同向变动 2.04%。

同样，因为实际 GDP 和产业结构变动的原有单位不一样，为了弄清楚各个解释变量的相对重要性，按照 Beta 系数的计算公式（4），计算的解释变量对被解释变量的重要性结果如下：$\beta_Y^* = 0.806$，$\beta_{SI}^* = 0.627$，$\beta_{TI}^* = 0.812$。通过比较 Beta 系数可以得到，在 1997～2016 年这段时间内，第三产业产值在 GDP 中的比重对广州就业人数的变化影响最大，随之是实际 GDP 对就业人数的影响，最后是第二产业产值占 GDP 的比重对其的影响。

实际 GDP 对广州市就业人数的影响充分表现在经济的快速发展以及为就业者提供的就业机会上。到 1997 年，广州市改革开放也已经经历了将近 20 年，虽然仍有不合理的或者急需解决的问题，但总的来说，改革开放进程越走越远，正在朝着更好的方面发展。不容置疑的是，20 年的改革开放对广州市的经济发展做出了巨大的贡献，使广州经济的发展较其他城市而言走上了更快、更好的道路。再结合图 9 的实际 GDP 走势，可以明显地看出，随着改革开放的深入，广州实际 GDP 的增长几乎呈现"J"形增长曲线。因此，快速增长的实际 GDP 对就业的拉动是十分明显的。另外，广东省经济发展速度与周围的省份，例如湖南、江西、广西等相比是明显较快的，这也在一定程度上有利于广州就业量的增加。

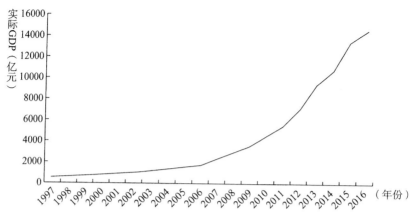

图 9　1997～2016 年广州实际 GDP 走势

资料来源：本文表 2 中的数据。

　　产业结构的升级又会进一步促进就业量的增加。随着改革开放的进一步深入，与经济发展中不相适应的部分将被合理地改善或剔除。20 世纪末 21 世纪初，我国整体经济水平也有明显提升，国家也越来越重视对第三产业的发展，第三产业产值在全国范围内迅速攀升，其对就业量的影响也是逐渐加强。迅速发展的第三产业提供了大量的工作岗位，并且随着其产值占 GDP 比重的不断上升，其对就业人数的影响也越来越大。在第三产业迅速发展的同时，第二产业产值在 GDP 中的比重也占据着相当大的地位。从图 8 可以看出，虽然第二产业产值在 GDP 中的占比总体呈现下降的趋势，但是下降的速度是越来越慢的，说明第二产业仍是经济发展的重要内容。

　　通过对 1978～1996 年和 1997～2016 年两个时间段的就业量和产业结构的逻辑关系进行分析可以知道，1978～1996 年，广州的就业量主要靠实际 GDP 和第三产业产值占 GDP 的比重拉动，并且从实证结果可以看出，实际 GDP 拉动就业量的力度大约是第三产业产值占比的 2 倍多，而第三产业和第二产业对就业量的影响区别较小。这表明在这个时段内产业结构的合理化程度还有待完善，主要还是依靠实际 GDP 带动就业。而 1997～2016 年，虽然实际 GDP 对广州就业人数的影响仍然较大，但是已渐渐被第三产业产值占 GDP 的比重反超。另外，第三产业产值所占比重对就业量的影响也逐渐与第二产业产值所占比重对就业量的影响拉开差距，说明第三产业在经济生活中的地位日益上升。总的来说，就业量主要是受到产业结构变化的影响，并且尤以第三产业为主。同时可以看出，随着经济的快速发展和技术的进步，不同产业的收益率出现差距，为了实现产业收益的平衡，能源和生产要素逐步由第一产业向第二产业和第三产业转移，相应的，劳动力资源也由此从第一产业向第二产业和第三产业转移。因此，产业结构的逐渐合理化带动了就业量的变化。

综上所述，虽然在 1978～1996 年和 1997～2016 年两个时间段内产业结构对就业量的影响都发挥着重要的作用，但是发生作用的机制还是有区别的，并且在不同的时间段发生作用的程度也是有所差别的。

三 与全国就业量变动趋势比较分析

在改革开放 40 年的历程中，广州凭借着政策优势以及经济地理的优越条件，其产业结构逐渐朝着合理化方向发展，并且在产业结构合理化过程中，吸纳劳动力的程度是不一样的。从广州转向全国范围，中国在改革开放的政策下，产业结构也不可避免地发生着变化，同时，产业结构的变化也会导致我国就业人数的变化。但是，全国范围内的产业结构变化所导致的就业人数的变化是否因为受到改革开放的影响而与广州市就业人数的变化相同呢，这就需要进一步实证分析。因此，在这里将广州的产业结构变动与就业量的变化趋势以及逻辑关系和全国的产业结构变动与就业量的变化趋势以及逻辑关系进行对比分析，以对广州的产业结构和就业量之间的逻辑关系有更进一步的了解。

为了能更好地与广州就业变动趋势进行比较，也将全国范围内的就

业变动趋势根据总供求态势分为两个时间段：1978～1996 年和 1997～
2016 年。

（一）全国就业量变动趋势分析及与广州就业量变动趋势的
比较

1. 1978～1996 年广州与全国就业量变动趋势比较

从图 10 可以观察到，1978～1996 年，全国范围内的就业量总的
来说保持增长的趋势，增长率达到了 71.72%。1978～1989 年的就业
人数增长幅度还是相对较慢的，1989 年之后，全国的就业量增长明显
快于 1989 年之前，尤其是 1989 年到 1990 年，其增长率达到了
17.03%，相对于前一年的增长率 1.83%，增长了 8 倍左右（见表 7）。
1990 年全国的就业人数发生如此大的变化，显然是存在具体原因的。
众所周知，1989 年的政治风波严重破坏了我国的社会秩序，扰乱了正
常的经济建设进程。在此期间，外商投资下降了 1.67%[①]，并且国内
固定资产投资也下降了 7.22%[②]。面对严峻的经济形势，国家在 1990
年大量增加投资，努力维持国民经济的稳定。国家统计局资料显示，
1990 年全国范围的投资与 1989 年相比增加了 2.42%[③]，1989 后，这
些增加的投资对就业量的影响是十分显著的，外商直接投资也在慢慢
恢复，并且随着国家宏观经济政策的转向，如户籍制度的逐渐开放，
也带来了大量的就业人员。从总体上看，在 1978～1996 年，全国就业
人数呈现明显的递增趋势。

---

① 数据来源于国家统计局的"实际利用外资"，http://data. stats. gov. cn/easyquery.
htm？cn = C01&zb = A060A&sj = 2016。

② 数据来源于国家统计局的"全社会固定资产投资"，http://data. stats. gov. cn/
easyquery. htm？cn = C01&zb = A060A&sj = 2016。

③ 数据来源于国家统计局的"全社会固定资产投资"，http://data. stats. gov. cn/
easyquery. htm？cn = C01&zb = A060A&sj = 2016。

表7　1978~1996 年全国就业量和就业增长率

年份	Emp（万人）	就业增长率（%）
1978	40152	1.97
1979	41024	2.17
1980	42361	3.26
1981	43725	3.22
1982	45295	3.59
1983	46436	2.52
1984	48197	3.79
1985	49873	3.48
1986	51282	2.83
1987	52783	2.93
1988	54334	2.94
1989	55329	1.83
1990	64749	17.03
1991	65491	1.15
1992	66152	1.01
1993	66808	0.99
1994	67455	0.97
1995	68065	0.90
1996	68950	1.30

资料来源："就业人数"数据见国家统计局的"年度数据·就业人员和工资"栏目，http://data. stats. gov. cn/easyquery. htm？cn = C01&zb = A0201&sj = 2016。

与广州的就业人数进行比较可以得出，1978~1996 年广州的整体就业人数与全国范围的就业人数增长趋势是一致的，并且，1989~1990 年前后都出现了就业人数较大的变化，但是全国的就业增长情况相对较稳定，而广州市的就业增长量出现了较多的波动。在图 11 中，1979~1989 年，全国的就业增长率基本上是高于广州就业增长率的，并且，全国的就业增长率相对于广州来说，起伏较小。1989 年之后，全国的

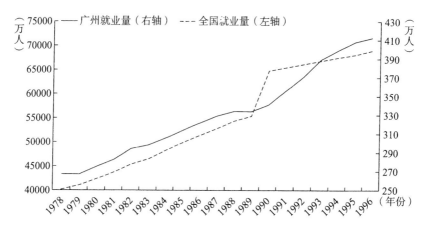

图 10　1978～1996 年广州和全国就业量变动趋势

资料来源：本文表 1 和表 7 中的数据。

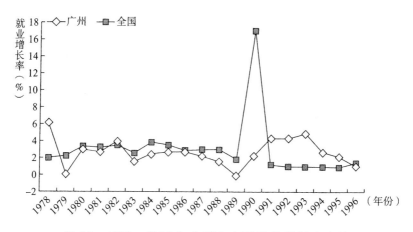

图 11　1978～1996 年广州和全国就业增长率趋势

资料来源：本文表 1 和表 7 中的数据。

就业增长率除了 1990 年出现大起之外，1991～1996 年基本上是保持稳定状态的，而广州的就业增长率在 1989 年之后是先增长后下降的，波动幅度相对来说也是较大的。

2. 1997～2016 年广州与全国就业量变动趋势比较

我国经济的快速发展为就业者提供了越来越多的就业机会和工作岗位，加上大量的农村剩余劳动力的解放，总的就业人数是呈现增长趋势的。如图 12 所示，1997～2016 年全国的就业人数总体上呈现上升的趋势，但其增长幅度总体是减小的。随着就业人数的增加，就业人数也慢慢达到饱和状态，逐渐向充分就业靠拢，并且，就业人数的供给是大于职业岗位的需求的，当工作岗位达到一定程度，就业人数的再增加就会较慢。因此我国每年的就业总数虽然在增加，但是较上年相比，增长的幅度却有所下降。

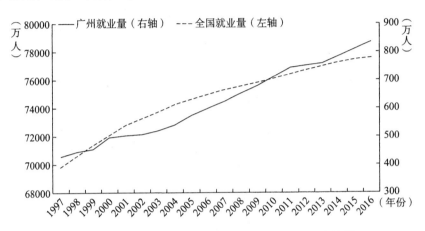

图 12　1997～2016 年广州和全国就业量变动趋势

资料来源：本文表 2 和表 8 中的数据。

同样，将全国就业量变化趋势与广州就业量变化趋势进行比较分析。从图 12 可以看出，广州就业量和全国一样都是总体呈现上升趋势，但是拿广州就业量趋势线与全国就业量趋势线相比较，可以发现广州的就业人数趋势线较为陡峭，也没有明显的增长幅度下降的趋势。另外，与 1978～1996 年相似，广州就业量变动趋势跟全国就业量变动趋势相比较，前者波动更大。再结合图 13 的广州与全国的就业增长率，广州的就业增长率基本上每年都是高于全国的就业增长率的，而且全国的就业增长率基本上保持在相对的稳定状态。而广州的就业增长率却是起起伏伏，年与年之间也会有较大的差距。除了 1999 年、2001～2002 年和 2012～2013 年广州与全国的就业增长率相差较小外，其余年份都有明显的差距，尤其是 2000 年，广州的就业增长率达到了 9.09%，而全国的就业增长率却只有 0.97%，相差 8 倍多。

表 8　1997 ~ 2016 年全国就业量和就业增长率

年份	Emp（万人）	就业增长率（%）
1997	69820	1. 26
1998	70637	1. 17
1999	71394	1. 07
2000	72085	0. 97
2001	72797	0. 99
2002	73280	0. 66
2003	73736	0. 62
2004	74264	0. 72
2005	74647	0. 52
2006	74978	0. 44
2007	75321	0. 46
2008	75564	0. 32
2009	75828	0. 35
2010	76105	0. 37
2011	76420	0. 41
2012	76704	0. 37
2013	76977	0. 36
2014	77253	0. 36
2015	77451	0. 26
2016	77603	0. 20

资料来源："就业人数"数据见国家统计局的"年度数据·就业人员和工资"栏目，http：// data. stats. gov. cn/easyquery. htm？ cn = C01&zb = A0201&sj = 2016。

综上所述，广州的就业量变动总体趋势在 1978 ~ 1996 年和 1997 ~ 2016 年两个时段内基本上与全国就业量变动总趋势是一致的，都总体呈现明显的上升趋势。但是，总体上广州就业增长率在 1978 ~ 1996 年较全国就业增长率来说较小，而 1997 ~ 2016 年，广州的就业增长率超过全国的就业增长率，并且一直保持领先地位，这也可以表明，广州

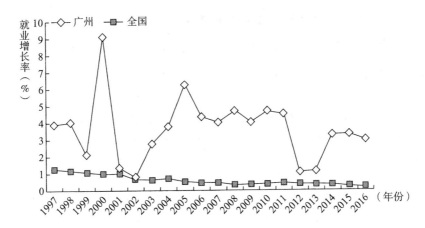

图 13 1997～2016 年广州和全国就业增长率趋势

资料来源：本文表 2 和表 8 中的数据。

的就业人数增长波动较大，而全国相对来说较为稳定。

（二）就业量影响因素敏感性（弹性）分析

在上面的分析中，将广州的就业人数变动趋势与全国范围的就业人数变动趋势进行了对比分析，总结了两者变动趋势的异同点。根据前文的讨论，广州的就业量受到实际 GDP 和产业结构的影响，并且在 1978～1996 年和 1997～2016 年这两个时间段的影响程度是不一样的。因此，为了更好地将广州的就业人数与全国就业人数进行全面的分析，在这里对全国的就业人数和产业结构变动进行逻辑和数量关系分析，仍将全国数据分为两个时段：一是 1978～1996 年，二是 1997～2016 年。分析在这两个时段内就业量影响因素敏感性是否与广州相似或者存在很大的不同。

同样，我们建立式（6）所示的模型。其中 Emp 表示全国的就业人数；Y 表示 GDP，用实际 GDP 数据代替；PI、SI 和 TI 分别表示第一产业产值占 GDP 的比重、第二产业产值占 GDP 的比重和第三产业产值占 GDP 的比重。

$$Emp = f(Y, PI, SI, TI) \tag{6}$$

1. 1978～1996 年就业量影响因素分析

变量的数据见表 7 和表 9，我们先根据实际情况对部分数据取对数，然后做 ADF 单位根检验和协整检验，检验结果见表 10 和表 11。

表 9　1978～1996 年全国实际 GDP 和产业结构

年份	Y（亿元）	PI（%）	SI（%）	TI（%）
1978	3678.70	27.7	47.7	24.6
1979	3958.28	30.7	47.0	22.3
1980	4267.29	29.6	48.1	22.3
1981	4488.01	31.3	46.0	22.7
1982	4888.99	32.8	44.6	22.6
1983	5418.73	32.6	44.2	23.2
1984	6239.08	31.5	42.9	25.5
1985	7077.82	27.9	42.7	29.4
1986	7710.56	26.6	43.5	29.8
1987	8611.84	26.3	43.3	30.4
1988	9579.33	25.2	43.5	31.2
1989	9980.31	24.6	42.5	32.9
1990	10370.26	26.6	41.0	32.4
1991	11334.07	24.0	41.5	34.5
1992	12945.35	21.3	43.1	35.6
1993	14740.55	19.3	46.2	34.5
1994	16664.51	19.5	46.2	34.4
1995	18489.15	19.6	46.8	33.7
1996	20324.82	19.3	47.1	33.6

资料来源："实际 GDP"的数据根据名义 GDP 和 GDP 指数计算得来，原始数据见国家统计局的"年度数据·国民经济核算·国内生产总值和国内生产总值指数（1978 年 = 100）"栏目，http://data. stats. gov. cn/easyquery. htm？cn = C01&zb = A0201&sj = 2016；"三次产业产值"的数据见国家统计局的"年度数据·国民经济核算·三次产业构成"栏目，http://data. stats. gov. cn/easyquery. htm？cn = C01&zb = A0201&sj = 2016。

表 10　式（6）变量数据 ADF 单位根检验

变量	差分次数	(C, T, K)	DW 值	ADF 值	1% 临界值	5% 临界值	10% 临界值	结论
lnEmp	1	(C, 0, 1)	1.99	−2.78	−3.92	−3.07	−2.67	I（1）[*]
ln$Y$	1	(C, 0, 1)	1.89	−3.13	−3.92	−3.07	−2.67	I（1）[**]
lnPI	1	(0, 0, 2)	2.03	−1.90	−2.73	−1.97	−1.61	I（1）[*]
lnSI	1	(C, N, 1)	1.87	−3.56	−4.67	−3.73	−3.31	I（1）[*]
lnTI	1	(0, 0, 1)	2.03	−2.00	−2.72	−1.96	−1.61	I（1）[**]

表 11　式（6）变量数据协整检验

原假设	迹统计量（P 值）	5% 临界值	$\lambda - \max$ 统计量（P 值）	5% 临界值
无协整关系	104.48[*]（0.000）	60.06	45.48[*]（0.000）	30.44
至少有 1 个协整关系	58.60[*]（0.000）	40.17	36.04[*]（0.000）	24.16
至少有 2 个协整关系	22.96（0.073）	24.28	16.28（0.083）	17.80
至少有 3 个协整关系	6.68（0.358）	12.32	6.37（0.309）	11.22
至少有 4 个协整关系	0.31（0.641）	4.13	0.31（0.641）	4.13

上述检验结果表明变量之间存在协整关系，可以进行回归。根据式（6），基于 1978～1996 年的数据，我们可得到如下的计量结果，见式（7）：

$$\ln Emp = -7.57 + 0.38\ln Y + 1.23\ln PI + 1.74\ln SI + 1.33\ln TI \qquad (7)$$

$$t_1 = -2.28 \quad t_2 = 14.24 \quad t_3 = 5.57 \quad t_4 = 3.37 \quad t_5 = 5.02$$

$$R^2 = 0.99 \quad F = 1713.33 \quad DW = 1.98$$

实证结果表明，1978～1996 年，在其他条件不变的情况下，全国实际 GDP 每变动 1%，全国的就业人数就会同向变动 0.38%；第一产业产值占 GDP 的比重每变动 1%，全国的就业人数就会同向变动 1.23%；第二产业产值占 GDP 的比重每变动 1%，全国的就业人数就会同向变动 1.74%；第三产业产值占 GDP 的比重每变动 1%，全国的就业人数就会同向变动 1.33%。

同样，为了弄清楚模型中各个解释变量的相对重要性，我们根据 Beta 系数公式（4），求出各个解释变量的 Beta 系数，结果如下：$\beta_Y^* =$ 1.07，$\beta_{PI}^* = 1.19$，$\beta_{SI}^* = 0.44$，$\beta_{TI}^* = 1.23$。可以看出，1978～1996 年，我国总的就业人数主要靠第三产业产值占 GDP 的比重和第一产业产值占 GDP 的比重拉动，而第二产业拉动较少。究其原因，我国长期以来都是农业大国，在改革开放初期，农业在全国仍然占据着重要地位，并且在这段时间内农业在国民经济中也占有很大的比重。而农业相对于其他产业的相同投入来说收益又是较少的，需要大量的人力、物力、财力的投入才能获得可观的收益。因此第一产业产值占 GDP 的比重每上升 1%，其增加的就业量都是很显著的。就第三产业而言，第三产业的发展需要大量的工作人员，由于我国第三产业的发展起步较晚，所以国家和政府对它的发展提供了大量的帮助，吸引了大量的就业人员，第三产业的产值得到快速增长，同时较高的产值又会带动更多的就业。

与广州进行比较可以发现，1978～1996 年，广州就业量的拉动主要依靠实际 GDP 和第三产业，第一产业和第二产业拉动的就业量相对较少，而对全国的就业情况而言，就业量的增加主要是靠第三产业的产值占 GDP 的比重和第一产业的产值占 GDP 的比重。广州作为改革开放的先锋城市，其经济发展水平会普遍高于我国其他城市，而就全国范围而言，在 20 世纪 70～90 年代，我国整体经济发展水平还不高，东西部地区经济发展差距明显，并且我国一直都是作为农业大国立足，当时的工业发展水平也不高，所以对就业量的影响会出现较大的差距。

2. 1997～2016 年就业量影响因素分析

对广州 1997～2016 年的就业量影响因素进行分析时，根据 1978～1996 年第一产业产值所占比重对就业量影响较小的结果加上实际情况的需要，剔除了第一产业产值所占比重。但是对全国而言，第一产业一直占据着很大的份额，并且根据对 1978～1996 年全国的就业量影响因素分析知道，第一产业产值所占比重对就业量的影响非常显著。因此，在分析全国 1997～2016 年总就业水平的影响因素时仍然采用式（6）进行分析。

和前面的处理一样，在用表 8 和表 12 的数据进行拟合数量模型之前，先根据实际需求，对数据进行对数化处理，然后对数据做 ADF 单位根检验和协整检验，检验结果见表 13 和表 14。

表 12　1997～2016 年全国实际 GDP 和产业结构

年份	Y（亿元）	PI（%）	SI（%）	TI（%）
1997	22200.95	17.9	47.1	35.0
1998	23940.98	17.2	45.8	37.0
1999	25776.65	16.1	45.4	38.6
2000	27965.48	14.7	45.5	39.8
2001	30297.77	14.0	44.8	41.2
2002	33064.16	13.3	44.5	42.2
2003	36382.34	12.3	45.6	42.0
2004	40061.04	12.9	45.9	41.2
2005	44626.31	11.6	47.0	41.3
2006	50302.54	10.6	47.6	41.8
2007	57461.29	10.3	46.9	42.9
2008	63008.77	10.3	46.9	42.8
2009	68931.48	9.8	45.9	44.3
2010	76263.13	9.5	46.4	44.1
2011	83535.92	9.4	46.4	44.2
2012	90098.72	9.4	45.3	45.3
2013	97088.25	9.3	44.0	46.7

续表

年份	Y（亿元）	PI（％）	SI（％）	TI（％）
2014	104173.43	9.1	43.1	47.8
2015	111361.61	8.8	40.9	50.2
2016	118844.08	8.6	39.9	51.6

资料来源："实际 GDP"的数据根据名义 GDP 和 GDP 指数计算得来，原始数据见国家统计局的"年度数据·国民经济核算·国内生产总值和国内生产总值指数（1978 年 = 100）"栏目，http://data.stats.gov.cn/easyquery.htm？cn = C01&zb = A0201&sj = 2016；"三次产业产值"的数据见国家统计局的"年度数据·国民经济核算·三次产业构成"栏目，http://data.stats.gov.cn/easyquery.htm？cn = C01&zb = A0201&sj = 2016。

表 13 式（6）变量数据 ADF 单位根检验

变量	差分次数	(C, T, K)	DW 值	ADF 值	1% 临界值	5% 临界值	10% 临界值	结论
$\ln Emp$	2	(0, 0, 1)	2.01	-2.64	-2.72	-1.96	-1.61	I(1)**
$\ln Y$	2	(0, 0, 1)	1.91	-3.51	-2.72	-1.96	-1.61	I(1)***
$\ln PI$	2	(0, 0, 2)	2.14	-4.30	-2.73	-1.97	-1.61	I(1)***
$\ln SI$	2	(0, 0, 1)	1.84	-4.33	-2.72	-1.96	-1.61	I(1)***
$\ln TI$	2	(0, 0, 1)	2.00	-3.45	-2.72	-1.96	-1.61	I(1)***

表 14 式（6）变量数据协整检验

原假设	迹统计量（P 值）	5% 临界值	$\lambda - \max$ 统计量（P 值）	5% 临界值
无协整关系	94.68*（0.000）	60.06	35.16*（0.012）	30.44
至少有 1 个协整关系	59.52*（0.000）	40.17	26.70*（0.022）	24.16
至少有 2 个协整关系	32.82*（0.003）	24.28	21.60*（0.013）	17.80
至少有 3 个协整关系	11.22（0.076）	12.32	10.55（0.066）	11.22
至少有 4 个协整关系	0.67（0.472）	4.13	0.67（0.472）	4.13

上述检验结果表明变量之间存在协整关系，可以进行回归。根据式（6），利用表 8 和表 12 所列的 1997～2016 年的数据，我们做了数量模型，结果见式（8）：

$$\ln Emp = 0.1\ln Y + 0.45\ln PI + 1.18\ln SI + 1.22\ln TI \quad\quad (8)$$

$$t_1 = 4.85 \quad t_2 = 26.45 \quad t_3 = 17.54 \quad t_4 = 48.00$$

$$R^2 = 0.99 \quad DW = 2.24$$

根据实证结果式（8），1997～2016 年，在其他条件不变的时候，实际 GDP 每变动 1%，全国的就业人数就会同向变动 0.1%；第一产业产值占 GDP 的比重每变动 1%，全国的就业人数就会同向变动 0.45%；第二产业产值占 GDP 的比重每变动 1%，全国的就业人数就会同向变动 1.18%；第三产业产值占 GDP 的比重每变动 1%，全国的就业人数就会同向变动 1.22%。同样，求出各个解释变量的 Beta 系数来对各个解释变量的相对重要性进行比较。Beta 系数的计算结果如下：$\beta_Y^* = 1.75$，$\beta_{PI}^* = 3.33$，$\beta_{SI}^* = 1.7$，$\beta_{TI}^* = 3.64$。

根据 Beta 系数可知在 1997～2016 年，全国的就业量拉动还是主要依靠第三产业产值占 GDP 的比重和第一产业产值占 GDP 的比重，总体上与 1978～1996 年相同。但不同的是，1997～2016 年，虽然第二产业产值所占比重拉动仍然较小，但与实际 GDP 的差距在慢慢减小，这也说明我国的第二产业发展越来越快，对就业量的影响作用越来越大。到 21 世纪，我国第三产业得到快速发展，并且经济实力也显著增强，其对全国就业量的拉动作用是毋庸置疑的。

根据上文对广州就业量影响因素的分析，1997～2016 年，广州就业量主要受第三产业产值占比及实际 GDP 的影响，与全国就业量的影响因素还是存在差别的。虽然就全国而言第一产业产值占比的影响很大，但是影响广州和全国的就业量最主要的因素还是第三产业产值占 GDP 的比重。

综上所述，通过对广州和全国就业量影响因素敏感性的分析比较，可以发现，不管是在 1978～1996 年还是在 1997～2016 年，广州和全国的第三产业产值占比都对就业量的变化产生着重要影响。随着第三产业的快速发展，其吸纳劳动力的能力越来越强，对就业量的影响也越来越显著。

四　结论

改革开放 40 年，广州产业结构经历了重大的变革，在不同产业占优势的时期，经济体吸纳劳动力的力度是不同的。通过前文的分析，可以得出，广州就业量的变动受产业结构影响明显，并且第三产业产值占 GDP 的比重对就业量的影响尤为显著。但是仍然可以看出，广州的就业量影响因素在 1978～1996 年和 1997～2016 年是有差异的。例如，前者的实际 GDP 对就业量的影响更为强烈，而后者第三产业产值占比对就业量的影响逐渐占优势。针对广州就业量影响因素的分析可知，大力发展第三产业，保证其在 GDP 中的占比处于较高的稳定水平，对促进广州的就业有着重要的作用。但是在发展第三产业的同时，也要保证基础产业的发展，不能盲目地过度发展某一产业，否则会造成经济的紊乱。

另外，通过与全国的就业趋势进行比较，我们得出广州与全国的就业总趋势基本上是一致的。但是广州相对于全国范围来说只是一个很小的区域，受经济活动的影响就会更加明显。因此，广州的就业量在 1978～1996 年和 1997～2016 年两个时段内从总体上看波动起伏更大，有的年份就业增长率也出现了大起大落的情况，而全国的总就业量总体上更加平稳。

参考文献

陈俊凤、卢荻、陈宪宇，2006，《广东改革开放若干问题的回顾——朱森林同志访谈录》，《中共党史资料》第 3 期。

邓大松、孟颖颖，2008，《中国农村剩余劳动力转移的历史变迁：政策回顾和阶段评述》,《贵州社会科学》第 7 期。

韩文宾、潘新雨,2009,《改革开放风雨三十年——就业拐点分析》,《消费导刊》第 9 期。

刘巍,2010,《储蓄不足与供给约束型经济态势——近代中国经济运行的基本前提研究》,《财经研究》第 2 期。

刘巍,2016,《计量经济史研究方法》,社会科学文献出版社。

王永平,2000,《广州改革开放 20 年回眸》,《开放时代》第 2 期。

吴智文、丘传英主编,2001,《广州现代经济史》,广东人民出版社。

颜鸿填,2010,《2010 年亚运会对广州经济影响探讨》,《广州体育学院学报》第 5 期。

张抗私、盈帅、戴丽霞,2012,《产业结构变动对就业有何影响?——基于斯托克夫指数的视角》,《产业组织评论》第 4 期。

张宇星,2008,《改革开放以来广州经济增长因素分析》,《特区经济》第 6 期。

Research on the Change of Industrial Structure and Quantity of Employment in Guangzhou during 40 Years of Reform and Opening Up

Li Yong

Abstract: In the process of Reform and Opening Up in the past 40 years, the total supply and demand situation of Guangzhou has changed from a supply-constrained economy to a demand-constrained economy, in different economic situations, the ratio of capital to labor is different, and the absorptive capacity of employment is also obviously different. By analyzing the changing trend of industrial structure and employment in Guangzhou and their logical and quantitative relationship, this paper draws the following conclusions: The change of employment in Guangzhou is obviously affected by the industrial structure, and the proportion of the output value of the tertiary industry to GDP has a significant impact on employment; the impact of GDP was stronger in 1978 – 1996, and the proportion of output value tertiary industry gradually dominated employment in 1997 – 2016; the general trend of employment in Guangzhou is basically the same as that in China, but the fluctuation of employment in Guangzhou is greater.

Keywords: Guangzhou's Economic; Industrial Structure; Quantity of Employment

改革开放 40 年广州城乡居民储蓄存款研究[*]

林广维[**]

内容提要：储蓄是宏观经济运行中的重要变量，改革开放 40 年的广州经济发展中，城乡居民储蓄存款在总储蓄中占优势地位。本文在分析中，将时间段分为两段，一段为 1978~1996 年供给约束型经济，一段为 1997~2016 年需求约束型经济。利用官方数据对影响城乡居民储蓄存款的因素做模型分析，再利用 Beta 系数分析各个变量的相对重要性，发现居民收入、物价水平和有价证券的价格是最为重要的解释变量，存款利率对居民储蓄行为的影响较小甚至不显著。最后得出结论和提出相应的建议。

关键词：供给约束型　需求约束型　储蓄存款　Beta 系数法

改革开放 40 年，广州市经济社会发展取得重大进展，已经跻身世界一流城市之列，回顾广州市的发展，离不开老一辈人民的开拓，也离不开中青年的进取。分析广州市经济史，无论是从宏观还是从微观

* 本文是广州市哲学社会科学发展"十三五"规划 2017 年度广州商贸中心研究
基地课题（编号：2017 - JD06）的中期成果。

** 林广维，广东惠州人，广东外语外贸大学硕士研究生，研究方向为货币银行
学与国际金融。

的角度，储蓄存款都是一个重要的研究变量。发展中国家或经济体实现经济飞跃发展以及实现弯道超车，往往具有较高的储蓄率，"亚洲四小龙"的经验可以证实这一判断。李军（2016）根据生命周期理论构建储蓄模型，利用 1978～2013 年统计数据实证分析物价因素与家庭储蓄率之间的数量关系，发现它们之间具有正相关关系。王弟海、龚六堂（2007）探索了经济增长中的储蓄和消费的关系并兼论了中国高储蓄率的原因，文中在拉姆齐模型的基础上，严格论证了经济增长中消费函数的形式和长期储蓄率的决定问题，在利用数据进行实证分析时，发现由于中国的社会保障体制还不完善，人们出于对未来的不确定性和较高的风险规避性使得我国具有较高的储蓄率。刘巍（2004）对广东、广西和海南三省区储蓄存款模型进行分析，虽然从理论上说利率与储蓄存款具有正向变动关系，但是利用三省区数据发现利率这个解释变量重要性很低，甚至不显著，降低利率并不会大幅度降低存款的需求。杨天宇、荣雨菲（2015）基于持久性收入的角度，发现中国居民各阶层的持久性收入与储蓄率呈明显的正相关关系，并且低收入阶层的储蓄率稳定地高于高收入阶层。谢勇（2011）发现尽管中国居民储蓄的总体水平较高，但其中的绝大多数集中于少数高收入家庭，收入差距的拉大显著地提高了中国居民的总体储蓄率，并认为收入水平上升和收入差距是中国高储蓄的重要原因。潘黎等（2013）从消费者行为的角度，研究居民的储蓄行为。研究发现"独立自我"（如美国、加拿大等西方国家）更倾向于选择能给它们带来即刻满足的消费目标，而"相依自我"（如中国、日本、韩国、印度等东方国家）更倾向于选择能给它们带来更多长期好处的储蓄目标。Deaton（1990）对发展中国家中的储蓄行为做了简单总结，从家庭的角度，发现在两期消费模型里，为了实现消费平滑进行储蓄，可以很好地解释发展中国家或经济体的储蓄行为。李焰（1999）指出，在古典经济学中，储蓄的利率弹性是正的，即利多多储，利少少储，无利不储，负利不储。然而利率对储蓄单正向作用从未得到完美的实证检验结果。李雪松、黄彦彦（2015）使用中国家庭金融调查（CHFS）数据，从房产的角度研究房价上涨对储蓄的影响。研究结果发现在房地产市场上行阶段，房价上涨成为推动城镇居民储蓄率的重要因素之一，房价持续上涨时，人们为购房而储蓄，为偿还住房贷款而储蓄，从而推高了储蓄水平。总结起来，在城乡居民储蓄存款的研究中，收入与储蓄存款呈现正相关的关系，并且收入是较为重要的解释变量，这一点是学者们都比较赞同的；对于存款利率以及物价水平的因素，学者们得出的结论不再那么统一，有学者认为通货膨胀率与储蓄存款应该是负相关的关系，但另外一些学者认为应该是正相关的关系，对于存款利率的结论，也是如此，还有些学者从收入差距和房地产或者其他方面的角度进行分析。

本文主要是从宏观的角度进行分析，在前人研究的基础上探索改革开放 40 年以来影响广州市城乡居民储蓄存款的因素，主要选取居民收入、物价水平、一年期存款利率、有价证券价格作为解释变量用以解释储蓄存款的问题。与前人分析不同的是，文中把时间轴分为两段进行分析，两个阶段对被解释变量和解释变量分析的结果有所不同。

一 城乡居民储蓄存款与投资的关系讨论

在经济学中，储蓄和投资是两个关系较为紧密的概念，根据凯恩斯的理论，储蓄恒等于投资，当然，这是一个事后的概念。储蓄从广义和狭义上看，有不同的概念和范围。从广义上讲，储蓄为银行储蓄存款和购买有价证券之和，这是宏观经济学上大储蓄的概念。从狭义上讲，储蓄主要是指居民存放在商业银行或者信用合作社等信用机构的货币。在本文的分析中，储蓄采用的是狭义的概念。储蓄存款能够转化为投资，从而促进资本的形成，推动产出的增加。根据刘巍（2010）的研究，一国的经济总态势可以分为供给约束型经济、需求约束型经济和新供给约束型经济。1996 年是广州市从供给约束型经济向需求约束型经济转变的时点，故将所搜集的数据分为两段，一段为 1978～1996 年，另一段为1997～2016 年，探讨城乡居民储蓄存款与投资的关系。

（一）供给约束型经济下储蓄存款与投资的关系

储蓄存款与投资是两个相互作用的变量，储蓄存款可以促进投资的增加，促进资本的形成，最后产出也会跟着增加，从而形成一个经济运行的循环。表 1 为 1978～1996 年广州市城乡居民储蓄存款与固定资产投资的数据，通过表 1 的数据，生成图 1 和图 2 广州市城乡居民储蓄存款与固定资产投资的折线。从图 1 和图 2 中可以直观地发现，总体上看，城乡居民储蓄存款和固定资产投资都呈现指数级增长的态势，1992 年是一个节点，从这开始城乡居民储蓄存款与固定资产投资的增长越来越快。在固定资产投资方面，起初增长较为缓慢，但从 1992 年开始，固定资产投资折线斜率变大，增长变得越来越快，其中很大一部分得益于广州的地理位置，广州市位于珠三角的中心位置，并且从古至今都是重要的对外贸易的沿海城市，秉承开放、包容的态度，当时在吸引外资方面占据很大的优势。1978 年改革开放之后，广州市经济发展重新焕发活力，首先就体现在城乡居民储蓄存款和固定资产投资上，1978～1996 年城乡居民储蓄存款和固定资产投资都总体呈现上涨的趋势。

表 1　1978～1996 年广州市城乡居民储蓄存款与固定资产投资

单位：亿元

年份	城乡居民储蓄存款	固定资产投资
1978	5.67	7.32
1979	7.09	7.43
1980	9.60	9.96
1981	13.06	13.63

年份	城乡居民储蓄存款	固定资产投资
1982	16.75	21.01
1983	21.62	22.89
1984	28.34	29.91
1985	39.86	43.62
1986	54.16	52.48
1987	74.85	58.41
1988	94.37	90.22
1989	130.01	93.33
1990	181.14	90.59
1991	245.91	103.74
1992	340.12	188.14
1993	448.74	373.40
1994	653.80	525.71
1995	961.48	618.25
1996	1296.22	638.94

资料来源：广州市统计信息网"广州 50 年·第四篇、第六篇"栏目，http://210.72.4.52/gzStat1/chaxun/njsj.jsp。

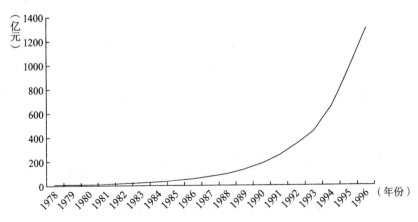

图 1 1978～1996 年广州市城乡居民储蓄存款

资料来源：本文表 1 中的数据。

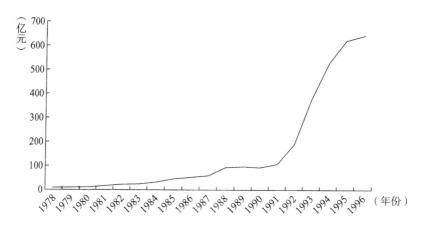

图 2　1978～1996 年广州市固定资产投资

资料来源：本文表 1 中的数据。

　　广州市城乡居民储蓄存款增长率总体高于全国水平，这可以从图 3 看出。究其原因，这可以解释为广州市作为改革开放的前沿地带，经济率先发展起来，收入水平提高了，储蓄也自然而然地增加了。另外一种因素可能是文化因素，广州是广府文化的核心区域，广府文化较为保守和稳健（保守不是封建落后的意思），预防性或谨慎性动机会比较强烈，因而储蓄存款会比较多。

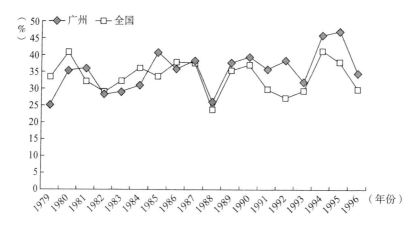

图 3　1979～1996 年广州市与全国城乡居民储蓄存款增长率对比

资料来源：本文表 1 中的数据；中国统计信息网 "人民生活·城乡居民人民币储蓄存款" 栏目，http://data. stats. gov. cn/easyquery. htm? cn = C01。

　　广州市固定资产投资增长率与全国固定资产投资增长率大体一致，波动幅度大于全国水平。通过图 4 可以发现，在 1989 年和 1990 年两年固定资产投资增长率下降最为明显，这个时候属于第七个五年计划时期，恰巧碰上了国际国内形势风云激荡之际，这两年受 1989 年政治风波以及东欧剧变的影响，改革和自由化成为整个世界在这一时期的主要发展方向。1987～1988 年广州市固定资产投资增长过猛，而全国的增长率相对于广州来说较低，但也保持了 20% 左右的增长率。后面几年时间为经济建设的整顿时期，因而增速放缓。改革开放刚开始时我们还是在起步阶段，大家都是在探索的道路上，直至 1992 年中共十四大确立了建立社会主义市场经济的目标之后，不论是对于国内还是对于国外，都释放出一个新的信号和给予了信心，给国内外投资者都定下一个基调，因而 1992 年之后广州市和全国的固定资产投资都呈现"爆发式"的增长，但是广州市的增长率要高于全国的增长率，这是因为广州市处于改革开放的前沿地带。随着治理 1993～1994 年严重通胀措施的出台，1995～1996 年广州市固定资产投资增速放缓，增速低于全国水平。

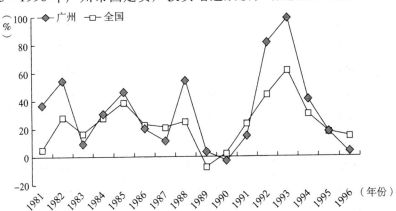

图 4　1981～1996 年广州市与全国固定资产投资增长率对比

　　注：由于全国数据缺失，1978～1979 年数据无法找到，因而分析了 1981～1996 年的固定资产投资增长率。

　　资料来源：本文表 1 中的数据；中国统计信息网"固定资产投资和房地产·全社会固定资产投资"栏目，http://data. stats. gov. cn/easyquery. htm？cn = C01。

（二）需求约束型经济下储蓄存款与投资的关系

1997 年后广州市已进入需求约束型的经济态势，持续地引进外资、扩大对外开放以及加入世贸组织，使得广州市资本存量不断增加，进而，总产出和人均产出都显著增长。伴随着广州市人民收入水平的提高，储蓄存款也大为提高（见表 2），根据理论，储蓄会转化为投资，但是鉴于广州市的储蓄 – 投资转化机制尚不处于一个比较成熟的状态，且储蓄 – 投资转化率并不高，因而两者呈现越来越大的差距。

表 2　1997 ~ 2016 年广州市城乡居民储蓄存款与固定资产投资

单位：亿元

年份	城乡居民储蓄存款	固定资产投资
1997	1586.60	656.58
1998	1882.23	758.83
1999	2040.18	878.26
2000	2239.86	923.67
2001	2600.43	978.21
2002	3132.80	1000.09
2003	3727.33	1175.17
2004	4256.80	1348.93
2005	5024.69	1519.16
2006	5562.36	1696.38
2007	5589.51	1863.34
2008	6867.29	2105.54
2009	7954.22	2659.85
2010	9069.26	3263.57
2011	10032.62	3412.20
2012	11310.69	3758.39
2013	12253.98	4454.55

续表

年份	城乡居民储蓄存款	固定资产投资
2014	12571.70	4889.50
2015	13297.40	5405.95
2016	13995.79	5703.59

资料来源：广州市统计信息网"宏观经济数据库·第四篇、第六篇"，http://210.72.4.52/ gzStat1/ chaxun/njsj. jsp。

在图 5 中的城乡居民储蓄存款的折线上，2006～2007 年城乡居民储蓄存款几乎保持了"零增长"，但是此时我国经济发展还是处于高速发展时期，出现这种现象不免让人好奇，深究发现，是因为这两年中国证券市场十分火爆，2007 年的时候上证指数一度突破 6000 点，当年甚至有许多公众人物预期年末破万点。于是，证券市场的火热导致了城乡居民储蓄存款的"大搬家"，城乡居民储蓄存款的增速陷于停滞。2008 年爆发金融危机之后，股市、楼市齐跌，人们出于预防性动机的考虑，更多地把收入放到银行进行储蓄，因而此时储蓄存款迅速增加，虽然 2013 年、2014 年有短暂的放缓，并有支付宝、微信支付、余额宝以及各种互联网金融理财产品的出现，但势头还是没有放

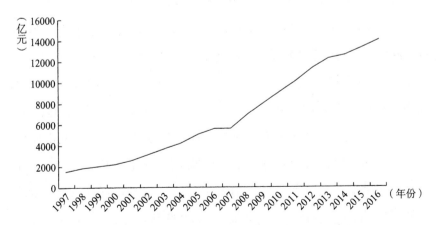

图 5　1997～2016 年广州市城乡居民储蓄存款

资料来源：本文表 2 中的数据。

缓。在图 6 的固定资产投资的折线上，随着改革开放的不断深入，虽然固定资产投资在快速地增长，尤其是在房地产投资上，但是城乡居民储蓄存款和固定资产投资的差距却越来越大。

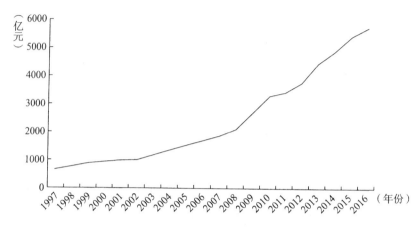

图 6　1997～2016 年广州市固定资产投资

资料来源：本文表 2 中的数据。

从图 7 中可以发现，1997～2014 年广州市与全国城乡居民储蓄存款的增长率波动都比较大，但是趋势上大体相同。受 1997 年亚洲金融危机的影响，之后几年广州市与全国城乡居民储蓄存款的增长率总体在下降，而我国在 2001 年加入世贸组织之后，受利好因素的影响，增长率有所上升，然而在 2007 年出现巨幅下滑。在 2008 年有所上升之后，随后几年逐渐回落，广州市近几年城乡居民储蓄存款增长率都低于全国水平。

在固定资产投资方面，如图 8 所示，广州市与全国的走势都呈现不规则的特征，两者的走势不一致，变化幅度非常大。广州市经济发展理念较为先进，产业结构较为合理，而不像全国的大多数城市那样，还是主要依靠投资来促进经济增长，因而从总体上看广州市固定资产投资增长率是低于全国水平的。但是细看可以发现，在一些特殊的年份比如 2003 年（"非典"疾病暴发）和 2009 年（全球金融危机），广州市的投资会达到局部最大值，这恰好体现了广州市政府发挥宏观调控的作用，实施逆周期的政策来进行宏观经济运行的调控。而后面几

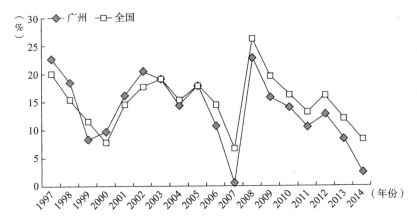

图 7　1997~2014 年广州市与全国城乡居民储蓄存款增长率对比

注：全国城乡居民储蓄存款数据只更新至 2014 年，所以图中只用 1997~2014 年的数据做对比。

资料来源：本文表 2 中的数据；中国统计信息网"人民生活·城乡居民人民币储蓄存款"栏目，http://data.stats.gov.cn/easyquery.htm? cn = C01。

年中国进入了经济发展新常态，经济由高速增长转为中高速增长，因而增速在后面几年慢慢地回落下来。

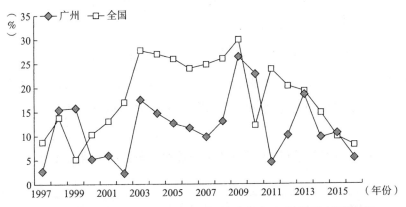

图 8　1997~2016 年广州市与全国固定资产投资增长率对比

资料来源：本文表 2 中的数据；中国统计信息网"固定资产投资和房地产·全社会固定资产投资"栏目，http://data.stats.gov.cn/easyquery.htm? cn = C01。

二　城乡居民储蓄存款与消费支出的关系讨论

消费是宏观经济运行中的重要变量之一，根据两部门国民收入恒等式，即 $Y = C + S$ 可知，收入中未被消费的那部分就是储蓄，这样一看，似乎这两者的关系是一种反向关系，尤其是在经济发展水平落后、经济总量不大的时候，一取得收入，便会把收入立即转化成消费，丝毫不剩，几乎不会有什么储蓄。而在经济发展起来，蛋糕做大之后，人们手中的收入多了，在完成了基本的消费之后，才会把除去消费之外的部分储蓄起来。

（一）供给约束型经济下储蓄存款与消费支出的关系

在供给约束型经济下，产出低下，居民可支配收入不高，消费支出也会受到很大的限制。根据表 3 广州市城乡居民消费支出的数据，得出图 9 的消费支出的折线。从图 9 中我们可以看到，在 1978 年后广州市居民消费支出迅速增长，这得益于改革开放的开展使得产出增加，人们收入水平的提高。1992 年是一个节点，从这开始，增长变得越来越快，这和上面部分所说的基本一致。在 1996 年之前，广州市经济发展尚处于供给约束型经济态势，产出水平低，人们出于谨慎或预防性动机的考虑，会出现强制性储蓄的现象。强制性储蓄，即在短缺经济条件下，居民受可供消费商品的供给数量约束，会先把当期所得的收入先留一部分储蓄起来，再把剩下的部分用于消费，储蓄逐期滚动。

表 3　1978～1996 年广州市城乡居民储蓄存款与消费支出

单位：亿元

年份	城乡居民储蓄存款	消费支出
1978	5.67	15.72
1979	7.09	17.55
1980	9.60	19.66
1981	13.06	22.24
1982	16.75	26.37

年份	城乡居民储蓄存款	消费支出
1983	21.62	31.01
1984	28.34	36.72
1985	39.86	43.22
1986	54.16	52.89
1987	74.85	62.69
1988	94.37	83.88
1989	130.01	105.25
1990	181.14	112.79
1991	245.91	126.36
1992	340.12	151.56
1993	448.74	222.69
1994	653.80	305.67
1995	961.48	382.52
1996	1293.22	414.98

注：消费支出的数据通过官方给出的人均数额再乘以总人数得到。

资料来源：广州市统计信息网"广州 50 年·第六篇、第七篇"栏目，http://210.72.4.52/gzStat1/chaxun/njsj.jsp。

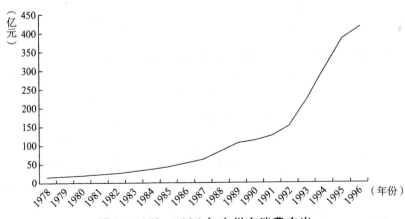

图 9　1978～1996 年广州市消费支出

资料来源：本文表 3 中的数据。

根据图 10 可以发现，从总体上看，消费支出的增长率远远小于储蓄存款的增长率，这与前面所说的强制性储蓄表现一致，在产出短缺的年代，居民会选择先储蓄后消费。在消费支出方面，改革开放前期消费支出的增速较为缓慢。一方面，可以解释为当时人们的收入水平较低，并且在强制性储蓄过后，剩余的可消费支出额不多，因而增长缓慢；另一方面，这一时期是家庭耐用消费品建设阶段，在没有消费信贷的条件下，只能是先把收入的一部分积攒起来，一定时间之后用于电视、冰箱、空调等耐用消费品支出。1992 年之后，受邓小平南方谈话以及确立社会主义市场经济为发展目标的利好消息的影响，城乡居民的消费支出迅速增加，但是在 1995 年、1996 年的时候出现了一些放缓。

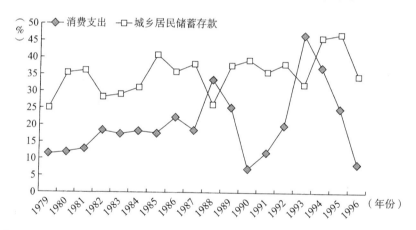

图 10 1979～1996 年广州市城乡居民储蓄存款与消费支出增长率对比

资料来源：根据本文表 3 中的数据计算得到。

（二）需求约束型经济下储蓄存款与消费支出的关系

1997 年之后广州市进入了需求约束型经济态势，此时社会生产力有了极大提高，人们的收入水平大幅提高，生活水平也得到了极大的提高。根据经济学的消费理论，可以知道，从总量角度观察，边际消费倾向是递减的，而且当收入水平越高时，边际消费倾向就越小。所以当广州市产出增加、收入增加的时候，消费也会增加，但是消费增加的速度会远远小于收入增加的速度，因而储蓄会越来越多。此时我们有了更多的收入，可以更好地支配自己手中的资源，因而在当期获得收入的时候，会先去消费，满足自己的基本需求，在这之后，再把剩下的部分拿去储蓄，这与前面分析供给约束型经济态势下的情况不一样。

根据表 4 的数据，生成 1997 ~ 2016 年广州市消费支出的折线和城乡居民储蓄存款与消费支出增长率的折线。从图 11 和图 12 可以发现，受 1997 年亚洲金融危机以及世纪交际之时的互联网泡沫的影响，广州市政府提出了扩大内需的口号以抵销出口减少的影响，但是消费支出的波动很大。自 2002 年之后，消费支出迅速增加，更好的逻辑解释是，加入世界贸易组织之后，中国经济更好地融入了世界经济之中，广州是制造业大市，同时又是重要港口，由此得益，经济步入高速发展阶段，人们收入水平提高，消费支出因而也迅速增长。2013 ~ 2015年消费支出增速有小幅下降，但是到了 2016 年，又回到高速增长的轨道上去了。从图 12 中看，进入需求约束型经济后，消费支出的波动依旧比较大，1997 ~ 2006 年是波动比较大的时期，在 2007 年之后消费支出的波动减小了，并且城乡居民储蓄存款与消费支出的增长率以及走势大体相同，在需求约束型经济下，由于经济发展水平的提高，可支配收入的增加，城乡居民储蓄存款与消费支出的关系应该是先消费后进行储蓄存款，在满足了必要的生活支出之后再考虑把富余的钱财存入银行。

表 4　1997 ~ 2016 年广州市城乡居民储蓄存款与消费支出

单位：亿元

年份	城乡居民储蓄存款	消费支出
1997	1586. 60	451. 05
1998	1882. 23	498. 09
1999	2040. 18	500. 12
2000	2239. 86	609. 77

续表

年份	城乡居民储蓄存款	消费支出
2001	2600.43	629.07
2002	3132.80	616.21
2003	3727.33	762.35
2004	4256.80	891.61
2005	5024.69	1009.06
2006	5562.36	1093.02
2007	5589.51	1360.27
2008	6867.29	1519.23
2009	7954.22	1685.33
2010	9069.26	1880.03
2011	10032.62	2147.23
2012	11310.69	2354.37
2013	12253.98	2589.60
2014	12571.70	2656.21
2015	13297.40	2710.57
2016	13995.79	2975.89

注：消费支出的数据通过官方给出的人均数额再乘以总人数得到。

资料来源：广州市统计信息网"宏观经济数据库·第六篇、第七篇"栏目，http://
210.72.4.52/gzStatl/chaxun/njsj.jsp。

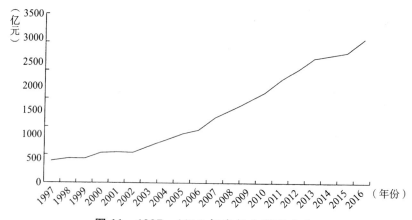

图 11 1997～2016 年广州市消费支出

资料来源：根据本文表 4 中的数据计算得到。

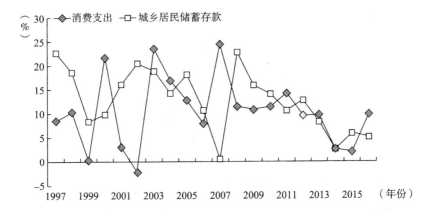

图 12　1997～2016 年广州市城乡居民储蓄存款与消费支出增长率对比

资料来源：根据本文表 4 中的数据计算得到。

三　城乡居民储蓄存款的影响因素分析

在经济学经典理论中，关于储蓄－消费的理论数不胜数，比较著名的有斯密西斯的绝对收入理论、杜森贝利的相对收入理论、弗里德曼的永久性收入理论以及莫迪利安尼的储蓄生命周期理论，但这些理论的提出都是建立在西方发达国家的经济运行机制的基础之上，任何一种经济理论都有它所必须满足的前提条件，为此，在分析广州市城乡居民储蓄存款的问题上，必须结合广州市的实际情况，做出正确的分析。根据广州市经济发展的历史以及现实情况，在本文分析中，作者认为广州市城乡居民储蓄存款主要受以下几种因素的影响。

第一，收入因素。根据所学的经济学理论，收入是居民储蓄最重要的决定因素之一，储蓄是收入的单调增函数。在本文中，以 GDP 作为收入的代理变量，用剔除价格变动后的实际 GDP 进行分析。理论上，收入越高，储蓄存款越多。

第二，价格水平。反映价格变动的指数有多种，其中包括 CPI、PMI、GDP 平减指数等，这里我们选取 CPI 作为衡量价格水平的指标。

在本文分析中，CPI 采用的是环比指数，因为居民对物价的反应主要是根据上一年的物价水平的波动来做出判断，所以选择的是环比指数。当物价水平上涨得越快的时候，人们持有货币的成本就会增加，把手中的货币尽快地花出去换取货物以进行保值的欲望会增强。从理论上看，储蓄存款与价格水平是呈现负相关关系的。

第三，有价证券的价格。中国的金融市场相较于西方发达国家，还处于相对落后的阶段，例如在成熟的经济体中，美国的资本市场存在了 200 多年之久，英国伦敦交易所也有 200 多年的历史，而中国在 1991 年之后才成立自己的证券交易所，发展还不足 30 年。有价证券的种类有很多，股票、债券、期货、期权、互换等都属于有价证券，用哪一种金融产品反映有价证券的价格尚不好说。股票是基础类金融产品，其他金融衍生品都可以通过复制基础类金融产品的方式得到，因此，我们用上证指数当年收盘价作为有价证券的价格。从理论上看，有价证券价格与储蓄存款应该呈现反向变动的关系。

第四，存款利率。银行存款利率的高低对城乡居民储蓄存款有一定的影响，广州市人均 GDP 已经突破 20000 美元/年的大关，但是对比世界一流大都市如东京、伦敦、洛杉矶、巴黎等，还是处于较低的水平。资本市场的发展相较于美国、日本以及欧洲等经济体来说还是相对落后，加上对未来的不确定性，人们的存款动机更多的是防患于未然，而为了获取利息收入的动机相对较低，并且，中国的银行存款实际利率经常为负值。但是，人们为安全和便利起见，还是把银行存款作为主要的储蓄渠道。本文选用一年期存款利率作为分析。理论上，存款利率与储蓄存款呈现正相关的关系。

综上所述，广州市城乡居民储蓄存款的理论函数如下：

$$S = f(Y, P, r, SH, u) \tag{1}$$

其中，S 为储蓄存款，Y 为居民收入，P 为物价水平，r 为存款利率，SH 为有价证券的价格，u 为随机干扰项。根据式（1）初步判断的结果如下：

$$\frac{\partial S}{\partial Y} > 0, \frac{\partial S}{\partial P} < 0, \frac{\partial S}{\partial r} > 0, \frac{\partial S}{\partial SH} < 0 \qquad (2)$$

式（2）的含义为，储蓄存款与居民收入正相关，与物价水平负相关，与存款利率正相关，与有价证券的价格负相关。

四　广州市城乡居民储蓄存款的计量模型

在上述式（1）理论函数的基础上，我们搜集 1978～2016 年广州市统计局公布的数据进行实证分析。与先前的分析思路一样，1996 年是广州市供给约束型和需求约束型经济态势的分界点，因而我们将时间序列分为两段：1978～1996 年与 1997～2016 年。

（一）供给约束型经济态势下储蓄存款模型分析

对表 5 中数据取自然对数，然后进行普通最小二乘回归，得到：

$$\ln S = 1.5617 \ln Y - 0.7576 \ln P + 0.8093 \text{AR}(1) \qquad (3)$$

$$t_1 = 13.07 \quad t_2 = -5.01 \quad t_3 = 8.87$$

$$R^2 = 0.99 \quad DW = 2.38$$

在回归方程中包含解释变量存款利率 r 时，模型不显著，发现去掉解释变量 r 之后，模型变得显著，各项系数和指标都符合预期，说明在供给约束型经济态势下，存款利率对居民储蓄存款没有多大影响。在改革开放初期，价格体制改革非常困难，物价上涨是主要问题，因此价格因素对居民的储蓄存款行为影响较大，银行的实际利率多为负利率，对储蓄行为影响甚微。

表 5 各变量的数据

年份	储蓄存款（亿元）	实际 GDP（亿元）	CPI（上年 = 100）	存款利率 r（%）
1978	5.67	43.09	100.30	3.96
1979	7.11	48.87	104.00	3.96
1980	9.41	56.41	107.20	4.32
1981	12.61	61.24	105.20	5.76
1982	15.68	67.54	104.40	6.84
1983	20.04	73.86	101.60	6.84
1984	25.15	86.74	102.40	6.84
1985	32.89	102.60	121.50	7.20
1986	42.08	108.40	103.90	8.28
1987	53.99	124.92	113.70	8.28
1988	57.84	147.13	127.70	9.72
1989	65.55	154.12	121.60	9.72
1990	97.26	171.58	97.30	11.34
1991	126.89	199.50	103.00	10.08
1992	163.78	245.90	111.70	7.56
1993	188.32	310.87	125.00	7.56
1994	265.52	369.41	120.00	10.98
1995	332.74	430.15	113.50	10.98
1996	432.94	483.68	108.20	7.47

资料来源：广州市统计信息网"广州 50 年·第一篇、第六篇、第七篇"栏目，http://210.72.4.52/gzStat1/chaxun/njsj.jsp；中国人民银行网站，http://www.pbc.gov.cn/zhengcehuobisi/125207/125213/125440/125838/125888/17094/index2.html。

在经济分析和决策时，我们需要了解各变量之间的相对重要性，或者被解释变量对各个解释变量的敏感性，因此就涉及 *Beta* 系数和变量弹性的问题。

我们首先观察一下 *Beta* 系数，由于偏回归系数与变量的原有单位都有直接的联系，单位不同，彼此不能直接比较。为此可以将偏回归系数转化为 Beta 系数，其公式如下：

$$\beta_j^* = \beta_j \times \frac{S_{x_j}}{S_y} = \beta_j \sqrt{\frac{\sum x_j^2}{\sum y^2}}$$

其中 β_j^* 为 Beta 系数，β_j 为第 j 个解释变量的估计系数，S_{x_j} 为第 j 个解释变量的标准差，S_y 为被解释变量的标准差，x_j 为第 j 个解释变量的离差，y 为被解释变量的离差。Beta 系数就是按照上面的解释变量的标准差与被解释变量的标准差之比再乘以原来的估计系数 β_j 进行调整的，其数值与测定变量时的数值无关，因而可以直接比较，用以确定模型中各个解释变量的相对重要性。经过计算，Y 的 Beta 系数为 0.3945，P 的 Beta 系数为 -0.0213。由此可知，在广州市城乡居民储蓄存款模型中，最重要的解释变量是居民收入，其次是物价水平，Y 的重要程度是 P 的 18.52 倍，这反映了在供给约束型经济态势下，在产出水平较低的情况下，城乡居民储蓄存款主要受居民收入的影响，并且呈现正向影响；物价水平也会影响居民储蓄存款，并且是负向影响；如无特殊情况，银行存款利率对居民储蓄存款影响甚微。

我们用 Beta 系数方法分析了解释变量之间的相对重要程度，现在我们用弹性分析方法测度储蓄存款对各个解释变量的敏感性。根据式（3）双对数方程，得到解释变量 Y、P 的弹性分别为：

$$\eta_Y = 1.5617, \eta_P = -0.7576$$

两个弹性说明：第一，在其他条件不变的情况下，居民收入每变动 1%，城乡居民储蓄存款同向变动 1.5617%，呈现较强弹性；第二，在其他条件不变的情况下，物价水平每变动 1%，城乡居民储蓄存款反向变动 0.7576%，呈现较弱弹性。

（二）需求约束型经济态势下储蓄存款模型分析

同样地，我们先对表 6 中数据进行预处理，对 S、Y、P、r 和 SH

取自然对数，然后进行最小二乘回归，得到结果如下：

$$\ln S = 5.5750 + 0.9092\ln Y - 1.0094\ln P - 0.0414\ln SH +$$

$$0.6200AR(1) - 0.4526AR(3) \tag{4}$$

$$t_0 = 4.19 \quad t_1 = 69.57 \quad t_2 = -3.87 \quad t_3 = -3.43 \quad t_4 = 2.98 \quad t_5 = -2.25$$

$$R^2 = 0.998 \quad DW = 2.15$$

根据式（4）的回归方程，得知广州市居民收入与城乡居民储蓄存款呈现正向关系，这点不难理解，在供给约束型经济态势下，产出低下，处于短缺经济，生产出来的东西马上就消费掉了，不会留有多少余额进行储蓄，而在需求约束型经济态势下，产出大大增加，人们在满足基本消费之后，还有存余，于是才会进行储蓄。上证指数与居民储蓄存款呈反向关系，上证指数越大，越往上涨，说明行情比较好，人们对证券市场的预期会比较明朗，会更多地把闲置资金投入股市中，而非进行储蓄存款。在需求约束型经济态势下，存款利率对储蓄存款的影响不显著，这是因为在这个阶段虽然人们的收入水平有了较大的提高，但是中国住房制度改革从 1998 年开始，买房在中国人心目中占据着重要的地位，因此不管存款利率的高低，为了买房，必须进行储蓄存款。物价水平与储蓄存款存在反向变动的关系，如果当年的物价水平相较于上一年的物价水平更高，居民就会根据经济运行中的已有信息，再根据自己的适应性预期，决定是否进行储蓄存款。

表 6　各变量的数据

年份	储蓄存款（亿元）	实际 GDP（亿元）	CPI（上年 = 100）	利率 r（%）	上证指数
1997	528.66	548.47	102.20	5.67	1194.10
1998	634.24	620.49	97.70	4.77	1146.70
1999	698.02	702.28	98.50	3.78	1366.58
2000	750.50	796.00	102.80	2.25	2073.47
2001	869.01	897.44	98.90	2.25	1645.97

年份	储蓄存款（亿元）	实际 GDP（亿元）	CPI（上年 = 100）	利率 r（%）	上证指数
2002	1060.74	1016.17	97.60	1.98	1357.65
2003	1248.23	1170.92	100.10	1.98	1497.04
2004	1288.34	1346.83	101.70	2.25	12665.00
2005	1482.87	1520.92	101.50	2.25	1161.06
2006	1599.48	1746.36	102.30	2.52	2161.65
2007	1781.69	2275.79	103.40	3.75	5261.56
2008	2453.04	2959.96	105.90	3.24	1820.81
2009	3132.69	3598.64	97.50	1.98	3277.14
2010	3783.11	4494.27	103.20	2.75	2808.08
2011	4417.91	5470.24	105.50	3.25	2199.47
2012	5927.10	7100.54	103.00	3.00	2269.12
2013	7414.07	9375.63	102.60	3.00	2115.98
2014	8096.15	10757.76	102.30	2.75	3234.68
2015	9869.67	13433.13	101.70	2.25	3539.18
2016	10273.65	14534.65	102.70	3.12	3103.64

资料来源：广州市统计信息网"广州 50 年·第一篇、第六篇、第七篇"栏目，http://210.72.4.52/gzStat1/chaxun/njsj.jsp；中国人民银行网站"货币统计司"栏目，http://www.pbc.gov.cn/zhengcehuobisi/125207/125213/125440/125838/125888/17094/index2.html；上海证券交易所网站"数据总览"栏目，http://www.sse.com.cn/market/overview/。

接下来进行 Beta 系数分析。经过计算，Y 的 Beta 系数为 1.3684，P 的 Beta 系数为 −0.0338，SH 的 Beta 系数为 −0.0249，取绝对值然后进行排序，Y 的 Beta 系数是最高的，影响力也是最大的，P 居中，最不重要的是 SH，它的 Beta 系数绝对值是最小的。Y 的 Beta 系数绝对值最大，说明在需求约束型经济态势下，居民收入是影响广州市城乡居民储蓄存款最重要的解释变量。在需求约束型经济态势下，即便广州市经过改革开放之后，收入水平有了很大的提高，但是这个水平放在国际上，仍然只是发展中国家或地区的水平。城乡居民储蓄存款的动机依然很强烈，只有当收入与必要的消费支出的差距拉大，人们才有多余的钱财进行配置，才能进行储蓄存款。物价水平越高时，实际利率有可能为负，而且基于我国的实际情况，实际利率经常为负，因而物价水平与储蓄存款负相关，并且对储蓄存款的影响不会很大。SH 的 Beta 系数绝对值最小，说明在需求约束型经济态势下，有价证券的价格对城乡居民储蓄存款的影响较小，这是因为沪深两市的诞生虽然有二十几年，但是依然相当不完善，资本市场不发达，并且城乡居民由于风险厌恶的原因，更愿意把手中闲置的资金存入商业银行。

我们用 Beta 系数刻画了各解释变量的相对重要程度，现在我们用弹性分析法测度储蓄存款对各个解释变量的敏感性。根据上面分析所得出的回归方程式（4），得到解释变量 Y、P、SH 的弹性分别为：

$$\eta_Y = 0.9092, \eta_P = -1.0094, \eta_{SH} = -0.0414$$

三个弹性说明：第一，在其他条件不变的情况下，广州市居民收入每变动 1%，城乡居民储蓄存款同向变动 0.9092%，弹性较强；第二，在其他条件不变的情况下，物价水平每变动 1%，居民储蓄存款反向变动 1.0094%；第三，在其他条件不变的情况下，有价证券的价格每变动 1%，居民储蓄存款反向变动 0.0414%，弹性较弱。

五 结论

第一，无论是在供给约束型经济态势下还是在需求约束型经济态势下，收入都是影响城乡居民储蓄存款最重要的变量，两个时间段上都是呈现正向关系。只有产出增加了，收入提高了，储蓄存款才会有坚实的基础。

第二，在供给约束型经济态势下，解释变量存款利率不是一个重要的解释变量，回归结果不显著，说明在当时，存款利率对储蓄存款没有多大影响。改革开放初期，价格改革十分艰难，物价上涨是主要问题，而实际利率多为负利率，对储蓄行为影响甚微。在需求约束型经济态势下，解释变量存款利率依然不显著，回归结果不显著的原因与供给约束型态势下有所不同，中国住房制度改革从 1998 年开始，城镇居民为了购房，需要进行储蓄存款，凑够首付，而不会考虑银行存款利率是高或是低。

第三，在供给约束型经济和需求约束型经济态势下，价格水平（采用环比指数）与储蓄存款呈现负相关的关系。居民根据上一期和这一期物价水平的变动做出判断，当价格水平上升时，居民会减少储蓄存款；当价格水平下降时，居民会增加储蓄存款。

第四，由于数据时间段的长度太短，在供给约束型经济态势下，未把上证指数放入模型中进行分析。在需求约束型经济态势下，上证指数与居民储蓄呈反向关系，上证指数越往上涨，居民储蓄存款就越少。

第五，收入和价格水平是影响居民储蓄存款的主要变量，因而除了要把"蛋糕做大"，提高经济总量之外，还要把"蛋糕切好"，进行合理的收入分配。除此之外，还要保持物价水平的稳定，避免物价水平的大幅波动。

第六，银行存款利率是不显著的变量，大多数居民进行储蓄，把钱存入银行的主要目的并不是获得利息收入，而是出于预防性动机，考虑到银行是国家的，自己也就多了一份安全感。除此之外，为购房而进行储蓄存款也是存款利率不显著的原因。

参考文献

李军，2016，《家庭储蓄与通货膨胀数理关系及实证分析》，《数量经济技术经济研究》第 4 期。

李雪松、黄彦彦，2015，《房价上涨、多套房决策与中国城镇居民储蓄率》，《经济研究》第 9 期。

李焰，1999，《关于利率与我国居民储蓄关系的探讨》，《经济研究》第 11 期。

刘巍，2016，《计量经济史研究方法》，社会科学文献出版社。

刘巍，2010，《储蓄不足与供给约束型经济态势——近代中国经济运行的基本前提研究》，《财经研究》第 2 期。

刘巍，2004，《居民存款增量影响因素地区差异的实证分析》，《数量经济技术经济研究》第 9 期。

潘黎、吕巍、王良燕，2013，《储蓄与消费的选择：自我构建对应对目标冲突的影响》，《经济与金融》第 3 期。

王弟海、龚六堂，2007，《增长经济中的消费和储蓄——兼论中国高储蓄率的原因》，《金融研究》第 12 期。

谢勇，2011，《中国居民储蓄率的影响因素研究》，博士学位论文，南京大学。

杨天宇、荣雨菲，2015，《高收入会导致高储蓄率吗——来自中国的证据》，《经济学家》第 4 期。

袁志刚、冯俊、罗长远，2004，《居民储蓄与投资选择：金融资产发展的含义》，《当代经济科学》第 6 期。

Deaton，A. 1990. "Saving in Developing Countries: Theory and Review." *The World Bank Economic Review*，（3）：61 – 96.

Research on Savings Deposits of Urban and Rural Residents in Guangzhou in the Past 40 Years of Reform and Opening Up

Lin Guangwei

Abstract：Savings is an important variable in the macro-economic operation. In the past 40 years Reform and Opening Up of Guangzhou's economy, savings deposits of residents in urban and rural area have a dominant position in the total savings. In the analysis of this paper, the period is divided into two parts, one is the supply-constrained economy in 1978 – 1996, and the other is the demand-constrained economy in 1997 – 2016. Using official data on the influencing factors of urban and rural residents savings to make empirical analysis, and then analyze the relative importance of different variables of the Beta coefficient, found that people's income, the price of securities and the price index are the most important variables, interest rates on deposits have less effect on the residents' savings behavior and is not significant. Finally, putting forward some suggestions.

Keywords: Supply Constraints; Demand Constraints; Saving Deposit; Beta Coefficient Analysis

改革开放 40 年广州投资
流量与资本存量[*]

邓颖杰[**]

内容提要： 资本存量数据的缺失，对于广州宏观经济运行研究来说是一个较大的遗憾。本文基于相关资本存量估算的文献和资料，选择投资、折旧率、基期资本存量和定基价格指数这四个变量的数据，利用永续盘存法估算出了 1978 ~ 2016 年广州市的资本存量。根据估算出的资本存量计算得到改革开放以来广州市的资本 – 产出比是下降的结论。

关键词： 资本存量　永续盘存法　固定资产投资　折旧率

资本存量是总供给的基础，是总产出的生产工具，既是一个国家或地区经济实力的象征，又是国防实力的保障。在经济学研究层面，资本存量是计算经济增长率和全要素生产率的基础。自 1978 年实施改革开放政策以来，广州市经济发展取得了显著的成就，根据广州市近 40 年的资本存量可以了解到资本在广州市经济发展中所发挥的作用。

---

* 本文是广州市哲学社会科学发展"十三五"规划 2017 年度广州商贸中心研究基地课题（编号：2017 – JD06）的中期成果。

** 邓颖杰，湖北黄冈人，广东外语外贸大学硕士研究生，研究方向为计量经济史。

一 文献综述

本文的资本存量指的是狭义的资本存量，即物质资本存量。计算资本存量不仅可以采用实际数据统计的方法，也可以采用逻辑推理的方法。王维等（2017）认为，直接调查的方法不仅工作量大而且成本高，并且估算结果的偏差也会加大，因此，不采用直接调查的方法计算资本存量。目前估计资本存量最常用的方法是 Goldsmith（1951）提出的永续盘存法，即当期的资本存量等于前一期扣除折旧后的资本存量与当期新增投资的和。永续盘存法的计算公式如下：

$$K_t = K_{t-1}(1-\delta_t) + I_t \qquad\qquad (1)$$

其中，K_t 为第 t 年的资本存量，K_{t-1} 为第 $t-1$ 年的资本存量，δ_t 为第 t 年的折旧率，I_t 为第 t 年的新增投资额。

从现有的估算资本存量的研究来看，利用永续盘存法进行中国总体资本存量估算的研究最多，其中比较有代表性的有 Chow（1993）、张军和章元（2003）、单豪杰（2008）、李宾（2011）、林仁文和杨熠（2013）、陈昌兵（2014）、王维等（2017）。另外，张军等（2004）、贾润崧和张四灿（2014）对中国各省份进行了资本存量的估算，柯善咨和向娟（2012）对中国主要地级市进行了资本存量的估算。对某个具体城市的资本存量进行估算的研究比较少，廖远甦（2009）、王桂新和陈冠春（2009）估算了上海市的资本存量，薛占栋（2011）估算了深圳市的资本存量。

以上这些研究虽然其采用的估算方法都是永续盘存法，但是在细节处理上有所差异，主要有以下几种。

Chow（1993）的计算公式为：

$$K_t = K_{t-1} + NI_t \qquad\qquad (2)$$

其中，NI_t 为第 t 年的净投资。

柯善咨和向娟（2012）的计算公式为：

$$K_t = K_{t-1}(1 - \delta_t) + (I_t + I_{t-1} + I_{t-2})/3 \tag{3}$$

王维等（2017）的计算公式为：

$$K_t = K_{t-1}(1 - \delta_t) + I_t/P_t \tag{4}$$

其中，P_t 为定基价格指数。

正是在细节处理上的不同，使得当前对于同一个地区资本存量估计的结果也不相同，本文依据王维等（2017）的计算公式，选取投资、折旧率、基期资本存量和定基价格指数这四个变量的数据，试图估算出 1978～2016 年广州市的资本存量，从而丰富对单个城市资本存量估算的研究以及为广州市改革开放 40 年经济增长的其他研究提供基础数据。

二 投资的影响因素

资本是一个存量，是由投资流量累积形成的，投资流量是影响资本存量变化最重要的因素。因此，在估算广州市资本存量之前，首先要分析投资的变化。本文在利用永续盘存法估算广州市的资本存量时，其中的新增投资要扣除价格变化因素，因此考虑用固定资本形成总额或固定资产投资额来表示投资。固定资本形成总额指常住单位在一定时期内购置、转入和自产自用的固定资产，固定资产投资额表示对新构建资产和原有资产的投资。观察现有的研究发现，这两种投资指标都曾经被学者采用。张军等（2004）认为固定资本形成总额与联合国国民经济核算体系（SNA）相容，因此固定资本形成总额是衡量当年投资的合理指标。单豪杰（2008）也认为，固定资本形成总额扣除了固定资产投资额中的住房投资与非生产性投资，因而可以更准确地估算资本存量。柯善咨和向娟（2012）认为资本存量是不同役龄的资本品的加权，因此永续盘存法中的投资是固定资产投资。

在查阅相关资料后发现广州市固定资本形成总额的数据是从 1993 年才有记录，而本文要估计的是 1978 ~ 2016 年的资本存量，缺少 1978 ~ 1993 年的数据显然会影响资本存量估算的准确性。表 1 为 1978 ~ 2016 年广州市固定资本形成总额和固定资产投资额的数据。从图 1 可以看出，1993 ~ 2004 年，广州市固定资本形成总额和固定资产投资额各点之间的连线在这一时期近似重合。从 2005 年到 2010 年，二者之间的差距很小。2011 年之后，虽然广州市固定资本形成总额和广州市固定资产投资额之间有所差距，但是依然差额不大。因此在广州市固定资本形成总额的数据不齐全的情况下，用固定资产投资额的数据表示投资流量。

表 1　广州市固定资本形成总额和固定资产投资额

单位：亿元

年份	固定资本形成总额	固定资产投资额	年份	固定资本形成总额	固定资产投资额	年份	固定资本形成总额	固定资产投资额
1978		7.26	1989		93.33	2000	971.67	923.67
1979		7.43	1990		90.59	2001	1029.58	978.21
1980		9.96	1991		103.74	2002	1081.41	1009.24
1981		13.63	1992		188.14	2003	1199.80	1175.17
1982		21.01	1993	373.64	373.40	2004	1469.05	1348.93
1983		22.89	1994	525.71	525.71	2005	1637.83	1519.16
1984		29.92	1995	628.73	618.25	2006	1889.68	1696.38
1985		43.62	1996	665.12	638.94	2007	2161.30	1863.34
1986		52.48	1997	675.75	656.58	2008	2415.10	2105.54
1987		58.41	1998	794.68	758.83	2009	2785.79	2659.85
1988		90.22	1999	901.55	878.26	2010	3336.49	3263.57

年份	固定资本形成总额	固定资产投资额	年份	固定资本形成总额	固定资产投资额	年份	固定资本形成总额	固定资产投资额
2011	3803.36	3412.20	2013	4811.03	4454.55	2015	6086.70	5405.95
2012	4466.52	3758.39	2014	5767.08	4889.50	2016	6647.94	5703.59

资料来源："固定资本形成总额"数据见《广州统计年鉴》"第一篇、综合·1-18 总投资-固定资本形成"栏目，"固定资产投资额"数据见广州统计信息网"广州 50 年·第四篇·全社会固定资产投资额"栏目及"统计年鉴 2017·第四篇·4-2 主要年份固定资产投资额（按经济类型分）"栏目，http://210.72.4.52/gzStat1/chaxun/njsj.jsp。

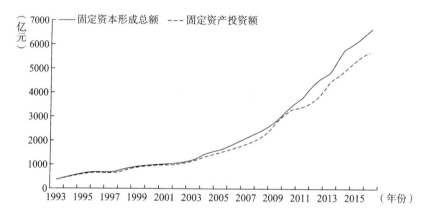

图 1 1993～2016 年广州市固定资本形成总额和固定资产投资额
资料来源：本文表 1。

在不同的发展阶段，经济运行有不同的前提条件，因此对于投资流量的变化，应该结合其所处的发展阶段来进行分析。刘巍（2010）分析得到 1996 年是中国由供给约束型经济态势向需求约束型经济态势转变的转折点。虽然广州市的经济增长在中国一直处于领先地位，但是经济态势转变是一个发展的过程，所以可以认为广州市经济态势转变与中国的经济态势转变是一致的，即 1978～1996 年为供给约束型经济态势，1997～2016 年为需求约束型经济态势。

（一）供给约束型经济态势下投资的变化

在供给约束型经济态势中，由于资源短缺和社会的生产能力有限，社会总供给不能满足社会潜在总需求的需要。即使社会上存在对更多产品的需求，但是投资不足使得社会生产依然不能满足需求，社会总供给远小于潜在需求。供给约束型经济是一种短缺经济，在供给约束型经济态势下，广州市固定资产投资额的变化如图 2 所示。

根据图 2 可知，1978～1996 年，广州市固定资产投资额整体呈上升趋势，其中 1992～1996 年广州市固定资产投资额的增长速度明显快于 1978～1991 年。1978～1987 年是改革开放后的前 10 年，广州市的经济发展正处于探索的过程中，因此固定资产投资额虽然有所增加，但是其增长速度缓慢。1988～1991 年的这段时期，由于广州市国有企业数量多、比重大，所以其受计划经济的影响也大，广州市的经济发展步入一个比较困难的阶段，在此期间广州市固定资产投资额基本上没有增长，而且在 1990 年，广州市财政收入上交比例达到 60%（中共广州市委党史研究室，2008），财政上的负担使得这一年广州市的固定资产投资额还出现了下降。1992 年党的十四大提出建立社会主义市场经济体制之后，广州市作为中国第一批对外开放的城市，充分利用自身优越的地理位置，使得固定资产投资额开始了迅速增长。仅1992 年到 1993 年这一年的固定资产投资额的增长就接近了改革开放后前 13 年固定资产投资额增长的总额。

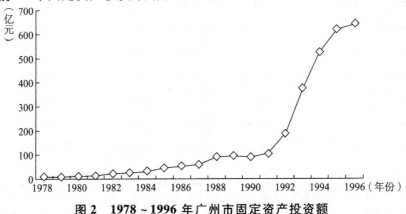

图 2　1978～1996 年广州市固定资产投资额

资料来源：本文表 1。

在供给约束型经济中，广州市经济基础薄弱，投资的资本品主要来源于进口国外的机械设备，资金主要来源于城乡居民储蓄，生产能力和可用资本的不足制约了投资的增加。尽管 1992 年之后，广州市固定资产投资额开始了快速的增长，但是与需求约束型经济下投资总量的变化相比，供给约束型经济下投资总量的变化很小。如图 3 所示，广州市固定资产投资额和外贸进口商品总额以及城乡居民储蓄年末余额的走势基本上是一致的。从 1978 年到 1991 年，广州市固定资产投资额和外贸进口商品总额以及城乡居民储蓄年末余额的增长缓慢，因为在改革开放初期，广州市经济总量比较低，因此投资、进口和储蓄的变化不大。从 1992 年到 1996 年，随着市场经济体制的逐渐建立，广州市固定资产投资额和外贸进口商品总额以及城乡居民储蓄年末余额迅速增长。

表 2　供给约束型经济态势下广州市投资的影响因素

单位：亿元

年份	外贸进口商品总额	城乡居民储蓄年末余额	年份	外贸进口商品总额	城乡居民储蓄年末余额
1978	0.04	5.67	1988	25.92	94.37
1979	0.02	7.09	1989	22.71	130.01
1980	0.03	9.60	1990	32.12	181.14
1981	0.19	13.06	1991	62.75	245.91
1982	0.40	16.75	1992	96.33	340.12
1983	0.61	21.62	1993	143.19	448.74
1984	0.95	28.34	1994	242.52	653.80
1985	3.52	39.86	1995	287.06	961.48
1986	7.91	54.16	1996	330.09	1296.22
1987	20.04	74.85			

资料来源：吴智文和丘传英主编（2001）、陈柏坚和黄启臣编（1995）；"城乡居民储蓄年末余额"的数据见广州统计信息网"广州 50 年·第一篇、第六篇、第七篇"栏目，http://210.72.4.52/gzStat1/chaxun/njsj.jsphttp://210.72.4.52/gzStat1/chaxun/njsj.jsp。

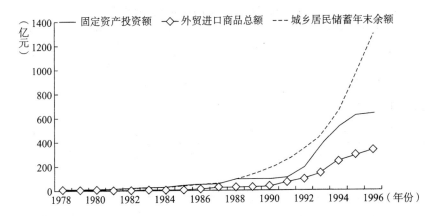

图 3　供给约束型经济态势下广州市投资的影响因素

资料来源：本文表 2。

因此，1978~1996 年广州市的投资可由式（5）给出。

$$I = f(IM, SAVE) \tag{5}$$

式（5）中，I 表示广州市固定资产投资额，IM 表示广州市外贸进口商品总额，$SAVE$ 表示广州市城乡居民储蓄年末余额。

假设模型是线性的，固定资产投资额受外贸进口商品总额以及城乡居民储蓄年末余额变化率的影响，则有：

$$I_t = \alpha_1 IM_t + \alpha_2 \ln SAVE_t + u_t \tag{6}$$

其中，IM 为外贸进口商品总额，$\ln SAVE$ 为城乡居民储蓄年末余额的变化率，对变量做 ADF 单位根检验和协整检验，见表 3、表 4。

表 3　式（6）变量的 ADF 单位根检验结果

变量	差分次数	(C, T, K)	DW 值	ADF 值	1% 临界值	5% 临界值	10% 临界值	结论
I	1	(0, 0, 1)	1.88	−2.45	−2.72	−1.96	−1.61	I(1)**
IM	2	(0, 0, 1)	1.85	−3.20	−2.73	−1.97	−1.61	I(2)***
$\ln SAVE$	2	(0, 0, 1)	2.22	−4.57	−2.73	−1.97	−1.61	I(2)***

注：***、** 分别表示估计参数在 1%、5% 的水平下显著。

表 4　式（6）变量的协整检验结果

原假设	迹统计量（P 值）	5% 临界值	$\lambda - \max$ 统计量（P 值）	5% 临界值
无协整关系	58.00* （0.00）	29.80	50.17* （0.00）	21.13
至少有 1 个协整关系	7.82 （0.48）	15.49	4.90 （0.76）	14.26
至少有 2 个协整关系	2.93 （0.09）	3.84	2.93 （0.09）	3.84

注：* 表示在 5% 的显著性水平下拒绝了原假设，P 值为伴随概率。

上述检验结果表明变量之间存在协整关系，可以进行回归。根据式（6），基于 1978～1996 年广州市固定资产投资额、外贸进口商品总额以及城乡居民储蓄年末余额的数据，进行 GMM 回归得到供给约束型经济态势下投资、进口及储蓄的关系如下：

$$I_t = 1.93 IM_t + 6.80 \ln SAVE_t \tag{7}$$

$$t_1 = 33.77 \quad t_2 = 7.37$$

$$R^2 = 0.99 \quad DW = 1.69 \quad S.E. = 26.18 \quad N = 18$$

虽然从式（7）中可以得到 I 和 IM 以及 $\ln SAVE$ 都是正相关的关系，当 IM 增加 1 亿元时，I 增加 1.93 亿元，当 $\ln SAVE$ 增加 1% 时，I 增加 0.068 亿元，但是要比较 IM 和 $\ln SAVE$ 对 I 的拉动作用的大小，仅仅比较其估计系数的大小是不够的。此时可以利用 $Beta$ 系数法将偏回归系数转换为 $Beta$ 系数（刘巍，2016），从而直接比较 IM 和 $\ln SAVE$ 对 I 的拉动。$Beta$ 系数法的公式为：

$$\hat{\beta}_j^* = \hat{\beta}_j \cdot \frac{S_{x_j}}{S_y} = \hat{\beta}_j \sqrt{\frac{\sum (x_{ji} - \bar{x}_j)^2}{\sum (y_i - \bar{y})^2}} \quad (j = 1, 2, \cdots, k; i = 1, 2, \cdots, n) \tag{8}$$

其中 $\hat{\beta}_j^*$ 是一个没有单位的"纯数"，$\hat{\beta}_j$ 为回归估计出来的系数，S_x 为自变量的标准差，S_y 为因变量的标准差。经过 $Beta$ 系数法计算得到 IM 的 $Beta$ 系数为 0.96，$\ln SAVE$ 的 $Beta$ 系数为 0.05。因此，广州市在供给约束型经济态势下，IM 比 $\ln SAVE$ 对 I 的拉动作用更大，1978～

1996 年的这段时间里投资主要依靠进口拉动。接着利用 1978～1996 年广州市固定资产投资额、外贸进口商品总额以及城乡居民储蓄年末余额的数据对式（6）进行 OLS 回归，得到 I 和 IM 以及 $\ln SAVE$ 依然是正相关的关系，利用 Beta 系数法计算得到 IM 的 Beta 系数为 0.95，$\ln SAVE$ 的 Beta 系数为 0.05。式（6）通过了序列自相关 LM 检验和异方差 White 检验，不存在自相关和异方差的问题。因此，式（6）是稳健的。

1978～1996 年，广州市处于供给约束型经济态势下，投资主要来自进口。一方面是因为在改革开放初始阶段，广州市的生产能力不足并且生产效率低下，经济发展所需要的机械设备大部分来自国外；另一方面是因为经济发展之初，金融融资不健全，投资资金在很大程度上依赖银行贷款。1991 年 9 月中国股票市场才正式建立，因此，在供给约束型经济态势下，社会上并没有足够的储蓄来满足社会投资的需要。

（二）需求约束型经济态势下投资的变化

需求约束型经济指的是社会总供给大于社会潜在总需求，只要社会上对产品有需求，并且不管这个需求有多大，社会总供给都可以满足社会总需求的需要。因此，在需求约束型经济态势下，需求的产生引起投资的增加。如果社会上没有新的需求产生，那么投资也不会增加，即需求约束型经济是一种订单经济。在需求约束型经济态势下，广州市固定资产投资额的变化如图 4 所示。根据图 4 可知，1997～2016 年，广州市固定资产投资额整体稳定增长，其各个点的连线近似一条向右上方倾斜的直线。1997～2001 年，虽然广州市固定资产投资额有所增长，但是其增长并不明显。到了 2002 年，广州市固定资产投资额突破 1000 亿元，固定资产投资额的增长速度也从此时开始加快，这是因为自 2001 年中国加入 WTO 以来，广州市作为中国对外贸易比较发达的几个城市之一，社会经济发展有了更大的增长动力。2008～2010 年，固定资产投资额连线的斜率是整条曲线最大的一段，也就是说这三年广州市固定资产投资额的增速是改革开放 40 年以来增长速度最快的一段，其中一部分原因是广州于 2010 年举办了亚运会，在城市公用事业重点项目以及房地产开发的带动下，广州市固定资产投资额快速增长。尽管 2008 年金融危机使得世界范围内各个国家和地区的经济都受到了沉重的打击，经济增速普遍有所下降，但是广州作为中国经济发展处于前列的几个城市之一，其投资增长依然保持着很好的势头。2011～2016 年，广州市固定资产投资额保持着较快并且稳定的增长速度。

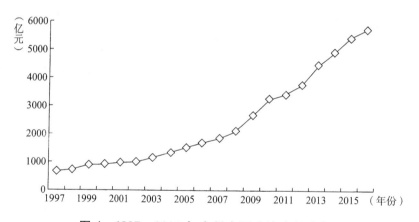

图 4　1997～2016 年广州市固定资产投资额
资料来源：本文表 1。

　　在需求约束型经济态势下，生产能力无限大，社会总供给能力远大于社会潜在总需求。只要市场上有需求，并且不管这个需求有多大，社会总供给都可以满足。1997 年之后，广州市步入了需求约束型经济态势，此时的投资主要来源于出口和消费。广州市生产出来的产品不只是在广州市内或者广东省内销售，而且是销往全国各地以及出口到世界各地，因此消费的数据采用全国最终消费数据表示（见表 5）。广州市固定资产投资额与商品出口总值的关系以及广州市固定资产投资额与全国最终消费的关系如图 5 和图 6 所示。

表 5　需求约束型经济态势下广州市投资的影响因素

单位：亿元

年份	商品出口总值	全国最终消费	年份	商品出口总值	全国最终消费
1997	878.30	47508.6	2007	2882.14	136229.4
1998	855.89	51460.4	2008	2981.25	157466.3
1999	816.82	56621.7	2009	2555.00	172728.3
2000	976.11	63667.7	2010	3275.02	198998.1
2001	962.12	68546.7	2011	3647.54	241022.1
2002	1140.41	74068.2	2012	3719.01	271112.8
2003	1397.90	79513.1	2013	3889.76	300337.8
2004	1777.36	89086.0	2014	4466.61	328312.6
2005	2184.56	101447.8	2015	5055.41	362266.5
2006	2581.03	114728.6	2016	5192.75	399910.1

资料来源："商品出口总值"的数据见广州统计信息网的"统计年鉴2017·第十五篇·15-1 主要年份商品进出口总值和商品进出口总值指数"栏目，http://210.72.4.52/gzStat1/chaxun/njsj.jsp；"全国最终消费"的数据见国家统计局网站"年度数据·国民经济核算·支出法国内生产总值·消费（亿元）"栏目，http://data.stats.gov.cn/easyquery.htm? cn = C01。

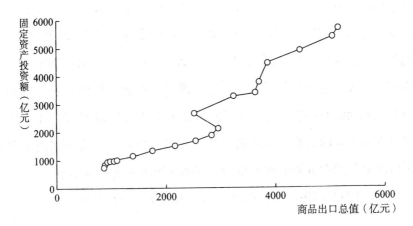

图 5　1997～2016 年商品出口总值和固定资产投资额的关系

资料来源：本文表1、表5。

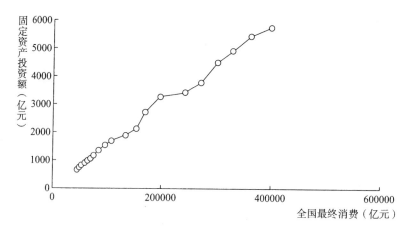

图 6　1997～2016 年全国最终消费和固定资产投资额的关系

资料来源：本文表 1、表 5。

　　广州市固定资产投资额和商品出口总值以及全国最终消费总体上都是呈正相关的关系。1997～2007 年，广州市固定资产投资额和商品出口总值以及全国最终消费的增长相对于 2008～2016 年这段时间的增长来说要慢一些。在图 5 中，商品出口总值和固定资产投资额的点在 2009 年偏离了整体增长趋势，说明这一年的商品出口总值有明显的下降。虽然自改革开放以来，广州市的对外贸易发展很快，其商品出口总值在全国处于领先的地位，然而由于 2008 年的金融危机，世界范围内经济低迷使得广州市的出口也受到了一定的影响。不过 2010 年之后，广州的出口又恢复了持续增长的态势。如图 6 所示，广州市固定资产投资额和全国最终消费始终保持着稳定的增长，两者之间的关系是近似一条向右上方倾斜 60° 的直线，说明长期以来全国最终消费和广州市固定资产投资额之间的关系是稳定的。其中 1997～2007 年，全国最终消费和广州市固定资产投资额的增长较慢，2008～2016 年的增长较快。

　　因此，1997～2016 年广州市的投资可由式（9）给出。

$$I = f(EX, XF) \tag{9}$$

　　式（9）中，I 表示广州市固定资产投资额，EX 表示广州市商品出口总值，XF 表示全国最终消费。

假设商品出口总值增加值的变动和全国最终消费增加值的变动影响投资增长率的变动，则有：

$$\ln I_t = \beta_0 + \beta_1 \Delta EX_t + \beta_2 \Delta XF_{t-1} + u_t \tag{10}$$

其中，ΔEX 表示当年的商品出口总值与其上一年的差额，ΔXF 表示当年的全国最终消费与其上一年的差额。式（10）的 ADF 单位根检验和协整检验如表 6 和表 7 所示。

表 6 式（9）变量的 ADF 单位根检验结果

变量	差分次数	(C, T, K)	DW 值	ADF 值	1% 临界值	5% 临界值	10% 临界值	结论
$\ln I$	1	$(C, 0, 1)$	1.78	-3.51	-3.89	-3.05	-2.67	$I(1)$ **
ΔEX	1	$(0, 0, 2)$	1.98	-4.35	-2.73	-1.97	-1.61	$I(1)$ ***
ΔXF	1	$(0, 0, 1)$	1.92	-4.03	-2.72	-1.96	-1.61	$I(1)$ ***

注：*** 、** 分别表示估计参数在 1% 、5% 的水平下显著。

表 7 式（9）变量的协整检验结果

原假设	迹统计量（P 值）	5% 临界值	$\lambda - \max$ 统计量（P 值）	5% 临界值
无协整关系	43.62* （0.00）	35.19	28.19* （0.01）	22.30
至少有 1 个协整关系	15.43 （0.20）	20.26	10.65 （0.28）	15.89
至少有 2 个协整关系	4.78 （0.31）	9.16	4.78 （0.31）	9.16

注：* 表示在 5% 的显著性水平下拒绝了原假设，P 值为伴随概率。

上述检验结果表明变量之间存在协整关系，可以进行回归。根据式（10），利用 1997 ~ 2016 年广州市固定资产投资额、商品出口总值和全国最终消费的数据，进行 GMM 回归得到需求约束型经济态势下投资、出口及消费的关系如下：

$$\ln I_t = 6.49 + 0.00078 \Delta EX_t + 0.00006 \Delta XF_{t-1} \tag{11}$$

$$t_1 = 119.76 \quad t_2 = 3.68 \quad t_3 = 13.90$$

$$R^2 = 0.86 \quad DW = 1.92 \quad S.E. = 0.25 \quad N = 17$$

根据式（11），$\ln I$ 和 ΔEX 以及 ΔXF_{t-1} 都是正相关的关系，当 ΔEX 增加 1 亿元时，I 增加 0.00078 亿元；当 ΔXF_{t-1} 增加 1 亿元时，I 增加 0.00006 亿元。利用 $Beta$ 系数法计算得到 ΔEX 的 $Beta$ 系数为 0.21，ΔXF_{t-1} 的 $Beta$ 系数为 1.05，因此与 ΔEX 相比，ΔXF_{t-1} 对 I 的拉动作用更大。接着对式（10）进行 OLS 回归得到 I 和 ΔEX 以及 ΔXF_{t-1} 依然是正相关的关系，利用 $Beta$ 系数法计算得到 ΔXF_{t-1} 的 $Beta$ 系数为 0.87，大于 ΔEX 的 $Beta$ 系数 0.24。再进行序列自相关 LM 检验和异方差 White 检验，式（10）不存在自相关和异方差的问题，因此式（10）是稳健的。广州市在需求约束型经济态势下，滞后一期消费的增长额对本期投资的拉动作用要大于当期出口的增长对投资的影响。

三　资本存量估算数据的选择

利用永续盘存法来估计资本存量需要投资、折旧率、基期资本存量和定基价格指数这四个指标的数据，前文分析中投资的数据选用广州市固定资产投资额，其他三个指标的选择如下。

（一）折旧率

贾润崧和张四灿（2014）认为永续盘存法理论中的折旧率实际上指的是资本品重置率，即当资本品折旧率呈几何递减时，折旧率才等于重置率。因此在资本品折旧率递减的前提下，折旧率的设定对于改革开放 40 年以来这么长时期的资本存量的估算影响很大，当折旧率设置得更合理时，资本存量估计的误差也就越小。根据现有的估计资本存量的文献，其对于折旧率的设定主要有以下几种情况，薛占栋

（2011）在重估深圳的资本存量时，将 1992 年以前的折旧率设置为
0.05，1993 年以后的折旧率设置为 0.096；张军等（2004）、柯善咨和
向娟（2012）、王维等（2017）根据各类资产的折旧年限估算出折旧
率，其中张军等（2004）估计出的折旧率为 0.096；陈昌兵（2014）
利用不同的生产函数估算出折旧率的均值为 0.056。折旧率的设置对
于资本存量的估算影响很大，而按照 0.096 的折旧率估算得到的资本
存量一定小于按照 0.05 的折旧率估算得到的资本存量，因此本文考虑
薛占栋（2011）和张军等（2004）这两种折旧率的设定。一方面，改
革开放初期，技术水平不高，经济增长较慢，因此资本的损耗较小，
1993 年之后广州市步入了市场化的进程中，因此折旧的速度提升；另
一方面，广州市作为沿海第一批开放的城市，经济总量在全国一直处
于领先地位，因此其折旧率从改革开放开始就比较高，所以把 1978 ~
2016 年的折旧率全都设置为 0.096 也是可以接受的。

（二）定基价格指数

根据永续盘存法，当年的资本存量等于前一年扣除折旧后的资本
存量与当年新增投资之和，其中的投资需要剔除价格变化的影响。固
定资产投资价格指数由建筑安装、装饰工程费用，设备、工器具购置
费用和其他费用三部分加权算数平均得到，反映了固定资产投资价格
的变动趋势和变动幅度，是定基价格指数这个指标很好的统计量。然
而，在查阅历年的《广州统计年鉴》后，发现从 2005 年开始，官方
的统计年鉴上才有广州市固定资产投资价格指数的记载，因此只用
2004 ~ 2016 年这 13 年的固定资产投资价格指数来估算广州市改革开
放 40 年的资本存量显然是不合理的。广州市是广东的省会城市，地区
生产总值在全省占有重要地位，因此在广州市固定资产投资价格指数
数据不完整的情况下，可以参考广东省的固定资产投资价格指数，然
而在查阅了历年的《广东统计年鉴》后得到，广东省的固定资产投资

价格指数是从 2001 年开始有的，也不能使用。既然固定资产投资价格指数表示投资的价格变动，而 GDP 平减指数可以真实地表示物价变动，因此，本文用广州市的 GDP 平减指数（见表 8）来替代固定资产投资价格指数。

表 8　广州市 GDP 平减指数

单位：%

年份	GDP 平减指数	年份	GDP 平减指数	年份	GDP 平减指数
1978	100. 00	1991	193. 82	2004	330. 45
1979	99. 76	1992	207. 69	2005	338. 89
1980	102. 01	1993	239. 44	2006	348. 26
1981	103. 54	1994	266. 73	2007	313. 75
1982	106. 83	1995	292. 74	2008	279. 98
1983	107. 87	1996	303. 52	2009	253. 94
1984	112. 69	1997	305. 97	2010	239. 16
1985	121. 21	1998	305. 17	2011	227. 11
1986	128. 73	1999	304. 60	2012	190. 85
1987	138. 65	2000	313. 16	2013	165. 29
1988	163. 17	2001	316. 64	2014	155. 30
1989	186. 79	2002	315. 30	2015	134. 74
1990	186. 27	2003	321. 00	2016	134. 49

注：广州市 GDP 平减指数 =（广州市名义 GDP/广州市实际 GDP）×100%。

资料来源：广州市实际 GDP 根据广州市地区生产总值和地区生产总值指数计算得到；"广州市名义 GDP"的数据见广州统计信息网的"统计年鉴 2017·第一篇、综合·1 - 13 主要年份地区生产总值"栏目，http://210.72.4.52/gzStat1/chaxun/njsj.jsp；"地区生产总值指数"的数据见广州统计信息网的"广州 50 年·第一篇·国内生产总值指数（按可比价格计算，1978 年 = 100）"栏目，http://210.72.4.52/gzStat1/chaxun/njsj.jsp。

（三）基期资本存量

在查阅历年的《广州统计年鉴》和《广东统计年鉴》及相关资

料后，没有找到有关资本存量具体数据的记载。廖远甦（2009）和李宾（2011）认为随着基期资本存量的折旧，基期资本存量对后续资本存量的影响会越来越小。基期资本存量对估算结果的误差影响较小，因此在官方数据缺失的情况下，依然可以采用一些方法估计出基期资本存量。因为本文是对改革开放以来广州市的资本存量进行估算，所以选取 1978 年作为估算的基期，把 1978 年的价格设置为不变价格。关于基期资本存量计算的方法，张军和章元（2003）假设一个地区基期的资本存量占当年全国资本存量的比例等于其地区生产总值占全国国内生产总值的比例，张军等（2004）认为基期资本存量等于基期固定资本形成总额除以 0.1。本文选择张军和章元（2003）的方法，根据 Chow 和 Li（2002）估算的中国 1978 年的资本存量为 14112 亿元，而 1978 年广州市地区生产总值为 43.09 亿元，中国国内生产总值为 3624 亿元，计算得到广州市 1978 年的资本存量为 167.79 亿元。

四　资本存量估计结果

根据上文选取的数据，基期资本存量为 K_1；折旧率有两种情况，一种情况 δ_1 在 1978 年到 1992 年设置为 0.05，在 1993 年到 2016 年设置为 0.096，另一种情况 δ_2 在 1978 年到 2016 年全都设置为 0.096；当年价格的广州市固定资产投资额为 I_t；以 1978 年为 100 的 GDP 平减指数为 P_t。根据基期资本存量、折旧率、投资和 GDP 平减指数的数据，利用永续盘存法进行估计，估计出的 1978~2016 年广州市的资本存量如表 9 所示。折旧率设置了两种情况，因此资本存量得到两组不同的数据。其中，当折旧率为 δ_1 时，所得到的资本存量记为资本存量 1；当折旧率为 δ_2 时，所得到的资本存量记为资本存量 2。

表 9 1978～2016 年广州市资本存量的估算结果（1978 年不变价）

单位：亿元

年份	资本存量 1	资本存量 2	年份	资本存量 1	资本存量 2	年份	资本存量 1	资本存量 2
1978	167.79	167.79	1991	433.15	337.47	2004	2293.44	2261.74
1979	166.85	159.13	1992	502.08	395.66	2005	2521.54	2492.89
1980	168.26	153.61	1993	609.82	513.62	2006	2766.58	2740.68
1981	173.02	152.03	1994	748.37	661.41	2007	3094.88	3071.46
1982	184.03	157.10	1995	887.73	809.11	2008	3549.80	3528.63
1983	196.05	163.24	1996	1013.01	941.94	2009	4256.47	4237.33
1984	212.8	174.12	1997	1130.35	1066.11	2010	5212.47	5195.17
1985	238.15	193.40	1998	1270.50	1212.42	2011	6214.52	6198.88
1986	267.01	215.60	1999	1436.86	1384.36	2012	7587.24	7573.10
1987	295.79	237.03	2000	1593.87	1546.41	2013	9553.81	9541.03
1988	336.29	269.56	2001	1749.80	1706.89	2014	11785.06	11773.51
1989	369.44	293.65	2002	1901.91	1863.12	2015	14665.69	14655.25
1990	399.60	314.10	2003	2085.42	2050.36	2016	17498.73	17489.29

资本－产出比（K/Y）表示一单位的产出需要投入多少资本。张军和章元（2003）用 K/Y 来检验资本存量估算结果的可信度，他们认为较低的 K/Y 表示用较少的资本可以获得更多的产出，因此低的 K/Y 表示高的生产技术水平。据此，如果一个国家或地区其 K/Y 的值越高，那么其一单位的产出所需要投入的资本也就越多，说明这个国家或地区经济越不发达。因为经济发达的国家或地区由于其技术优势，因而一单位的产出所需要投入的资本较少，例如发达国家 K/Y 的值通常会在 2.5 以下。以表 9 资本存量的数据表示资本，以广州市实际 GDP 的数据表示产出，1978～2016 年广州市 K/Y 的值如表 10 所示。

表 10　1978～2016 年广州市资本－产出比

年份	资本－产出比1	资本－产出比2	年份	资本－产出比1	资本－产出比2	年份	资本－产出比1	资本－产出比2
1978	3.89	3.89	1991	2.17	1.69	2004	1.70	1.68
1979	3.41	3.26	1992	2.04	1.61	2005	1.66	1.64
1980	2.98	2.72	1993	1.96	1.65	2006	1.58	1.57
1981	2.83	2.48	1994	2.03	1.79	2007	1.36	1.35
1982	2.72	2.33	1995	2.06	1.88	2008	1.20	1.19
1983	2.65	2.21	1996	2.09	1.95	2009	1.18	1.18
1984	2.45	2.01	1997	2.06	1.94	2010	1.16	1.16
1985	2.32	1.88	1998	2.05	1.95	2011	1.14	1.13
1986	2.46	1.99	1999	2.05	1.97	2012	1.07	1.07
1987	2.37	1.90	2000	2.00	1.94	2013	1.02	1.02
1988	2.29	1.83	2001	1.95	1.90	2014	1.10	1.09
1989	2.40	1.91	2002	1.87	1.83	2015	1.09	1.09
1990	2.33	1.83	2003	1.78	1.75	2016	1.20	1.20

注：资本－产出比 1＝资本存量 1/实际 GDP，资本－产出比 2＝资本存量 2/实际 GDP。

从图 7 可以看出，无论是用资本存量 1 还是用资本存量 2 来计算 K/Y 的值，得到的结果差距很小，并且二者有相同的变化趋势。1978～1985 年，资本－产出比下降很快。1986～1995 年这 10 年，虽然中间年份的资本－产出比有所波动，但是整体变化不大。1996～2008 年，资本－产出比保持着平稳的速度下降，2009 年之后保持得比较稳定。改革开放初期，经济发展动力不足，因此只要有资本投入，其对经济的推动就会很明显。随着广州市经济实力的增强以及技术水平的提升，一单位的产出所需要的资本逐渐减少，资本－产出比下降。2008 年以后，资本投入逐渐饱和使得资本－产出比基本上维持在一个稳定的水平。由于广州市 1978～2016 年 K/Y 的值总体呈下降的趋势，因此估算的广州市的资本存量是可靠的。

图 7　1978～2016 年广州市资本 - 产出比的变化

资料来源：本文表 10。

五　结论

　　总供求态势不同，投资增长的影响因素也不尽相同。在供给约束型经济态势中，广州市的投资总体变化不大，其增长主要受进口的制约；在需求约束型经济态势中，广州市的投资有了迅速的增长，其增长主要依靠出口和消费拉动。本文利用永续盘存法估算出了改革开放 40 年来广州市的资本存量，从估算出来的结果可以看出：第一，基期资本存量会不断地折旧，因此，估算的时段越长，基期资本存量对后边年份的资本存量估算结果的影响也就越小；第二，折旧率的设定是影响资本存量估算的重要因素，折旧率设置得高一些，资本存量的估计值就会小于折旧率低一些的资本存量估计值；第三，在有关数据缺失的情况下，可以采用其经济意义相似并且大小接近的数据予以替代。

参考文献

陈柏坚、黄启臣编，1995，《广州外贸史（下）》，广州出版社。

陈昌兵，2014，《可变折旧率估计及资本存量测算》，《经济研究》第 12 期。

单豪杰，2008，《中国资本存量 K 的再估算：1952～2006 年》，《数量经济技术经济研究》第 10 期。

贾润崧、张四灿，2014，《中国省际资本存量与资本回报率》，《统计研究》第 11 期。

柯善咨、向娟，2012，《1996—2009 年中国城市固定资本存量估算》，《统计研究》第 7 期。

李宾，2011，《我国资本存量估算的比较分析》，《数量经济技术经济研究》第 12 期。

廖远甦，2009，《重估上海物质资本存量：1978～2008》，《上海经济研究》第 12 期。

林仁文、杨熠，2013，《中国的资本存量与投资效率》，《数量经济技术经济研究》第 9 期。

刘巍，2010，《储蓄不足与供给约束型经济态势——近代中国经济运行的基本前提研究》，《财经研究》第 2 期。

刘巍，2016，《计量经济史研究方法》，社会科学文献出版社。

王桂新、陈冠春，2009，《上海市物质资本存量估算：1978～2007》，《上海经济研究》第 8 期。

王维、陈杰、毛盛勇，2017，《基于十大分类的中国资本存量重估：1978～2016 年》，《数量经济技术经济研究》第 10 期。

吴智文、丘传英主编，2001，《广州现代经济史》，广东人民出版社。

薛占栋，2011，《深圳物质资本存量估算》，《生产力研究》第 10 期。

张军、吴桂英、张吉鹏，2004，《中国省际物质资本存量估算：1952—2000》，《经济研究》第 10 期。

张军、章元，2003，《对中国资本存量 K 的再估计》，《经济研究》第 7 期。

中共广州市党委史研究室，2008，《广州改革开放 30 年口述史：亲历改革开放 2》，广州出版社。

Chow, G. C. 1993. " Capital Formation and Economic Growth in China. " *The*

Quarterly Journal of Economics, 108 （3）: 809 – 842.

Chow, G. C. , Li, K. 2002. " China's Economic Growth: 1952 – 2010. " *Economic Development & Cultural Change*, 51 （1）: 247 – 256.

Goldsmith, R. W. 1951. "A Perpetual Inventory of National Wealth. " *National Bureau of Economic Research*.

Investment Flow and Capital Stock since 40 Years of Reform and Opening Up in Guangzhou

Deng Yingjie

Abstract: The lack of capital stock data is a big regret for Guangzhou's macroeconomic operation research. Based on the literature and material of relevant capital stock estimation, this paper discussed the question on how to choose and compute the four key variables before estimation, which are investment, depreciation rate, base year capital stock and fixed price index, and estimated the capital stock of Guangzhou from 1978 to 2016 by using the perpetual inventory method. According to the estimated capital stock, the capital-output ratio of Guangzhou has been declining since the Reform and Opening Up.

Keywords: Capital Stock; Perpetual Inventory Method; Fixed Assets Investment; Depreciation Rate

借鉴篇

中日 GDP 核算方法的比较及启示[*]

戴艳娟　李　洁[**]

内容提要：国内生产总值（GDP）是经过高度加工的统计，虽然它依据国际标准的国民经济核算体系（SNA）进行统计，但由于各个国家现存的统计基础和统计制度不同，事实上 GDP 的核算方法在各国间存在很大差异。日本拥有非常雄厚翔实的基础统计调查，年度国民经济核算从流量到存量都编制得非常全面完整。日本年度 GDP 核算对投入产出统计（U 表和 V 表）的依赖性很强，其中，支出法 GDP 是标准值，最受各界重视。日本的季度 GDP 核算仅核算支出法 GDP 及部分分配项目，其是西方先进国家当中唯一未进行生产法 GDP 核算的国家。本文通过对中日两国 GDP 核算方法及基础统计数据的考察，尝试对两国 GDP 核算的整体特点进行较全面的描述，对中国今后 GDP 核算的进一步完善提供参考。

关键词：国内生产总值　投入产出核算　生产法 GDP　支出法 GDP

---

[*]　基金项目：国家社会科学基金重大项目"近代中国经济指数资料整理及数据库建设"（16ZDA132）。

[**]　戴艳娟，广东广州人，广东外语外贸大学中国计量经济史研究中心教授，研究方向为投入产出经济学、日本经济史；李洁，日本埼玉大学经济学研究科教授，研究方向为投入产出分析、国民经济核算。

国内生产总值（GDP）核算是国民经济核算体系（System of National Accounts，SNA）的重要组成部分，是反映一国经济发展水平的核心指标，同时也是各国进行经济规模比较的重要指标之一。GDP 是经过高度加工的统计，虽然其产生并依据国际标准 SNA 体系，但由于各个国家现存的统计基础和统计制度不同，事实上 GDP 的核算方法在各个国家之间都存在很大差异，不同国家的 GDP 核算存在各自不同特点。

中国原有的国民经济核算体系采用的是苏联、东欧等国家和地区在计划经济时期实行的以物质生产领域为中心的物质产品平衡表体系（A System of Material Product Balances，MPS），随着中国由计划经济体制向社会主义市场经济体制的转移，国家统计局 1985 年建立了 SNA 体系的年度 GDP 生产核算，1993 年以取消 MPS 体系的国民收入为标志，中国国民经济核算体系完成了由 MPS 向 SNA 为基础的统计体系转换。日本是统计制度较完善、统计工作非常细致的发达国家之一。自 1953 年开始最初采用美国式国民收入核算体系，1966 年正式实施 1953 年制定的 SNA 体系，直到 1978 年完全转换为 1968 年修订的 SNA 体系，完成了 1968 年 SNA 体系中所包括的国内生产总值核算、投入产出核算、资金流量核算、国际收支核算、资产负债核算的五大核算，2000 年依据 1993 年修订的 SNA 体系进行核算，2016 年正式采用了 2008 年修订的 SNA 体系。

日本建立了完善的数据收集体系，而且较早开展国民经济核算工作，是 SNA 体系统计的先进国家，而中国由于历史原因，统计调查的基础较为薄弱，经过较长时间努力才由 MPS 体系过渡为 SNA 体系，两国 GDP 统计基础差异大，核算方法必然存在较大差异。本文通过对中日两国国内生产总值核算的方法及基础统计数据的考察，尝试较全面地描述中日两国 GDP 核算方法的整体特点，对正确了解及客观评价两国 GDP 核算体系有一定帮助。中日的 GDP 统计均由年度 GDP 统计和季度 GDP 统计组成。本文首先以年度 GDP 统计为核心，考察了以最大限度重视三方等价而以投入产出统计为基础的日本 GDP 的核算方法和同时采用生产法、收入法和支出法的中国 GDP 的核算方法，然后对作为反映一国经济发展形势和动态的季度 GDP 的中日核算方法进行比较。

一　中日年度 GDP 核算方法的比较

（一）日本年度 GDP 核算

1. 日本国民收入核算的历史

日本的国民收入核算具有较长历史，由政府主导的国民收入的估算可以追溯到日本内阁统计局 1928 年估算的 1925 年国民收入的测算，之后，1930 年开始为核算国民收入进行实地调查，并估算了 1930 年和 1935 年的国民收入（奥本佳伸，1997）。第二次世界大战后的 1947 年设立国民收入调查室，完成了个人收入、国民分配收入及国民总支出等核算，扩大了核算范围。1952 年日本经济审议厅下设置国民收入科室，开始每年估算并公布国民收入报告。在还没有国民经济核算世界标准的 SNA 体系之前，日本是依据当时美国的国民收入核算准则进行核算的，为后来实施 SNA 体系打下了良好基础。[①]

以国民收入统计为核心的最初的 SNA 体系于 1953 年公布，日本的国民经济调查委员会和国民经济计算审议会在 1959～1964 年进行详尽的讨论和审议，在 1966 年 4 月开始采用 1953 年制定的 SNA 体系标

---

① 参照内阁府经济社会综合研究所，2016，「2008SNAに対応した我が国国民経済計算について」，http://www.esri.cao.go.jp/jp/sna/seibi/2008sna/pdf/201611 30_2008sna.pdf。

准并对外公布推算结果。1968年，包括的国内生产总值核算、投入产出核算、资金流量核算、国际收支核算、资产负债核算的五大核算的新SNA体系公布后，日本于1970年设立国民经济核算委员会，通过3年的准备，1974年设置国民经济调查会议，1978年正式采用1968年修订的SNA体系，完成了由旧的国民收入核算向1968年修订的SNA体系转换的过程。日本季度GDP核算是1959年开始进行的，直至1971年开始对外公布推算结果。

1993年SNA体系修改方案公布后，日本相关机构积极响应，2000年依据1993年修订的SNA体系进行核算，2008年SNA体系公布后，日本在长时间的准备和筹划后，2016年正式采用2008年修订的SNA体系。日本属于较早采用SNA体系进行国民经济核算的国家之一，可以说是统计基础较好，制度完善，同时是SNA体系统计的先进国家之一。

2. 日本年度GDP核算方法

SNA体系是经过一套通过账户形式概括和描述宏观经济总量水平及其数量关系的核算系统，以GDP为核心指标，对整体经济活动进行核算的体系。1968年SNA体系公布以来，投入产出统计作为平衡生产法与支出法GDP的手段，成为其重要的组成部分。

投入产出分析表的历史可以追溯到1936年列昂惕夫编制的投入产出表，第一张政府层面的投入产出表是美国劳工统计局（BLS）编制的1939年美国投入产出表，BLS用此表进行就业预测分析，1944年美国的战时生产计划部也利用此表进行当时的经济预测，预测结果与之后实际经济状况高度吻合，因此在各国迅速普及。

战后日本政府认识到投入产出表对经济政策的重要作用，经济审议厅（后来的经济计划厅、现在的内阁府）、通商产业省（现在的经济产业省）分别以1951年为对象编制了日本最初的投入产出表。1955年之后，各相关的各级政府机构共同合作，每隔5年编制一张投入产出表。具体是由包括内阁府在内的10个中央及地方政府机构共同协助，由日本总务省统计局完成最终数据的整理编制。内阁府负责编制的以 GDP 为中心指标的国民经济核算体系，在每 5 年的投入产出表编制完成之后，修改原有标准，作为日本 GDP 核算的标准。

投入产出表的基本表是商品×商品表，可以核算所有产品（包括国内生产以及进口产品）的活动，从列向，可以观察各商品进行生产时所需要的各种原材料及服务的投入，从行向，可以观察各商品的用途。投入产出表的分类以产品的基本活动为原则，忽略所产生的副产品，主要以把握产品×产品的投入与产出结构为目的，因此被称作投入产出表。另外，国民经济核算是记录各单位及企业的活动，生产核算的产业是按照企业单位、事业单位、机关和私人生产经营活动的性质进行分类的，因此，投入产出表和国民经济核算中的生产核算之间在基本结构方面存在差异。

在日本，为了将投入产出表的产品×产品的投入与产出结构转换为生产核算，在"产品技术一定的假定（假设同一种产品具有相同的投入结构）"和"产业技术一定的假定（假设产业部门所生产的产品和服务只有一种）"的前提下，从投入产出表（产品×产品表）和它的附带表的 V 表（按经济活动分类的产品和服务的产出表，即使用表）推导出 U 表（按经济活动分类的产品和服务的投入表，即供给表）。① 从附带表的 V 表得到各产业（经济活动）产出额，扣除从 U 表中得到的各产业中间投入额，估算出各产业 GDP（增加值）。另外，商品流量法是日本核算年度 GDP 时通常使用的方法，就是将投入产出表的行向进行重新组合，维持生产方与支出方的两方等价，估算出各

---

① SNA 体系中，首先编制 V 表和 U 表，然后在产业技术一定的假定或产品技术一定的假定的前提下，从 V 表和 U 表间接推导出产品×产品的投入产出表，但日本是直接编制基本流量表。

项需求部门金额，具体方法是，假定利润率以及分配率一定，从生产者价格的供给（产出＋进口）估算出各项消费者价格的需求的金额（中间消费＋最终消费＋总资本形成＋出口）。另外，将以上各产业增加值按照比例分配到劳动者报酬、固定资本损耗、生产税、补助金等各项目，余值作为营业盈余（法人企业）或者混合收入（个体户）。

对没有编制投入产出表的年份进行生产核算时，U 表采用估算的延长表，V 表则每年重新编制。具体做法是，将推算年的 U 表作为基本表，使用工业统计调查资料以及各种财务报表等估算出 U 表的延长表。在支出核算中，参考"家计调查"获取的数据变化的趋势，利用商品流量法估算的民间消费支出作为最终民间消费支出；资本形成总额也同样采用估算的方法，具体是，根据商品流量法估算出机械等设备投资，以建筑商品流量法为基础，利用各种建筑业方面的统计资料估算住宅投资等。[①]

理论上无论采用何种方法核算 GDP，结果应当保持一致。但是在实际统计过程中，由于统计数据或多或少都存在误差，从支出方面和生产方面分别进行估算时，结果存在差异。日本是由各地方政府的统计机构基于各自行政需求分别进行统计调查及数据收集工作，属于分散型的统计制度，有可能存在各统计之间口径不同的问题。但整体来看，各地方统计机构调查并收集整理了大量的需求和供给的统计数据，进行 GDP 核算时可利用的基础统计资料远比中国丰富。在获取大量基础数据的基础上，每年进行投入产出统计的整理工作，可以实现 1968 年 SNA 体系所提倡的以投入产出表为基础，使用工业统计、物流统计等反映产品流向的方法进行估算，并且将支出法和生产法 GDP 之

[①] 参照作間逸雄（2003）的研究及日本内阁府「SNA 推計手法解説書（2007 年改訂版）」，http://www.esri.cao.go.jp/jp/sna/data/reference1/h12/sna_kaisetsu.html。

间的差值率控制在最小范围内。①

日本内阁府每年公布的国民经济核算年鉴厚达 500 页，既有反映日本整体的宏观经济状况的生产、分配、支出、资本储蓄等流量数据，也有体现资产、负债等存量数据。其中，以综合核算的第 1 张表《国内生产总值核算（生产及支出）》中的支出系列的总值《国内生产总值（支出法）》② 为基础表，与增加值核算法计算的各产业合计的差额作为"统计的不一致"项单列在《国内生产总值（生产法）》中，因此，日本以支出法计算的 GDP 作为标准值，可以说最重视支出法③的核算。

表 1 是日本支出法 GDP（最终消费、资本形成、出口等支出项合计）与生产法 GDP（各产业增加值合计）及差值率，数据显示支出法与生产法的 GDP 非常接近。以 2005 年为基准年，除 1995 年 GDP 差值率超过 1% 以外，其他均在 1% 以下；另外，除了 2011 年、2012 年和 2014 年 3 个年份以外，支出法 GDP 均大于生产法 GDP。而以 2011 年为基准年的 GDP 差值率均低于 1%，且大部分年份的支出法 GDP 小于生产法 GDP。

---

① 近年技术革新产生的经济结构的迅速变化导致以往的推算方法已不适应新的环境，特别是以商品流量法为中心由供给向需求进行分配所采用的各种商品的分配比率，经常需要依照各类资料进行调整。另外，每年需要对流通的路径进行讨论。随着服务业的迅速发展，劳动派遣公司的劳动形态有多样化发展的趋势，"企业服务业"更加复杂，因此需要迅速调整对应企业的范围。另外，也有意见指出商品流量法不适用于电子货币决算的普及所增加的相关服务业。

② 在日本的旧称为国内总支出（GDE）。2006 年由内阁府改为现有名称。

③ 日本重视支出法 GDP 的原因可能是在转换为 SNA 体系之前的国民所得（NI）统计时代遗留的传统习惯。作者认为主要是日本"家计调查"以及"法人季报"等需求方面的统计数据较为丰富的缘故，根据负责相关统计核算人员的解释，日本社会对支出法 GDP 的需求也相对较多。以上两种解释互为因果，同时都可能是导致日本更加重视支出法 GDP 的原因。

表 1 日本生产法 GDP 与支出法 GDP 及差值率

单位：10 亿日元，%

年份	a. 支出法 GDP	b. 生产法 GDP	差值率：(a − b)/a	a. 支出法 GDP	b. 生产法 GDP	差值率：(a − b)/a	a. 支出法 GDP	b. 生产法 GDP	差值率：(a − b)/a
	2000 年基准·1993 年 SNA·GDP 不含 FISIM			2005 年基准·1993 年 SNA·GDP 包含 FISIM			2011 年基准·1998 年 SNA·GDP 包含 FISIM		
2015							530545	528797	0.33
2014				486939	487428	− 0.10	513698	512927	0.15
2013				479084	479081	0.00	503176	503358	− 0.04
2012				475332	475731	− 0.08	494957	494946	0.00
2011				471579	471905	− 0.07	491409	491462	− 0.01
2010				482677	481028	0.34	500354	501085	− 0.15
2009	470937	462425	1.81	471139	469295	0.39	489501	490593	− 0.22
2008	504378	496851	1.49	501209	499245	0.39	520716	522035	− 0.25
2007	515520	509174	1.23	512975	511816	0.23	531688	533762	− 0.39
2006	507365	503227	0.82	506687	505715	0.19	526880	529039	− 0.41
2005	501734	499832	0.38	503903	502517	0.28	524133	527113	− 0.57
2004	498328	493502	0.97	503725	500461	0.65	520965	522084	− 0.21
2003	490294	487187	0.63	498855	495760	0.62	515401	516722	− 0.26
2002	491312	487484	0.78	499147	496420	0.55	515986	516787	− 0.16
2001	497720	492156	1.12	505543	501307	0.84	523005	521142	0.36
2000	502990	500368	0.52	509860	508734	0.22	526706	527871	− 0.22
1999	497629	496523	0.22	504903	504928	0.00	519652	522004	− 0.45
1998	504905	502160	0.54	512439	509477	0.58	527877	528412	− 0.10
1997	515644	511086	0.88	523198	518011	0.99	534143	533738	0.08
1996	505012	501840	0.63	511935	507321	0.90	525807	523818	0.38
1995	495166	490668	0.91	501707	496336	1.07	512542	509751	0.54
1994	488450	485889	0.52	495743	491801	0.80	501538	500814	0.14
1993	483712	482686	0.21						

续表

年份	a. 支出法 GDP	b. 生产法 GDP	差值率: (a−b)/a	a. 支出法 GDP	b. 生产法 GDP	差值率: (a−b)/a	a. 支出法 GDP	b. 生产法 GDP	差值率: (a−b)/a
	2000 年基准·1993 年 SNA· GDP 不含 FISIM			2005 年基准·1993 年 SNA· GDP 包含 FISIM			2011 年基准·1998 年 SNA· GDP 包含 FISIM		
1992	480783	480131	0.14						
1991	469422	469162	0.06						
1990	442781	439465	0.75						
1989	410122	406761	0.82						
1988	380743	379557	0.31						
1987	354170	353893	0.08						
1986	340560	338657	0.56						
1985	325402	324173	0.38						
1984	302975	303893	−0.30						
1983	285058	286010	−0.33						
1982	274087	275306	−0.45						
1981	261068	262513	−0.55						
1980	242839	244739	−0.78						

注：FISIM 是间接估算的金融中介服务。

资料来源：日本内阁府平成 27 年版《国民经济计算年报》（2011 年基准）、平成 26 年版《国民经济计算年报》（2005 年基准）和平成 23 年版《国民经济计算年报》（2000 年基准）。

综上所述，日本采用的是分散型统计制度，各地方政府采集了大量的基础统计数据，在丰富的基础数据之上，每年进行投入产出统计。因此，日本年度 GDP 核算可以实现以投入产出表为基础进行 GDP 核算，可以说，日本 GDP 统计对投入产出统计（U 表和 V 表）的依赖性很强，并通过投入产出表将支出法 GDP 和生产法 GDP 的差值率控制在最小范围内。日本在生产法、分配法和支出法三项 GDP 的估算值中，最重视支出法 GDP，将支出法计算的 GDP 作为标准值。

（二）中国的年度 GDP 核算

与依赖于投入产出统计来进行年度 GDP 核算的日本不同，中国受传统的统计报表制度的影响，并受限于基础统计数据，无法进行年度投入产出统计，因此，GDP 核算不依靠投入产出统计，而是利用生产法和收入法对增加值进行核算，或者是对各项最终使用进行核算的两种方法。

与一向重视需求方面的日本 GDP 统计不同，中国的国民经济核算一直传承以生产为中心进行统计的习惯，以 MPS 体系为出发点，因此，最初的 GDP 核算是仅采用生产法和收入法核算增加值。虽然中国只核算生产法 GDP 的原因是受限于现存的统计报表制度，但是也符合当时宏观经济分析及政策制定的需求，改革开放初期的中国存在大量的需求，而供给严重不足，当时的社会更关注供给方面的数据。虽然之后社会状况发生改变，GDP 核算也增加了支出法的核算，但历史方面的传统影响一直持续至今，以生产法对增加值进行加总得到的 GDP 为中国的 GDP 标准值，中国的经济增长率也是以此结果进行估算的。

中国最初的 GDP 核算是通过对 MPS 体系指标进行再加工得到的，[①] 1993 年放弃 MPS 体系后，改为由基础数据直接核算 GDP。为了规范核算方法，1995 年开始，国家统计局国民经济核算司依次发布了《中国年度国内生产总值计算方法》、《中国季度国内生产总值计算方法》以及《中国国内生产总值核算手册》。第一次全国经济普查（简称经普）之后，经常性的抽样调查作为数据收集的重要手段，很大程度上丰富了 GDP 核算所需要的基础数据，在新的形势下，2006 年国家统计局发布了《中国非经济普查年度国内生产总值核算方法（试行方

---

① 物质生产部门是由纯生产额减去非物质部门的服务的投入后，加上固定资本损耗得到的推算值。非物质生产部门是根据政府的决算资料、税收资料、工资数据以及就业人员统计资料等推算出增加值。

案)》，2008 年正式推出《中国非经济普查年度国内生产总值核算方法》。以下内容是根据上述文献整理并考察了第一次经普后中国 GDP 的核算方法。[1]

1. 根据生产法及收入法对各产业增加值的估算

各产业 GDP（增加值）的估算方法，一是从生产角度估算，即将产出扣除中间投入得到的差值；二是从分配角度估算，即将增加值的各个分配项目，如劳动者报酬、固定资本折旧、生产税净额、营业盈余等进行加总。前者是生产法，后者是收入法。第一次经普之前，采用生产法或收入法核算出各产业增加值后进行加总。具体核算公式如下：

生产法：各产业增加值＝各产业总产出－各产业中间投入

收入法：各产业增加值＝劳动者报酬＋生产税净额＋固定资本折旧＋营业盈余

这里的"劳动者报酬"指从业人员从事生产活动所获取的现金及实物，其中，公费医疗、交通补贴、社会保险及住房公积金等企业的负担部分也包含在内。关于"劳动者报酬"的概念，在不同时期定义略有不同。第一次经普前，个体经营者被当作劳动者，获取的收益包含在劳动者报酬当中，是日本的"生产者报酬"和"混合收入"合并的概念。在《中国非经济普查年度国内生产总值核算方法》的手册中，对 1993 年 SNA 体系所规定的"混合收入"的部分划入"营业盈余"[2]，除农林水产业以外，"劳动者报酬"等于"雇佣者报酬"的概念。对于农林水产业，包括国有及集团的所有农场获得的收益一起并入"劳动者报酬"，并未作为"营业盈余"部分的收入。

---

① 第一次经普之前的推算方法参照许宪春（2002）。

② 1968 年 SNA 体系概念中的"营业盈余"。

"生产税净额"是生产税扣除生产补贴的差额。生产税是生产者从事生产活动时所缴纳的各种税额，或者说是对生产中使用固定资产、土地、劳动力等生产要素所征收的税金。具体来说包含销售税、增值税、营业税、印花税、房地产税及车船使用税等。生产补贴是为了干预生产及价格水平政府给予的各种转移支付，包括政策性补贴和价格补贴等。

"固定资本折旧"是生产过程中所消耗的固定资本的价值，可以说是虚拟值的计算。企业及自负盈亏的事业单位的固定资本损耗采用的是企业核算固定资本使用年限后，预计每年消耗的固定资本的金额，而政府机构、政府财政覆盖的事业单位及自购住宅等固定资本损耗则采用统一规定的折旧率和固定资本的购买价格估算资本损耗的虚拟值。

"营业盈余"是从增加值中扣除上述的劳动者报酬、生产税净额及固定资本折旧等所得到的差额。收入法估算各产业 GDP 时，根据经济普查的相关资料及针对编制投入产出数据进行调查的相关数据，并根据产出（或者增加值）估算出各产业的营业盈余率，最终估算出营业盈余。

第一次经普后，首先对所有产业进行生产法和收入法核算，最终发布增加值时，对一定规模以上企业和规模以下企业使用不同标准。对于一定规模以上企业[①]，进行全国估算时，采用的是生产法与收入法估算值的算术平均值，但是进行地区生产总值估算时，生产法的结果占 0.75，收入法的结果占 0.25。对于一定规模以下企业[②]，采用收入法结果。农林水产业采用生产法结果，建设业及第三产业采用收入法的估算值。

---

① 规模以上企业指主营业务收入在 500 万元及以上的法人工业企业。

② 规模以下企业指主营业务收入在 500 万元以下的法人工业企业。

2. 支出法 GDP 的核算

国家统计局从 1989 年开始首先在内部实验性估算，1993 年起正式开始核算支出法 GDP。与日本采用商品流量法不同，中国是对各支出项目分别进行估算。

国家统计局公布的"国内生产总值"是指由生产法和收入法得到的增加值，而对支出项目的核算使用"支出法国内生产总值"的方式进行公示。早期支出法 GDP 公布的项目仅有"最终消费支出"、"资本形成总额"和"货物和服务的净出口"三个项目。第一次经普之后，开始公布更加详细的各支出项目的数据。

"最终消费支出"分为"家庭消费支出"和"政府消费支出"。[①]由于中国的农村和城市消费习惯不同，又将"家庭消费支出"分为"城镇居民"消费和"农村居民"消费，这些消费项目分别有食品、衣着、居住、自来水、电力和天然气、家庭设备用品及其服务、医疗保健、交通和通信、教育、文化娱乐用品及服务、金融服务、保险及其他消费支出等项目。[②]"政府消费支出"包含非营利团体的消费，由各种决算资料进行估算。最新的国民收入核算体系中将原有包含在"政府消费支出"的非营利团体消费中的为住户服务的非营利机构消费支出剥离出来，单独进行设置，而且增加了实际最终消费，将实际最终消费分为"居民实际最终消费"、"政府实际最终消费"和"为住户服务非营利机构实际最终消费"（许宪春，2016）。

"资本形成总额"由"固定资本形成总额"和"库存增加"两个项目组成。"固定资本形成总额"中包括有形固定资本形成和无形固定资本形成。其中，无形固定资本形成中包括矿藏的勘探及开发计算

---

① 在日本"家庭民间非营利团体最终消费支出"部分包含在"民间最终消费支出"项，而中国包含在"政府消费支出"项。

② 推算手册中还包含公费医疗、自有住宅、现金支付等项目，但未公开相关统计数据。

机软件获得减处置的净额,[①] 依据最新的国民收入核算体系,增加了贵重物品的获得减处置的分类,并且依照 2008 年 SNA 体系的原则将固定资本形成分为住宅、其他建筑和构筑物、机器和设备、培育性生物资源、知识产权产品、非生产资产所有权转移费、其他等 7 个类别,而且,在知识产权产品中列入了研发支出的类别（许宪春,2016）。"存货增加"是市场价格衡量的存货量的增减、由各产业相关的会计资料进行的估算值。具体是利用价格指数将初期存货金额换算为末期存货金额之后,减去初期存货价值的差额,在扣除当前由价格变动而产生的持有收益获得最终的存货变动。

"货物和服务的净出口"未公布进口与出口的金额,仅用出口与进口的差额表示。净出口的数据来自国际收支统计,利用年平均汇率将美元转换为人民币表示的金额,进口及出口的具体金额及各项目的具体数值可从国际收支的数据中获取。

表 2 是中国实施经普及改变核算方法前后的生产法与支出法 GDP 以及二者之间的差值率。由表中数据及相关年鉴数据可计算得到,进行第一次经普后 2004 年 GDP 上调 16.8%,第二次经普后 2008 年 GDP 上调 4.45%,第三次经普后 2013 年 GDP 上调 3.37%。生产法与支出法 GDP 的差值率在第二次经普后大幅缩小。依据《中国统计年鉴 2014》,经普之前两者之间的差值率普遍大于 1%,有的年份在 5% 以上,只有 2002 年及 2007 年附近的差值率较小。虽然中国没有进行每年的投入产出统计,但是近年改变了原有的推算方法,有可能采用投入产出方法对生产法与支出法 GDP 进行调整。但是从《中国统计年鉴 2015》及《中国统计年鉴 2016》公布的数据发现,大部分年份的差值

---

① 1993 年 SNA 体系中,设置了贵重物品增加项作为新的生产资产,其中包含贵金属及宝石、古董品及其他艺术品等。上述贵重物品并不用于生产及消费,主要是作为价值的储存手段所保有的资产。这样的资产的纯流量,即贵重物品获得减处置是无形固定资产形成的项目之一。

表2　中国生产法 GDP 与支出法 GDP 及差值率

单位：亿元，%

年份	《中国统计年鉴2016》			《中国统计年鉴2015》			《中国统计年鉴2014》			《中国统计年鉴2005》		
	a. 生产法 GDP	b. 支出法 GDP	差值率 (b−a)/a	a. 生产法 GDP	b. 支出法 GDP	差值率 (b−a)/a	a. 生产法 GDP	b. 支出法 GDP	差值率 (b−a)/a	a. 生产法 GDP	b. 支出法 GDP	差值率 (b−a)/a
2015	685506	696594	1.62	636139	640697	0.72						
2014	643974	647182	0.50									
2013	595244	596963	0.29	588019	589737	0.29	568845	586673	3.13			
2012	540367	540989	0.12	534123	534745	0.12	519470	529399	1.91			
2011	489301	486038	−0.67	484124	480861	−0.67	473104	472619	−0.10			
2010	413030	410708	−0.56	408903	406581	−0.57	401513	402816	0.32			
2009	349081	349883	0.23	345629	346431	0.23	340903	348775	2.31			
2008	319516	319936	0.13	316752	317172	0.13	314045	315975	0.61			
2007	270232	271699	0.54	268019	269486	0.55	265810	266599	0.30			
2006	219439	221207	0.81	217657	219425	0.81	216314	222713	2.96			
2005	187319	189190	1.00	185896	187767	1.01	184937	187423	1.34			
2004	161840	162742	0.56	160714	161616	0.56	159878	160957	0.67	136876	142394	4.03
2003	137422	138315	0.65	136565	137457	0.65	135823	136613	0.58	117390	121730	3.70
2002	121717	122292	0.47	121002	121577	0.48	120333	120476	0.12	105172	107898	2.59
2001	110863	111250	0.35	110270	110657	0.35	109655	109028	−0.57	97315	98593	1.31

续表

年份	《中国统计年鉴2016》			《中国统计年鉴2015》			《中国统计年鉴2014》			《中国统计年鉴2005》		
	a. 生产法 GDP	b. 支出法 GDP	差值率：(b－a)/a	a. 生产法 GDP	b. 支出法 GDP	差值率：(b－a)/a	a. 生产法 GDP	b. 支出法 GDP	差值率：(b－a)/a	a. 生产法 GDP	b. 支出法 GDP	差值率：(b－a)/a
2000	100280	100577	0.30	99776	100073	0.30	99215	98749	－0.47	89468	89341	－0.14
1999	90564	90824	0.29	90188	90447	0.29	89677	91125	1.61	82067	82673	0.74
1998	85196	85486	0.34	84884	85175	0.34	84402	86532	2.52	78345	79003	0.84
1997	79715	80025	0.39	79430	79739	0.39	78973	81659	3.40	74463	74894	0.58
1996	71814	72102	0.40	71572	71861	0.40	71177	74164	4.20	67885	68330	0.66
1995	61340	61539	0.32	61130	61329	0.33	60794	63217	3.99	58478	58511	0.06
1994	48674	48823	0.31	48460	48645	0.38	48198	50217	4.19	46759	46691	－0.15
1993	35673	35900	0.64	35524	35751	0.64	35334	36938	4.54	34634	34501	－0.38
1992	27195	27334	0.51	27068	27208	0.52	26923	27565	2.38	26638	25864	－2.91
1991	22006	22124	0.54	21896	22014	0.54	21781	22577	3.65	21618	21280	－1.56
1990	18873	19067	1.03	18774	18968	1.03	18668	19348	3.64	18548	18320	－1.23
1989	17180	17360	1.05	17090	17270	1.05	16992	17311	1.88	16909	16466	－2.62
1988	15180	15332	1.00	15101	15253	1.01	15043	15389	2.30	14928	14704	－1.50
1987	12175	12294	0.98	12102	12222	0.99	12059	12277	1.81	11963	11785	－1.49
1986	10376	10474	0.94	10309	10406	0.94	10275	10509	2.28	10202	10133	－0.68
1985	9099	9180	0.89	9040	9122	0.91	9016	9077	0.68	8964	8792	－1.92

续表

年份	《中国统计年鉴 2016》			《中国统计年鉴 2015》			《中国统计年鉴 2014》			《中国统计年鉴 2005》		
	a. 生产法 GDP	b. 支出法 GDP	差值率：(b−a)/a	a. 生产法 GDP	b. 支出法 GDP	差值率：(b−a)/a	a. 生产法 GDP	b. 支出法 GDP	差值率：(b−a)/a	a. 生产法 GDP	b. 支出法 GDP	差值率：(b−a)/a
1984	7279	7346	0.92	7226	7294	0.94	7208	7363	2.15	7171	7164	−0.10
1983	6021	6079	0.96	5976	6033	0.95	5963	6216	4.24	5935	6076	2.38
1982	5373	5426	0.99	5333	5386	0.99	5323	5590	5.02	5295	5489	3.66
1981	4936	4957	0.43	4898	4920	0.45	4892	5009	2.40	4862	4901	0.80
1980	4588	4575	−0.28	4552	4539	−0.29	4546	4593	1.03	4518	4551	0.73
1979	4101	4078	−0.56	4068	4045	−0.57	4063	4093	0.74	4038	4074	0.89
1978	3679	3634	−1.22	3650	3606	−1.21	3645	3606	−1.07	3624	3606	−0.50

注：① 《中国统计年鉴 2005》的数据是第一次经普之前的数据；

② 《中国统计年鉴 2014》的数据是第三次经普实施之前的数据。2004 年是第三次经普年度，并按照《中国经济普查年度国内生产总值核算方法》的要求，重新计算了经普年度（即 2004 年）国内生产总值的历史数据，并利用趋势离差法（即利用趋势数据计算历史数据经普数值的趋势值），得到新的历史数据修订值。2008 年之前的历史数据，按照 2008 年第二次经普实际值和趋势值的比率修订根据经普数据修订的历史数据趋势值，重新计算了经普年度 2008 年 GDP，并利用了 2005~2007 年 GDP 的历史数据。2009~2014 年的数据是在修订后的 2008 年数据基础上计算出来的；

③ 《中国统计年鉴 2015》的数据是第三次经普实施之后的数据。2013 年是第三次经普年度，按照《中国第三次经济普查年度国内生产总值核算方法》的要求，重新计算了 2013 年的国内生产总值，并利用趋势离差法重新计算 1952~2012 年国内生产总值，修订了 1952~2012 年国内生产总值，2015 年公布的 GDP 是修订后的数据；

④ 《中国统计年鉴 2016》的数据是国家统计局改革研发支出的核算方法后重新估算的数据。2016 年核算 GDP 时，将能够对所有者带来未来经济利益的研发支出不再作为中间消耗，而是作为固定资本形成处理。2016 年的数据是根据新的核算方法，修订后的 1952~2015 年国内生产总值的数据。

资料来源：《中国统计年鉴 2005》《中国统计年鉴 2014》《中国统计年鉴 2015》《中国统计年鉴 2016》。

率控制在 1% 以内，说明在第三次经普之后，重视通过投入产出数据的作用，对数据进行调整，缩小了生产法与支出法 GDP 的差异。

（三）中日年度 GDP 核算过程的差异及差值率的比较

图 1 归纳了中日年度 GDP 核算过程的差异。日本年度 GDP 核算中生产法 GDP 采用增加值法，支出法 GDP 采用商品流量法，两者之间的差值通过投入产出统计的平衡过滤作用进行了调整。中国早期的年度 GDP 核算，没有使用投入产出统计进行平衡调整，而是使用各种统计直接估算，从而导致生产法与支出法 GDP 的差值率较大，根据表 2 的数值可知，2014 年之后国家统计局根据第三次经普数据并在方法上进行了调整，差值率大幅缩小。

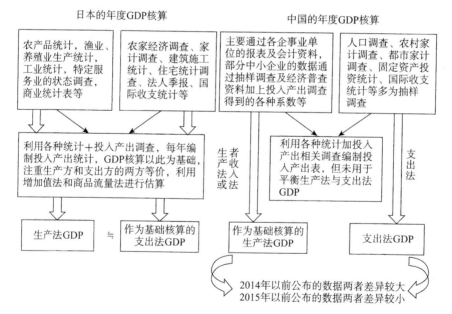

图 1　中日年度 GDP 核算过程的差异

图 2 显示了中日两国生产法与支出法 GDP 估算值之间差值率的推移。日本除核算基准改变前的最后几年之外，差值率基本控制在 1%以内。2000 年与 2005 年基准的支出法 GDP 大多高于支出法 GDP，但

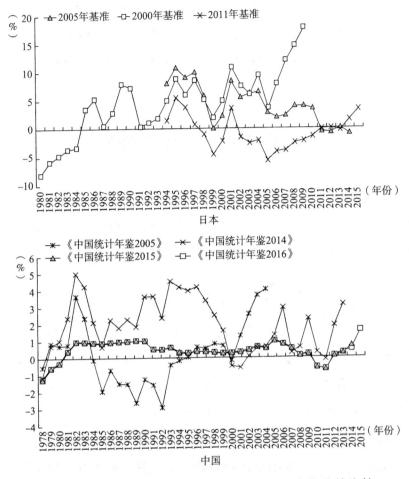

图 2　中日生产法 GDP 与支出法 GDP 差值率推移的比较

注：日本的差值率由下式计算：（支出法 GDP－生产法 GDP）÷作为基准的支出法 GDP。中国的差值率由下式计算：（支出法 GDP－生产法 GDP）÷作为基准的生产法 GDP。

资料来源：日本 2000 年基准（1980～2009 年）数据由内阁府平成 23 年版《国民经济计算年报》、2005 年基准（1994～2014 年）由内阁府平成 26 年版《国民经济计算年报》、2011 年基准（1994～2015 年）由内阁府平成 27 年版《国民经济计算年报》算出。中国数据分别由《中国统计年鉴 2005》、《中国统计年鉴 2014》、《中国统计年鉴 2015》和《中国统计年鉴 2016》算出。

是 2011 年基准重新估算的支出法 GDP 在大部分年份低于生产法 GDP。而中国的差值率在 2014 年以前存在较大差异，且无明显规律，但是第三次经普之后，即 2015 年公布的修正后数据，差值率明显缩小，大多数年份控制在 1% 以内，2016 年按照新的国民经济核算标准进行核算的两者之间的差值率进一步缩小，除了最新公布的 2015 年差值率较大以外，其他年份基本在 1% 以下。总体来看，支出法 GDP 普遍略高于生产法 GDP。

二　中日季度 GDP 核算的比较

季度 GDP 核算（Quarterly GDP Estimation，QE）可以及时反映一国国民经济的发展趋势，是判断经济景气最基础的资料，可以对于短期宏观经济分析及政策提案提供数据支撑，因此，各国都非常重视 QE 的发布速度。

1990 年以前日本的季度 GDP 速报在基础年份的统计数据的基础上，以"家计调查""四半期别法人企业统计（季度法人企业统计）"等需求方面的统计资料为中心进行延长估算，在季度结束后的 70 日左右公开估算结果。1999 年开始改为季度结束后 45 天发布关于支出系列及劳动者报酬方面的"第 1 次速报"，即初步核算结果，加快了公布的速度，由于第 1 次速报未能使用"季度法人企业统计"等基础数据，只能够利用上一期的数据进行估算，虽然速度提升，但是缺乏精确度。在"季度法人企业统计"等相关数据公布后，将原有关于民间企业设备投资及库存变动等估值改为实值，在季度结束后 70 天左右公布"第 2 次速报"，即进一步核实的数据，提供更真实可信的数据。2002 年开始，随着供给侧统计资料的不断丰富，QE 从原来以需求方面数据为中心进行估算变为综合利用需求和供给统计进行估算。供给侧的数据有"生产动态统计调查"以及"特定服务产业动态统计调查"等资料，并采用与年度估算所使用的商品流量法接近的估算方法。2004 年，需求方面统计资料除原来的"家计调查"以外，增加了"家计消费状况调查"等资料，力求估算出更加精确的 QE（野木森稳，2011；山本龍平，2011）。

日本现在仅估算支出法 QE 和部分分配项目，这是对四个季度的 U 表进行延长估算存在很多困难所致。在 G7 各国中只有日本还未公布生产法和分配法的季度数据。2001 年在供给数据不断完善的背景下，日本内阁府开始探讨增加生产法及收入法 QE 的估算，在三方等价原则的基础上建立季度国民经济核算体系（Quarterly National Account，QNA）的方案。2014 年日本内阁府经济社会研究所针对生产方面 QE 估算的方法及发布时间等进行了具体讨论（吉沢裕典等，2014）。

中国从 1992 年开始进行 QE 核算，由于受基础统计数据限制，早期的季度核算是采用生产累计核算方法，未进行当季 GDP 核算。与日本相反，中国仅仅估算生产法 QE（许宪春，2006）。自 2015 年第三季度开始，中国改变 QE 的核算方法，直接利用当季基础数据分季核算。QE 核算主要采用增加值率法①和相关价值量指标外推法②进行估算。基础数据的获取主要通过以下几种方式：第一种是直接通过联网直报方式获得的规模以上企业数据；第二种则通过抽样调查方式取得的小微企业③统计数据和价格调查数据；第三种是通过有关部门获取行政记录加工整理的统计数据和有关统计调查数据④。

为了保证 QE 的时效性，国家统计局通常在季度结束 2 周后，以国家统计局国民经济运行情况新闻发布会的形式发布。西方发达国家

---

① 增加值率法的推算公式如下：现价增加值 = 现价总产出 × 现价增加值率。

② 相关价值量指标外推法的推算公式如下：现价增加值 = 上年同期现价增加值 ×（1 + 现价增加值增长速度）。

③ 年主营业务收入在 500 万元以下的法人工业企业。

④ 参照国家统计局网站发布的《许宪春：正确看待我国季度 GDP 核算数据》，http://www.stats.gov.cn/tjsj/sjjd/201507/t20150717_1216766.html，2015 年 7 月 17 日。

通常在季度结束后的 4~6 周公布，这样的速度对于它们难以想象，以至于中国的"快速"反而被认为是统计缺乏可信度。其实中国能及时发布 QE，与中国长期以来实行的统计报表制度不可分割。初步核实值与最终核实值均可在国家统计数据库（http://data. stats. gov. cn）和《中国经济景气月报》上查找。

最初 QE 的估算包含农林牧渔业、工业、建筑业、交通运输和邮电通信业、批发和零售贸易餐饮业、金融业、房地产业及其他服务业等 8 个行业，2006 年将批发和零售贸易餐饮业分为批发和零售业与餐饮业，则共计为 9 个行业[①]，工业进一步分为 3 个门类，其他服务业分为 9 个门类[②]。由于资料限制，中国至今仍未发布支出法 QE。今后，随着市场经济的不断深入，特别是现在中国实施积极的财政政策，不断增加公共基础设施的投资，提出供给侧改革，扩大国内消费，从需求面分析的需求自然会增加。

特别是在中日比较方面，由于中国只有生产法 QE，而日本又只有支出法 QE，所以虽然能进行 QE 总量比较，而对结构性分析，无论是从消费、投资等需求方面，还是从各产业生产活动的供给方面均无法进行比较。

---

① 参照国家统计局国民经济核算司《国内生产总值季度核算方案（试行）》（2010 年）。

② 参照中国经济网《国家统计局关于 GDP 季度核算的说明（全文）》，http://www. ce. cn/xwzx/gnsz/gdxw/201510/22/t20151022_6780152. shtml。工业包含采矿业，制造业，电力、热力、燃气及水生产和供应业 3 个门类；其他服务业包含信息传输、软件和信息技术服务业，租赁和商务服务业，科学研究和技术服务业，水利、环境和公共设施管理业，居民服务、修理和其他服务业，教育，卫生和社会工作，文化、体育和娱乐业，公共管理、社会保障和社会组织 9 个门类。参照国家统计局国民经济核算司《国内生产总值季度核算方案（试行）》（2010 年）。

三 结论及启示

通过上文 GDP 核算方法的比较，可以发现中日都在遵循 SNA 体系的基础上，根据各自国家的具体情况，在数据收集以及统计方法上逐步改进和完善。总体上讲，日本的统计基础良好，但由于是分散型统计制度，各省厅基于各自行政需求分别进行统计调查及数据收集工作，所以有可能带来各统计之间口径不同的问题，2007 年全面修订统计法，其中主要目的之一就是解决这个问题；日本年度国民经济核算很全面，GDP 核算通过投入产出统计调整平衡数据，以期达到或接近 GDP 三方等价，数据以支出法为准，季度核算则只核算支出法 GDP 及一部分分配项目，但是生产法 QE 的推算已放入了推算日程之中。

与日本相比，中国相对统计基础工作还比较薄弱，尽管已经有了极大的改善，GDP 核算的统计环境逐渐好转，但还受到一定的制约，在很多方面存在妥协折中的处理方式；受传统的统计报表制度的影响，年度核算仍以生产法 GDP 为基准，由于缺乏详细的统计数据，不能进行每年的投入产出统计。因此基础数据缺乏是中国 GDP 核算的薄弱环节。现在中国在发展社会主义市场经济，中小企业已经成了经济的主体，这些企业的统计数据详尽与否关系 GDP 核算的准确性。中国现在以国家统计局为核心进行数据调查和收集工作，而地方上自主的调查及数据收集工作仍然非常薄弱，加强地方统计数据的调查及收集工作，拓宽数据来源，为丰富我国的统计数据及健全每年的投入产出统计有非常重要的意义。我国季度核算也是由于数据不足等原因仅有生产法 QE，未核算支出系列的 QE。进行支出法 QE 的核算应当也是进一步完善中国 GDP 核算的核心内容。由于中日 QE 核算方法的不同，进行中日 QE 比较时只能进行总量比较，不能进行结构性分析。

参考文献

〔日〕奥本佳伸，1997，「日本における国民所得推計の歩み」，『（千葉大学）経済研究』第 2 期。

〔日〕吉沢裕典、小林裕子、野木森稔，2014，「日本における生産側四半期 GDP 速報の開発に向けて」，『国民経済計算』（季刊）第 155 期。

〔日〕山本龍平，2011，「分配側 GDP 推計の各国における実施状況とわが国における対応—わが国における分配側 GDP 四半期推計の試算について—」，『国民経済計算』（季刊）第 146 期。

〔日〕小島麗逸，2003，「中国の経済統計の信憑性」，『アジア経済』第 6 期。

许宪春，2002，《中国国内生产总值核算》，《经济学》（季刊）第 1 期。

许宪春，2006，《对我国季度国内生产总值核算的思考》，《中国统计》第 6 期。

许宪春，2009，《中国国民经济核算体系的建立、改革和发展》，《中国社会科学》第 6 期。

许宪春，2010，《中国国民经济核算与统计问题研究》，北京大学出版社。

许宪春，2016，《论中国国民经济核算体系 2015 年的修订》，《中国社会科学》第 1 期。

〔日〕野木森稔，2011，「先進主要国の生産アプローチに基づく四半期 GDP の特徴とその位置づけ—日本での導入に向けてのサーベイ」，『国民経済計算』（季刊）第 146 期。

〔日〕作間逸雄，2003，『SNAがわかる経済統計学』，有斐閣。

Holz, C. A. 2004. "China's Statistical System in Transition: Challenges, Data Problems, and Institutional Innovations." *Review of Income and Wealth*, 50 (3): 381 –409.

United Nations. 1971. "Basic Principles of the System of Balances of the National Economy. " *Studies in Methods*, Series F. No. 17.

The Comparison and Enlightenment of GDP Measurements between China and Japan

Dai Yanjuan, Li Jie

Abstract: The gross domestic product (GDP) is the data which carries on statistics processing, but because the statistical basis and system are different in various countries, in fact, the methods of GDP measurements are different in the various countries, although the measurement according to the same international standard, System of National Accounts (SNA). Japan establish very complete and comprehensive annual national accounting including flow and stock statistics by very strong and detail basic statistical survey and annual GDP accounting is highly dependent on the input-output statistics (U-tables and V-tables) because the three kind of estimates of annual GDP are needed by production approach, distribution approach and expenditure approach. Chief among them is expenditure approach, and it becomes the standard GDP in Japan. Quarterly GDP Estimation (QE) in Japan has only been expenditure-side approach, and it is the only one country which there has not yet been QE using production approach among the advanced Western countries. Through the investigation of GDP accounting methods and basic statistical data between China and Japan, this paper tries to provide a comprehensive description of the overall characteristics of the two countries' GDP accounting and provide a reference for further improvement of China's GDP measurement.

Keywords: Gross Domestic Product; Input-output Accounting; Production Approach GDP; Expenditure Approach GDP

法国从供给约束型到需求约束型
经济的统计分析

吴蓓蓓[*]

内容提要：本文基于总供求态势理论，利用法国总供给曲线及供给弹性等分析工具，对其经济态势做了初步判断。数量分析结果表明，法国于1881年完成了由供给约束型经济到需求约束型经济的转变。

关键词：法国　供给约束型经济　需求约束型经济　经济态势　转变　弹性

　　所有的经济学理论都有特定的前提假设与适用条件，考察各国的总供求态势，有利于帮助学者选择合适的理论来解释经济现象，进而提出有效的政策建议。现有的研究文献只是对美国、中国、英国和日本的总供求态势进行了划分[①]，其余国家尚未涉及。作为世界主要发达国家之一，法国在政治、经济、文化等诸多方面都对欧洲产生了深远的影响。回顾历史，19～20世纪的法国多灾多难，战争不断。但法国仍然能在短暂的战争间歇中保持发展活力，没有被其他资本主义国

---

* 吴蓓蓓，广东广州人，广东外语外贸大学硕士研究生，研究方向为计量经济史。
① 研究成果都出自广东外语外贸大学中国计量经济史研究中心的学者。

家甩在身后，其经济成就有目共睹。故本文选择法国作为研究对象，对其经济态势进行研究和划分，以弥补学界在这一方面的空缺，并为日后研究打下基础。本文主要分为五个部分：第一部分为文献综述；第二部分介绍了总供求态势的内在逻辑；第三部分对法国经济态势的转变进行了讨论，并初步判断了法国经济态势转变节点的所在范围；第四部分进一步对法国经济总供求态势进行了探讨，并利用计量的方法来确定精确的转变时点；第五部分进行了简单的总结。

一　文献综述

判断一国或一区域经济发展所处的阶段，是制定合理的经济发展战略的重要前提之一。目前，学术界对经济阶段划分的探讨主要集中在两个方面：划分标准及划分内容（陈刚、金通，2005）。经济发展阶段的划分标准主要分为三类：结构主义、总量主义和综合主义。结构主义的代表人物有罗斯托（2001），他认为经济发展的本质是生产结构的变化，因而应设置结构性指标来划分经济发展的阶段。总量主义的代表人物认为经济发展过程最终是一个总量扩张的过程（杨治，1985）。作为综合主义的代表，丁跃潮等（2008）认为经济发展阶段的划分标准应该是若干指标的综合。不同的阶段按划分标准为研究者提供了不同的视角。结构主义把结构变化视为经济发展的本质来划分经济阶段。该观点抓住了经济增长的结构特性但不太容易实践。总量主义把总量变化视为经济发展的最终体现，利用总量指标来划分经济阶段。该方法在实际操作中简单易行，但难以真正区分不同性质的发展阶段。综合主义的观点意识到了结构主义和总量主义的不足，主张采用多项标准对发展阶段进行综合考察。这符合经济复杂的特征，但其标准设置存在较多争议。

基于不同的划分标准，经济阶段按划分内容又可细分为三阶段论、四阶段论、五阶段论和六阶段论。三阶段论的代表人物有阿明（1990）和刘巍（2016）。阿明（1990）构造了"中心－外围"理论；而刘巍（2016）认为世界经济史可以分为三个阶段——供给约束型经济、需求约束型经济及"新供给"约束型经济。四阶段论、五阶段论和六阶段论的主要人物分别有 Friedman（1966）、Hoover 和 Fischer（1949）、罗斯托（2001），他们各自从区域关系、生产部门状况、产业结构等方面出发，将经济发展阶段进行了不同的划分。

各位学者按照一定的标准将发展阶段划分为如下几个部分。从 GDP、供给和需求等方面入手，各类划分都揭示了经济发展阶段性演替的普遍规律。但若从经济史的研究角度来进行评述，刘巍（2016）从供给与需求（即经济态势）的角度对经济进行阶段性划分，很好地为经济史学家分析特定经济时段提供了分析工具的选择依据。在实证方面，在总供求态势理论的指导下，刘巍（2011）利用总供求与价格的关系、贸易条件以及马勒条件分别对近代中国的经济态势进行了分析。结果发现，1996 年，中国的经济态势从供给约束型转变为了需求约束型。此外，刘巍（2010a）利用货币流量替代预期价格，并使用普通最小二乘法对美国的数据进行了回归分析，得出美国的经济态势在 1920 年发生了转变的结论。类似的，刘巍（2010b）通过计算英国维多利亚时代的总供给曲线弹性，发现 1871～1938 年的英国已处于需求约束型经济。另外，陈昭（2012）利用最小二乘法与马尔科夫链蒙特卡罗递归法对日本的数据进行了分析，得出日本在 1950 年从供给约束型经济转变为了需求约束型经济的结论。至此，中国、美国、英国以及日本的总供求态势的阶段划分研究均已完成，但还缺乏对其他国家的研究。在法国方面，沈坚（1999）结合经济数据及历史大事件，将 1789～1914 年的法国经济划分为了快－慢－快三个时段。除此之外，学界还未利用总供求态势理论对法国经济阶段进行区分，故而尚不能为有效地辨识法国的经济态势提供精准的判断。

二 总供求态势的逻辑分析

总供求态势理论把经济史的发展分为了三个阶段：供给约束型经济、需求约束型经济以及"新供给"约束型经济（刘巍，2011）。本文的研究重点放在前两个经济态势，故下文将分别对这两个经济态势的特点及其判断方法做简要的介绍。

（一）经济态势的特点

1. 供给约束型经济

供给约束型经济又称为"短缺经济"。在这一阶段，总供给与总需求均处于较低的水平，总供给不仅在量上小于总需求，而且在变动速度上也慢于总需求。总供给与总需求之间的差距表明，总供给有巨大的发展潜力。图 1 表示的是供给约束型经济环境下的短期供求曲线，其中，图 1（a）是供给曲线右移的状态，图 1（b）是供给曲线变缓的状态。在图 1（a）中，总供求曲线的初始位置是 AS_1 和 AD_1。当总需求和总供给增加，AD_1 移动至 AD_2，AS_1 右移至 AS_2。相应的，产出从 Y_1 增长至 Y_2，价格从 P_1 上升至 P_2。若总需求曲线下降到低于 AD_1 的位置，则产出依旧增长至 Y_2 但价格下降（低于 P_1）。在图 1（b）中，总供求曲线的初始位置是 AS_1 和 AD_2。当总供给曲线的斜度从 AS_1 放缓至 AS_2 且总需求曲线从 AD_2 上升至 AD_3 时，总产出从 Y_1 增长至 Y_3，价格从 P_2 升至 P_3。若总需求曲线下降到 AD_1，则产出下降至 Y_2（$>Y_1$），价格下降到 P_1（$<P_2$）。

在经济运行中，图 1（a）和图 1（b）的情况均可能发生。以柯布－道格拉斯生产函数的逻辑来解释，提高供给能力，可以使总供给曲线发生平移；而提高效率或人力资本质量，可以使总供给曲线变缓。其中，总供给曲线发生右移的概率高于斜率变缓。若进一步将短期价

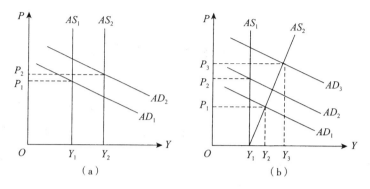

图 1　供给约束型经济短期供求曲线

格和相应的总产出点联结起来，便可得到图 2 的长期总供给曲线（AS_L）。可以发现，AS_L 曲线呈现十分不规则的形状。

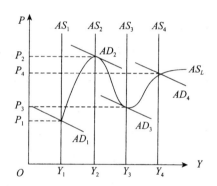

图 2　供给约束型经济长期供求曲线

2. 需求约束型经济

需求约束型经济又称为"订单经济"。在这一阶段，潜在总供给能力强大，总供给大于总需求，且总供给被迫适应总需求。此时，生产一端没有问题，问题在于消费者是否愿意购买及其购买力大小。

图 3 是需求约束型经济的短期供求曲线（AS_{S1}）。忽略了小幅价格波动后，简化的总供给曲线 AS_{S1} 在拐点前与横轴平行，在拐点后与纵轴平行。前者为总供给的增长期，后者为总供给的调整期。AD_1、AD_2 和 AD_3 表示高增长时期的总需求，增长幅度很大；AD_4 和 AD_5 为低增长时期的总需求，增长速度较慢。

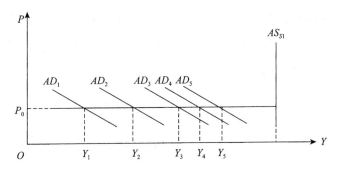

图3　需求约束型经济短期供求曲线

需求约束型经济的长期供给曲线，由多个短期总供求曲线的交点联结而成。从图4可以观察到，长期总供给曲线（AS_L）向右上方倾斜，且斜率较为平缓。在政策干预下，总需求从AD_6上升到AD_7，此时产出从Y_6上升至Y_7，价格也从P_6上升至P_7。但价格水平的上升速度慢于产出的上升速度。

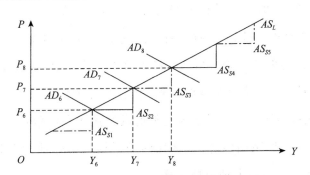

图4　需求约束型经济长期供求曲线

（二）判断方法

总供求态势的判断方法主要有四种：利用总供求关系来判断、利用供给弹性学说来判断、利用价格贸易条件来判断以及利用马勒条件来判断（刘巍，2011）。本文使用的是第二种判断方法，即利用供给弹性来判断一国的总供求态势。下文分别利用函数与几何工具，简要介绍该判断方法的原理。

弹性实际上就是两个变量变化率之比，弹性等于 1 时，说明两个变量的变化率相等。现设原供给函数为 $Y = Y_0 P^{\eta}$，则供给弹性公式推导如下。

对原函数两边取对数，则有：

$$\ln Y = \ln Y_0 + \eta \ln P \tag{1}$$

令两个变量在两轴上的标度单位相等，即 $Y = P$，则有：

$$\eta = \frac{\ln Y - \ln Y_0}{\ln P} = \frac{\ln Y - \ln Y_0}{\ln Y} = 1 - \frac{\ln Y_0}{\ln Y} \tag{2}$$

一国的经济往往是从供给约束型经济发展到需求约束型经济，即 Y 会不断远离并大于 Y_0。若供给弹性在 0 和 1 之间（即 $0 < \eta < 1$），则总供给的变动小于 1% 时，总需求其余能量会被价格吸收，此时的经济态势表现为供给约束型经济。若供给弹性大于 1 小于 ∞（即 $1 < \eta < \infty$），则总需求变动 1% 时，总供给的变动会大于 1%，总供给强大的潜能具有抑制价格上涨的功能，此时的经济态势表现为需求约束型经济。

下面从几何的角度来分析。从图 5 可以看出，AS_1 和 AS_2 曲线分别是总供给弹性（η）为 0 和 ∞ 的供给曲线。AS_3 曲线的 η 为 1，同时也为 a、b 两区的分界线。a 区域内的平均供给弹性在 0 和 1 之间，即 $0 < \overline{\eta}_{S \cdot P} < 1$，为供给约束型经济；$b$ 区域内的平均供给弹性大于 1 小于 ∞，即 $1 < \overline{\eta}_{S \cdot P} < \infty$，为需求约束型经济。

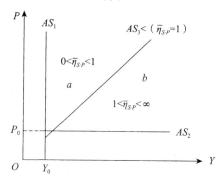

图 5　不同约束形态的区域划分

三 经济态势转变的讨论

基于总供求态势理论，本节将利用法国 1815～1974 年的总供给曲线，对法国经济态势进行初步的判断与划分。总供给曲线表明了价格与产量之间的关系，反映了产品市场的供给状态。因此，为了更好地说明法国总供求态势的转变情况，本文以法国 GDP 指数和 GDP 平减指数来分别衡量法国的总产出及价格总水平。由于时间跨度较长，本文将 1815～1974 年的法国数据拆分成 1815～1913 年和 1949～1974 年两段数据。前者以 1876 年为基年，后者以 1970 年为基年。由于 1914～1948 年发生了第一、第二次世界大战和大萧条，法国正常的经济秩序也因此被破坏，故本文剔除了这 35 年。为了更好地看清总供给与价格总水平之间的关系，本文先分析法国 1815～1913 年的总产出和价格总水平的走势。

图 6 展示了 1815～1913 年法国总供给与价格总水平的基本走势。从图 6 可以看出，从 1815 年开始，法国的价格总水平始终处于总产出的上方，此时价格变动幅度远大于产出的变动幅度。到 1865 年前后，

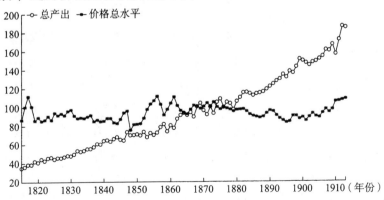

图 6　1815～1913 年法国总产出与价格总水平（1876 年 = 100）

资料来源：本文表 1。

两个指数纠缠在一起。直到 1880 年，这两个指数才开始出现分离，并呈现震荡向上的趋势，此时总产出的增长幅度大于价格总水平（放大图见图 7）。

表 1　1815～1913 年法国总产出与价格总水平（1876 年 =100）

年份	总供给	价格总水平	年份	总供给	价格总水平
1815	34.61	86.64	1838	60.57	86.71
1816	35.94	100.60	1839	60.07	84.89
1817	38.44	112.02	1840	64.06	85.43
1818	38.44	101.02	1841	64.72	88.33
1819	41.93	85.94	1842	63.23	88.35
1820	40.77	89.39	1843	66.06	83.75
1821	44.09	85.43	1844	68.05	82.81
1822	42.43	86.64	1845	65.23	87.32
1823	45.26	90.54	1846	64.39	94.20
1824	46.09	86.57	1847	73.38	96.11
1825	44.09	94.19	1848	69.88	75.56
1826	45.59	91.68	1849	70.22	81.54
1827	45.42	93.50	1850	70.88	81.87
1828	46.59	91.59	1851	69.72	82.52
1829	47.92	96.04	1852	73.54	88.35
1830	47.59	97.55	1853	67.72	97.74
1831	49.42	91.14	1854	72.22	103.54
1832	53.25	88.40	1855	70.22	107.01
1833	52.24	89.00	1856	72.71	111.85
1834	53.25	88.41	1857	78.53	103.23
1835	55.08	90.01	1858	81.86	91.72
1836	55.24	91.61	1859	74.05	97.79
1837	57.24	84.98	1860	80.53	104.39

年份	总供给	价格总水平	年份	总供给	价格总水平
1861	77.71	111.20	1888	116.31	89.75
1862	87.52	101.86	1889	119.13	93.57
1863	91.52	96.58	1890	121.96	96.40
1864	93.84	94.16	1891	124.79	95.53
1865	91.52	92.86	1892	127.95	91.16
1866	94.51	97.74	1893	130.12	87.93
1867	89.69	102.13	1894	134.94	85.56
1868	100.67	101.10	1895	132.11	83.57
1869	104.33	98.70	1896	138.44	84.43
1870	96.51	100.90	1897	136.61	90.51
1871	92.01	104.61	1898	143.26	90.50
1872	100.50	100.92	1899	151.42	87.43
1873	93.35	105.46	1900	149.75	89.04
1874	105.33	100.30	1901	147.42	85.30
1875	108.82	97.99	1902	144.92	89.41
1876	100.00	100.00	1903	148.09	93.02
1877	105.33	98.87	1904	149.25	90.06
1878	103.91	97.64	1905	151.75	88.96
1879	97.50	95.65	1906	154.58	93.64
1880	106.16	97.28	1907	161.23	97.66
1881	110.32	97.61	1908	160.40	94.58
1882	115.47	98.03	1909	167.06	97.56
1883	115.81	95.61	1910	156.91	105.98
1884	114.48	92.42	1911	172.22	106.41
1885	112.48	90.70	1912	186.52	107.56
1886	114.31	89.69	1913	185.36	108.69
1887	115.14	88.76			

资料来源：根据米切尔（2002）的研究，作者计算整理得到。

图 7 中两个指数的形状虽然不完全一致，但都呈现向右上方发展的趋势，而且总产出的年增幅不断超越价格总水平。由于在需求约束型经济下，总供给的平均价格弹性大于 1，即总供给变动的百分比大于价格变动的百分比。所以，我们可以根据图形判断，法国经济从供给约束型到需求约束型的转变发生在 1880 年之后。接下来，我们利用 1880～1913 年和 1949～1974 年的法国供给曲线，来寻找法国经济的转变时点。

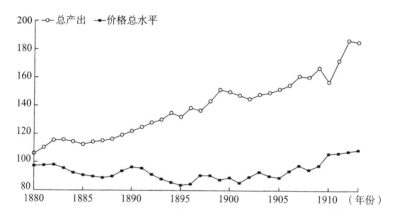

图 7　1880～1913 年法国总产出与价格总水平（1876 年＝100）
资料来源：本文表 1。

图 8 是 1880～1913 年法国总供给曲线。从图 8 可以看出，1880～

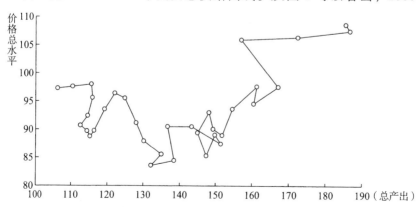

图 8　1880～1913 年法国总供给曲线（1876 年＝100）
资料来源：本文表 1。

1913 年法国的总产出和价格总水平并非一直呈现单调递增的发展趋势，而是处于波动中发展，时有总产出负增长或价格总水平回落的情况发生。

图 9 是 1949～1974 年法国总供给曲线的基本情况。显而易见，1949～1974 年，法国的总供给曲线呈现明显向右上方倾斜的态势，符合需求约束型经济长期供给曲线的特点。因此，我们可确定 1949～1974 年法国经济已属于需求约束型。

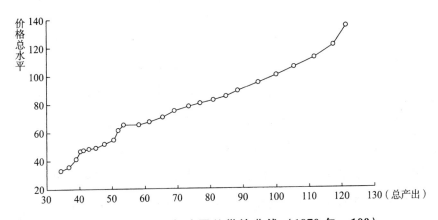

图 9　1949～1974 年法国总供给曲线（1970 年 = 100）

资料来源：本文表 2。

表 2　1949～1974 年法国总产出与价格总水平（1970 年 = 100）

年份	总产出	价格总水平	年份	总产出	价格总水平
1949	34.23	32.87	1957	50.44	54.69
1950	36.71	35.48	1958	51.76	61.44
1951	38.86	41.08	1959	53.41	65.27
1952	40.18	46.72	1960	58.11	65.27
1953	41.18	47.45	1961	61.30	67.29
1954	42.83	48.31	1962	65.39	70.51
1955	44.98	49.12	1963	68.97	75.00
1956	47.63	51.75	1964	73.44	78.09

年份	总产出	价格总水平	年份	总产出	价格总水平
1965	76.88	80.23	1970	100.00	100.00
1966	80.97	82.49	1971	105.36	105.70
1967	84.80	85.09	1972	111.62	112.24
1968	88.38	88.87	1973	117.50	121.09
1969	94.51	94.73	1974	121.33	134.53

资料来源：根据米切尔（2002）的研究，作者计算整理得到。

1914～1948 年，法国经历了一战、二战和大萧条。其中，在大萧条时期，欧美出现了资本闲置、失业率上升等问题。这些问题的主要成因正是有效需求不足。由此来看，在大萧条期间，欧美的经济社会已处于需求约束型经济的态势下。法国作为欧洲大国，其经济与欧洲整体的经济发展相关性较强。因此，我们可以合理推论出，法国在大萧条发生前就已进入了需求约束型经济。另外，法国是第一次世界大战的主战场。众所周知，一国经济在战争期间是难以正常运转的。而从供给约束型经济向需求约束型经济转变，需要一国总供给能力不断增强。因此，法国断不可能在一战期间完成经济转型。结合图 6～图 8，我们可以初步判断，法国经济态势的转变是在 1880～1913 年这个时间段内完成的。仅仅通过对总供给曲线形态观察，并不能准确判断法国经济态势的转变时点。因此，下节基于总供给弹性的判断方法，借助数量分析工具对法国经济态势的转变进行准确的划分。

四　总供求态势转变的实证分析

根据上节可知，法国总供求态势的转变发生在 1880～1913 年，因此可以确定，法国在 1880 年以前均处于供给约束型经济态势下。基于上节的结论，本节先对 1842～1880 年法国供给约束型经济进行分析，然后利用供给弹性寻找法国总供求态势的转变时点。

（一）供给约束型经济态势分析（1842～1880 年）

1. 模型设定、变量选取与数据说明

据前文可知，法国在 1842～1880 年一直处于供给约束型经济态势。在该经济态势下，对经济增长产生拉动作用的是"供给因素"，其理论函数可表示为：

$$Y = f(K, G, L) \tag{3}$$

其中，Y 表示法国的"总产出"，K 和 G 分别表示"资本金"和"资本品"，L 表示劳动力。

由于数据限制，本节选取了 1842～1880 年的数据来分析法国的供给约束型经济态势。为了使数据更平稳且更具可比性，我们将"总产出"、"资本金"、"资本品"和劳动力数据指数化。另外，1842～1880 年数据资料的基年为 1876 年，数据来源于《帕尔格雷夫世界历史统计·欧洲卷（1750—1993）（第 4 版）》（以下简称《帕氏统计》）；1999～2017 年的数据资料基年为 2010 年，数据来源于 OECD 数据库。各变量的数据来源与具体衡量方法可见表 3，原始数据可见表 1 和表 4。

表 3　变量说明

变量名称	衡量方法	平均值	标准差	数据来源
总产出	GDP 指数化	84.44	14.62	《帕氏统计》
资本金	现金与储蓄存款之和指数化	48.94	32.26	
资本品	自英国的进口额指数化	58.55	37.48	
劳动力	年终人口数（百万人）指数化	99.08	2.69	

表 4　1842～1880 年法国经济数据（1876 年 =100）

年份	资本金	资本品	劳动力	年份	资本金	资本品	劳动力
1842	16.45	23.62	93.54	1862	37.78	80.67	101.87
1843	17.95	13.19	94.11	1863	38.24	90.80	102.39
1844	19.89	13.80	94.76	1864	37.63	86.96	102.80
1845	20.32	13.04	95.47	1865	40.95	92.02	103.23
1846	20.53	12.12	96.12	1866	45.07	97.70	103.39
1847	18.72	11.04	96.31	1867	50.81	88.65	103.80
1848	17.15	4.45	96.44	1868	57.36	88.96	104.07
1849	15.25	9.05	96.52	1869	63.51	84.51	99.97
1850	19.09	10.58	96.74	1870	66.89	80.52	100.11
1851	21.15	10.12	97.20	1871	80.33	128.68	98.26
1852	26.62	13.19	97.61	1872	89.64	102.15	98.13
1853	29.08	14.11	97.94	1873	104.58	91.56	98.67
1854	27.24	20.40	98.37	1874	97.48	91.41	99.08
1855	27.97	43.71	97.96	1875	95.94	96.17	99.54
1856	27.51	51.69	98.26	1876	100.00	100.00	100.00
1857	26.84	49.39	98.56	1877	103.07	88.34	100.46
1858	28.77	40.18	98.67	1878	103.14	89.26	100.95
1859	32.37	42.64	99.10	1879	103.10	92.18	101.33
1860	34.64	47.24	99.13	1880	110.21	101.99	101.68
1861	35.23	67.18	101.52				

资料来源：根据米切尔（2002）的研究，作者计算整理得到。

"资本金"和"资本品"变量是拉动法国经济增长的重要供给因素。由于缺乏这两个变量的数据，本文分别利用法国现金与储蓄存款之和、法国自英国的进口额来替代。根据 1999～2017 年法国全社会净资本存量（指数）与现金（指数）、储蓄存款（指数）、现金与储蓄存款之和（指数）的相关性检验（见表 5）可知，法国全社会净资本存量和这三者的相关系数均大于 0.9，呈现高度相关的状态。因此，1842～1880

年法国全社会的现金与储蓄存款之和可以合理替代"资本金"数据。

表5 1999~2017年法国全社会净资本存量与现金、储蓄存款的相关性检验（2010年=100）

	现金	储蓄存款	现金与储蓄存款之和
净资本存量	0.9076	0.9239	0.9241

资料来源：本文表6。

表6 1999~2017年法国经济数据（2010年=100）

年份	净资本存量	现金	储蓄存款	现金与储蓄存款之和
1999	94.14	68.09	54.81	55.02
2000	95.56	70.45	53.85	54.11
2001	96.54	61.03	56.67	56.74
2002	97.26	53.34	59.54	59.44
2003	97.82	54.96	62.35	62.23
2004	97.77	59.62	65.14	65.06
2005	98.11	66.02	71.12	71.05
2006	97.71	73.58	76.59	76.54
2007	98.11	79.85	87.18	87.07
2008	97.59	86.13	94.24	94.12
2009	99.33	94.47	94.60	94.60
2010	100.00	100.00	100.00	100.00
2011	99.70	109.33	107.24	107.27
2012	100.01	112.77	115.07	115.03
2013	101.05	119.81	116.42	116.47
2014	101.82	128.23	117.72	117.88
2015	103.38	133.85	122.28	122.45
2016	104.46	140.26	127.42	127.62
2017	104.93	148.58	136.28	136.47

资料来源：OECD数据库，https://stats.oecd.org/Index.aspx? DatasetCode = SNA_TABLE1。

在 19 世纪，法国一直是欧洲的农业大国之一，其农业的劳动生产率指数在 1880 年达到 48.6（斯蒂芬、凯文，2015），仅次于欧洲当时工业化程度最高的英国。在法国与英国农业同样发达的情况下，我们可以推断，法国从英国进口的产品中，有很大的一部分属于机器设备等"资本品"，故我们利用法国自英国的进口额数据来替代"资本品"数据。接下来，为了解数据的时间序列特性，我们在进行回归分析之前，先对数据进行相关性、单位根及协整检验。

2. 检验与实证结果分析

根据相关性检验的结果（见表 7）可知，"总产出"与"资本金"、"资本品"、劳动力之间的相关系数均超过了 0.7，相关程度较高。因此，该结果可能会导致模型存在多重共线性。

表 7　相关性检验

	总产出	资本金	资本品	劳动力
总产出	1.00	0.88	0.90	0.71
资本金		1.00	0.80	0.45
资本品			1.00	0.75
劳动力				1.00

为了验证时间序列的平稳性，我们使用了 ADF 检验（Augmented Dickey-Fuller Test）对所有数据序列进行了单位根检验，并选择 SIC（Schwarz Information Criterion）来确定滞后长度。表 8 的检验结果显示，并不是所有变量的原序列数据都能通过单位根检验。但在对原序列进行了二阶差分后，所有数据均通过了 ADF 检验。

紧接着，我们对序列数据进行了 Johansen 系统协整检验以避免伪回归。根据表 8 的结果，我们可以发现，本文模型所使用的变量全部通过了该检验。因此，"总产出"、"资本金"、"资本品"和劳动力存在协整关系。

表 8　单位根和协整检验

ADF 检验（t 值）		原序列	一阶差分	二阶差分
总产出		− 4. 44***	− 1. 87	− 8. 20***
资本金		− 1. 34	− 4. 66***	− 8. 48***
资本品		− 2. 63	− 6. 67***	− 5. 95***
劳动力		− 1. 71	− 5. 63***	− 12. 19***
协整检验	迹统计量	50. 60***		
	λ − max 统计量	30. 98***		

注：*** 表示 1% 的显著性水平。

为消除多重共线性，本文选择逐步回归（Stepwise Regression）的计量方法，对模型（3）进行回归。回归结果如下：

$$Y_t = -76.04 + 0.25K_t + 0.05G_t + 1.44L_t \qquad (4)$$

$$t_1 = -1.72 \quad t_2 = 5.80 \quad t_3 = 2.03 \quad t_4 = 3.11$$

$$R^2 = 0.90 \quad F = 111.11 \quad DW = 1.94$$

从回归分析的各项数量检验指标上看，模型拟合得不错。数量模型的系数表明，法国的"资本金"、"资本品"和劳动力每增长 1%，总产出就分别增长 0.25%、0.05% 和 1.44%。考虑到各变量对总产出的影响可能存在时间滞后，本节对各解释变量滞后一期，再次对被解释变量进行了回归，结果如下：

$$Y_t = -80.96 + 0.23K_{t-1} + 0.13G_{t-1} + 1.49L_{t-1} \qquad (5)$$

$$t_1 = -2.34 \quad t_2 = 6.55 \quad t_3 = 3.25 \quad t_4 = 4.15$$

$$R^2 = 0.94 \quad F = 183.40 \quad DW = 2.00$$

从模型的回归结果来看，在解释变量滞后一期后，各变量对"总供给"的影响程度有所变化，但依旧显著。其中，"资本金"对"总供给"的影响系数稍有下降，但"资本品"、劳动力对"总供给"的影响均有不同程度的上升。

（二）经济态势转变的拐点分析（1880~1913 年）

1. 模型设定、变量选取与数据说明

根据总供求态势理论，我们把前文的式（1）作为分析工具考察法国经济的供给弹性，并进一步寻找精确的法国总供求态势转变的时点，见式（6）：

$$\ln Y = \alpha + \eta \ln P + e \tag{6}$$

其中，η 为供给弹性即所求，α 是常数项，e 表示残差项；Y 用来衡量"总产出"，P 表示"总产出"对应的价格总水平。

与上文相同，本节在计算供给弹性时，分别以 GDP 指数和 GDP 平减指数来衡量法国的"总产出"和价格总水平。此外，我们严格按照总供求态势的判断方法，分别对"总产出"与价格总水平取了对数。根据上节的分析，我们判断，法国经济的总供求态势的转变时点在 1880~1913 年。因此，本节采用的是法国 1880~1974 的时间序列数据，来计算法国的总供给弹性。本节的数据来源于《帕氏统计》。其中，1880~1913 年的数据以 1876 年为基年，1949~1974 年的数据以 1970 年为基年。1914~1948 年的法国数据因战争原因缺失，故而剔除。详细的变量说明可见表 9，原始数据可见表 1 和表 2。

表 9 变量说明

变量名称	衡量方法	1880~1913 年 (1876 年 =100)		1949~1974 年 (1970 年 =100)		数据来源
		平均值	标准差	平均值	标准差	
总产出	GDP 指数取对数	4.92	4.53	4.16	0.39	《帕氏统计》
价格总水平	GDP 平减指数取对数	0.16	0.07	4.22	0.38	

2. 检验与实证结果分析

与上节相同，为了解数据特性，在进行回归分析之前，我们先对数据进行了相关性、单位根及协整检验。

根据表 10 可知，1880～1913 年法国的总产出与价格总水平的相关系数绝对值在 0～0.6，相关程度较低；1949～1974 年法国的总产出与价格总水平的相关程度较高，则为强相关。由于此部分的主要目的是利用供给弹性来寻找法国经济态势转变的年份，因此可忽略共线性问题。

表 10　相关性检验

变量名称	1880～1913 年（1876 年 =100）		1949～1974 年（1970 年 =100）	
	总产出	价格总水平	总产出	价格总水平
总产出	1.00	0.36	1.00	0.98
价格总水平		1.00		1.00

本节同样采取了与上文一样的 ADF 检验和 Johansen 系统协整检验。根据表 11 的结果，我们可以发现，对本节模型所有的变量进行了一阶差分后均通过了单位根检验，且模型也都通过了协整检验。因此，总产出和价格总水平存在协整关系。

表 11　单位根及协整检验

变量名称		1880～1913 年（1876 年 =100）		1949～1974 年（1970 年 =100）	
		原序列	一阶差分	原序列	一阶差分
总产出		-2.94	-6.60***	-1.88	-4.14**
价格总水平		-1.11	-5.54***	-4.68***	-4.21**
协整检验	迹统计量	13.88**		21.85***	
	λ-max 统计量	9.71*		18.33***	

注：***、**和*分别表示 1%、5% 和 10% 的显著性水平。

通过了上述检验后，我们根据计量经济基本理论，建立总产出与价格总水平的模型，并利用最小二乘法（OLS）进行回归，以计算总供给弹性的近似值 η。由于法国经济态势的拐点在 1880 ~ 1913 年。因此，本节计算了 1880 ~ 1913 年多个时间段的总供给弹性，以求找到总供给弹性大于 1 的最早时间点。在回归 1880 ~ 1913 年的数据的过程中，我们发现，所有回归结果的 R^2 都偏小，模型的拟合程度不够好，因此我们添加 AR 项，进一步建立多元自回归移动平均模型（MARMA Model）来求供给弹性。经比较发现，法国的总供给弹性从 1881 年开始大于 1，且方程的拟合程度较高。其中，1881 ~ 1913 年法国供给弹性的计算过程如下：

$$\ln Y = 1.06\ln P + 0.97[\,AR(1)\,] \tag{7}$$

$$t_1 = 15.37 \quad t_2 = 11.96$$

$$R^2 = 0.88 \quad DW = 2.04$$

从回归结果来看，法国的总供给弹性为 1.06，且在 1% 的水平下显著。AR（1）回归系数的绝对值小于 1，说明方程是一个平稳的随机过程。DW 值为 2.04，说明该方程不存在自回归。此外，为了验证"1949 ~ 1974 年，法国已处于需求约束型经济"，我们利用最小二乘法，也求了该阶段的总供给弹性。计算过程如下：

$$\ln Y = -0.19 + 1.03\ln P \tag{8}$$

$$t_1 = -1.32 \quad t_2 = 30.51$$

$$R^2 = 0.97 \quad F = 930.87 \quad DW = 0.24$$

结果表明，1949 ~ 1974 年，法国的总供给弹性也维持在 1 以上的水平，且在 1% 的水平下显著。根据总供求态势理论可知，当平均供给弹性大于 1 小于 ∞ 时，一国经济为需求约束型经济。综上所述，我们可以判断，法国的经济态势在 1881 年发生了转变，且至少截至 1974 年，法国还一直处于需求约束型经济态势下。

五　总结

　　法国从中世纪末开始成为欧洲大国之一，其国力截至今日也位于世界前列。本文从供给与需求的角度对法国经济阶段进行了划分，以求进一步研究法国的经济史。简单总结一下本文所做的工作：首先，依据总供求态势理论，本文通过分析 1815～1974 年法国的供给曲线图，确定法国经济态势转变时点在 1880～1913 年；其次，本文利用计量工具，分析了 1842～1880 年法国的供给约束型经济态势；再次，基于供给弹性的判断方法，本文计算出法国 1880～1913 年不同时段的总供给弹性，判断法国的经济态势在 1881 年发生了转变；最后，本文还验证了 1949～1974 年法国经济确实处于需求约束型的态势之下。

参考文献

〔埃及〕萨米尔·阿明，1990，《不平等的发展——论外围资本主义的社会形态》（中译本），商务印书馆。

陈刚、金通，2005，《经济发展阶段划分理论研究述评》，《北方经贸》第4 期。

陈昭，2012，《日本从供给约束型经济向需求约束型经济转变研究》，《广东外语外贸大学学报》第 2 期。

丁跃潮、陈黎震、孙扬，2008，《中国经济发展阶段的划分与人均 GDP 的预测》，《统计与决策》第 22 期。

刘巍，2010a，《储蓄不足与供给约束型经济态势——近代中国经济运行的基本前提研究》，《财经研究》第 2 期。

刘巍，2010b，《大萧条中的美国、中国、英国和日本——对不同供求态势国家的研究》，经济科学出版社。

刘巍，2011，《从供给约束型经济向需求约束型经济的转变——1952 年以来中国经济态势初探》，《广东外语外贸大学学报》第 2 期。

刘巍，2016，《计量经济史研究方法》，社会科学文献出版社。

〔美〕罗斯托，2001，《经济增长的阶段——非共产党宣言》（中译本），郭熙保、王松茂译，中国社会科学出版社。

〔英〕米切尔，2002，《帕尔格雷夫世界历史统计·欧洲卷（1750—1993）（第 4 版）》，贺力平译，经济科学出版社。

沈坚，1999，《近代法国工业化新论》，中国社会科学出版社。

〔英〕斯蒂芬·布劳德伯利、凯文·H. 奥洛克，2015，《剑桥现代欧洲经济史：1870 年至今》，张敏、孔尚会译，中国人民大学出版社。

杨治，1985，《产业经济学导论》，中国人民大学出版社。

Friedman, J. R. 1966. *Regional Development Policy: A Case Study of Venezuela.* MIT Press.

Hoover, E. M., Fischer, J. L. 1949. *Problems in the Study of Economic Growth.* National Bureau Committee on Economic Research.

The Study on the Economic Transformation of France from Supply-Constrained to Demand-Constrained Economy

Wu Beibei

Abstract: This paper uses the analysis tools of total supply curve and supply elasticity to make a preliminary judgment on the economic situation of France, which is based on the theory of total supply and demand. The results of the quantitative analysis show that France made the transition from supply economy to demand economy in 1881.

Keywords: France; Supply-Constrained Economy; Demand-Constrained Economy; Transition of Economic Situation; Elasticity

图书在版编目（CIP）数据

计量经济史研究. 第 2 辑 / 陶一桃主编. -- 北京：
社会科学文献出版社，2019.7
ISBN 978 - 7 - 5201 - 4402 - 5

Ⅰ.①计… Ⅱ.①陶… Ⅲ.①计量经济学 - 经济史 -
研究方法 - 世界 Ⅳ.①F224.0 - 091

中国版本图书馆 CIP 数据核字（2019）第 036640 号

计量经济史研究（第 2 辑）

主　　编 / 陶一桃
执行主编 / 刘　巍

出 版 人 / 谢寿光
组稿编辑 / 周　丽　冯咏梅
责任编辑 / 冯咏梅
文稿编辑 / 王红平

出　　版 / 社会科学文献出版社·经济与管理分社（010）59367226
　　　　　地址：北京市北三环中路甲 29 号院华龙大厦　邮编：100029
　　　　　网址：www. ssap. com. cn
发　　行 / 市场营销中心（010）59367081　59367083
印　　装 / 三河市龙林印务有限公司

规　　格 / 开本：787mm × 1092mm　1/16
　　　　　印张：17　字数：222 千字
版　　次 / 2019 年 7 月第 1 版　2019 年 7 月第 1 次印刷
书　　号 / ISBN 978 - 7 - 5201 - 4402 - 5
定　　价 / 98.00 元